Ursula Wolf · Ethik der Mensch-Tier-Beziehung

Ursula Wolf

Ethik der Mensch-Tier-Beziehung

KlostermannRoteReihe

Bibliografische Information der Deutschen Nationalbibliothek

Die Deutsche Nationalbibliothek verzeichnet diese Publikation in der Deutschen Nationalbibliografie; detaillierte bibliografische Daten sind im Internet über *http://dnb.dnb.de* abrufbar.

2., unveränderte Auflage 2018

Gedruckt auf EOS Werkdruck von Salzer,
alterungsbeständig ∞ISO 9706 und PEFC-zertifiziert.
Satz: post scriptum, www.post-scriptum.biz
Druck und Bindung: docupoint GmbH, Barleben
Printed in Germany
ISSN 1865-7095
ISBN 978-3-465-04161-0

Inhalt

Vorwort

Als 1990 mein Buch *Das Tier in der Moral* erschien, befanden sich die Tierethikdebatte ebenso wie die Tierschutzbewegung im deutschsprachigen, überhaupt im kontinentaleuropäischen Raum noch in den Anfängen. Heute, mehr als 20 Jahre danach, sind deutliche Fortschritte zu verzeichnen. Der Bedarf an ethischer Reflexion und praktischer Arbeit zugunsten der Tiere ist gleichwohl nicht zurückgegangen. So ist der Fleischkonsum weltweit gestiegen, und die Intensivtierhaltung hat wenig von ihren Schrecken verloren. Im Bereich der Ethik ist nach wie vor kontrovers, ob wir Tieren Rechte oder gar eine Würde zuschreiben müssen und ob sie den gleichen moralischen Status haben wie Menschen oder einen schwächeren. Von der Klärung solcher konzeptuellen Punkte hängt aber ab, wie strittige Anwendungsfragen, etwa die Frage der moralischen Rechtfertigung von Tierversuchen im Dienste der menschlichen Gesundheit, zu beantworten sind.

Die folgende Untersuchung bemüht sich um die *philosophische* Explikation eines durchdachten und konsistenten tierethischen Standpunkts, der als Fundament der praktischen Arbeit dienen kann. Denn dafür sind eine differenzierte Begrifflichkeit, klare Argumente, ein Verständnis der Gegenargumente und die Einsicht in Grundlage, Gehalt und Konsequenz der verschiedenen Positionen, die vertreten werden, erforderlich.

Aufgrund der weitreichenden konkreten ebenso wie moralphilosophischen Entwicklungen habe ich mich entschieden, das frühere Buch nicht zu überarbeiten, sondern in wesentlichen Teilen neu zu schreiben. Die nach wie vor brauchbaren Passagen des alten Buchs wurden übernommen und auf den heutigen Stand gebracht. Das Kapitel über Methode und der Exkurs zum Verfassungsrecht sind neu hinzugekommen, und insbesondere hat sich die ethische Konzeption geändert. Anstelle der einfachen Mitleidsmoral wird jetzt im zentralen dritten Kapitel eine differenziertere Position vertreten, welche der Unterschiedlichkeit der Beziehungen zwischen

Mensch und Tier Rechnung trägt und die Menschenpflichten gegenüber Tieren gerade aus der Struktur dieser Beziehungen heraus zu entwickeln versucht.

Anlass für die Zusammenführung der neuen Anläufe, die ich in den letzten Jahren in verschiedenen Aufsätzen unternommen hatte, war die Einladung, an der Universität Barcelona im Rahmen eines Masterkurses Tierethik zu unterrichten. Das lebendige Interesse der spanischen Kolleginnen und Kollegen sowie Studierenden war ein wichtiges Motiv für das neue Buchprojekt.

Vittorio Klostermann danke ich für seine sofortige Bereitschaft, auf dieses Projekt einzugehen.

Die vorliegende Abhandlung hat sowohl in der Sache wie in der Form viel der Mitarbeit von Jens Tuider zu verdanken. Er hat mehrere Fassungen des Textes gründlich durchgearbeitet und dabei hilfreiche Vorschläge zur sprachlichen Glättung und besseren Verständlichkeit des Textes beigesteuert, Recherchen über die konkreten Daten durchgeführt, mich auf allerneueste Literatur hingewiesen, die Bibliographie vereinheitlicht und das Register erstellt. Insbesondere aber war er ein informierter und kompetenter Gesprächspartner, mit dem ich über alle Schwierigkeiten in der Sache diskutieren konnte und der mich durch die passenden Fragen und Einwände dazu gebracht hat, meine eigene Position genauer zu artikulieren und zu profilieren.

Schließlich danke ich Ursula Baumann für eine kritische Lektüre des fünften Kapitels und Stefan Huster für hilfreiche Kommentare zum verfassungsrechtlichen Exkurs.

Bad Dürkheim, im März 2012 Ursula Wolf

Einleitung: Doppelte Moral?

Die Tiere haben in den letzten Jahren viel an Aufmerksamkeit gewonnen. Das Wissen über sie ist durch die Fortschritte der Verhaltensbiologie erheblich angewachsen. Mehr und mehr nehmen auch andere Wissenschaften wie Geschichte, Soziologie und Literaturwissenschaft die Tiere in den Blick. Entstanden ist dabei das neue Forschungsfeld der Animal Studies oder Human-Animal Studies,[1] die sich aus interdisziplinärer Perspektive mit der Mensch-Tier-Beziehung beschäftigen.

Fortschritte gibt es auch in Moral und Recht. Inzwischen besteht ein breiter internationaler Konsens darüber, dass Tiere als empfindungs- und leidensfähige Wesen zu berücksichtigen sind. So formuliert die *World Society for the Protection of Animals* (2003), dass Tiere »um ihrer selbst willen zählen« (animals matter in their own right).[2] Im Tierschutzprotokoll des EU-Vertrags von 1997 werden Tiere als »fühlende Wesen« anerkannt und die Verpflichtung festgeschrieben, »den Erfordernissen ihres Wohlergehens in vollem Umfang Rechnung zu tragen«.[3] In der Schweiz und in Deutschland hat der Tierschutz inzwischen Verfassungsrang erhalten: Die schweizerische Bundesverfassung fordert den »Schutz der Würde der Kreatur«. Im deutschen Grundgesetz wurde die Staatszielbestimmung »Schutz der natürlichen Lebensgrundlagen« in Artikel 20a (»Der Staat schützt auch in Verantwortung für die künftigen Generationen die natürlichen Lebensgrundlagen«) ergänzt durch »und die Tiere«.

1 Hier nur einige Titel von Human-Animal Studies: Wolfe 2009; Chimaira – Arbeitskreis für Human-Animal Studies (Hrsg.) 2011; Otterstedt / Rosenberger (Hrsg.) 2009; Haraway 2008; Pollock / Rainwater (Hrsg.) 2005; DeMello (Hrsg.) 2011; DeMello 2010; Arluke / Sanders (Hrsg.) 1996; Manning / Serpell (Hrsg.) 1994; Franklin 1999; Flynn (Hrsg.) 2008.

2 WSPA 2003, zitiert in Luy 2007, 199.

3 Tierschutzprotokoll des EU-Vertrags von Amsterdam 1997, zitiert in Luy 2007, 199.

1. Diskrepanzen zwischen Theorie und Praxis

Doch dieser generelle Konsens hat in der Praxis nur begrenzte Auswirkungen. Faktisch werden Tiere nach wie vor in großem Stil für menschliche Interessen genutzt und dabei häufig schwerem Leiden ausgesetzt. Den größten Anteil nimmt die Intensivtierhaltung ein, die im Alltag als Massentierhaltung bezeichnet wird. Zwar gibt es in den gebildeten Schichten der hochentwickelten Länder immer mehr insbesondere junge Menschen, die sich vegetarisch ernähren oder sich sogar für eine vegane Lebensweise entscheiden. Weltweit aber ist der Fleischkonsum von 30 kg pro Person auf 41 kg pro Person gestiegen,[4] und man schätzt, dass insgesamt 450 Milliarden Nutztiere in industrieller Haltung leben.[5] Allein in Deutschland wurden im Jahr 2010 ca.167 Millionen Nutztiere in intensiven landwirtschaftlichen Betrieben gehalten.[6] Die zweitgrößte Praxis, durch die Tieren teilweise erhebliches Leiden entsteht, ist der Tierversuch. In der EU wurden im Jahr 2008 12 Millionen Tiere in Tierversuchen eingesetzt und getötet,[7] weltweit sind es schätzungsweise ca. 100 Millionen Wirbeltiere jährlich. Die Gesamtzahl der Tierversuche in Deutschland im Jahr 2010 betrug rund 2,84 Millionen und hat gegenüber dem Jahr 2000, wo es noch 1,8 Millionen waren, kontinuierlich zugenommen.[8] Wie lässt sich diese Diskrepanz zwischen dem propagierten moralischen Standpunkt und der Praxis erklären?

Ein erster Grund liegt darin, dass der Konsens sich nicht unbedingt auf einen umfassenden ethischen Standpunkt bezieht, sondern nur auf das Prinzip, man solle Tieren kein unnötiges Leiden zufügen oder sie nicht sinnlos quälen. Dieses Prinzip kann Bestandteil verschiedener Moralkonzeptionen sein und in ihnen unterschiedliche Bedeutung oder unterschiedliches Gewicht haben. Was die weitere Frage angeht, ob es sich ethisch billigen lässt, dass durch die genannten Praktiken Tieren nicht nur Leiden entsteht, sondern auch unzählige Tiere getötet werden, ist der Konsens bereits weniger breit. Wer die Grundlage der moralischen Berücksichtigung allein in der

4 Siehe ARD online vom 30.10.2010
5 Siehe wikipedia unter »Intensivtierhaltung«.
6 Laut statistischem Bundesamt.
7 Laut Angaben der Europäischen Kommission.
8 Laut Angaben des Bundesministeriums für Ernährung, Landwirtschaft und Verbraucherschutz.

Leidensfähigkeit sieht, wird das Töten von Tieren für zulässig halten, sofern es schmerzfrei geschieht. Wer einen Standpunkt einnimmt, der Tiere als Wesen mit einem Wert auffasst, wird das Töten eher für unerlaubt halten.

Doch schon was die im Hinblick auf Tiere allgemein akzeptierte Norm, das Verbot der Leidenszufügung, angeht, klaffen verbale Unterstützung und Praxis weit auseinander. Tatsächlich werden Tiere moralisch so wenig beachtet und werden sowohl juristisch wie alltäglich so viele Ausnahmen von dieser Norm akzeptiert, dass man sich fragen kann, ob der Tierschutz-Konsens überhaupt ein im engeren Sinn moralischer ist. Man denke an den schon erwähnten Umfang des Fleischkonsums. Wenn dieser sich nur durch die Intensivhaltung gewährleisten lässt, was für die Tiere mit erheblichem Leiden verbunden ist, wie kann man dann die Praxis des Konsums rechtfertigen und gleichzeitig beanspruchen, die Tiere in die Moral einzubeziehen?

Ähnliche Inkonsistenzen zeigen sich, wenn wir an Tierversuche denken. So propagiert das deutsche Tierschutzgesetz mit dem Verweis auf die Verantwortung des Menschen für das Tier als Mitgeschöpf (§ 1 Satz 1) einen *ethisch* fundierten Tierschutz, unterläuft diese Absicht dann aber durch eine Reihe von Klauseln wie diejenige, niemand dürfe einem Tier *ohne vernünftigen Grund* Schmerzen, Leiden oder Schäden zufügen (§ 1 Absatz 2). Wenn es um das Verhalten gegenüber Menschen ginge, wäre die einzig akzeptable Rechtfertigung ein konkurrierender Grund mit höherem *moralischem* Gewicht. Die Tatsache, dass die Versuche anderen Menschen gegen Krankheiten helfen könnten, wird jedoch in der zwischenmenschlichen Moral *nicht* als Argument mit größerem Gewicht akzeptiert. Wir sind nicht der Meinung, dass das Gebot zur Hilfeleistung in diesem Fall die Verletzung anderer Menschen rechtfertigt. Wir stoßen hier auf die Frage nach dem *Inhalt* moralischer Normen und ihrer Gewichtung. Das in der heutigen Alltagsmoral verbreitete moralische Urteil mit Bezug auf Menschen entspricht der kantischen Moral, wonach menschliche Individuen gerade eine Grenze für Eingriffe darstellen, so dass negative Vorschriften ein besonderes Gewicht haben und nicht ohne weiteres von einer positiven Pflicht (wie der Pflicht zu helfen) aufgehoben werden können. Wie kann man dann beanspruchen, Tiere in die Moral einzubeziehen, und doch in ihrem Fall ganz anders urteilen als dort, wo Menschen betroffen sind?

Der Verweis auf Unterschiede zwischen Mensch und Tier genügt offensichtlich nicht, da es menschliche Wesen gibt, die in ihren Fähigkeiten auf einer Stufe mit manchen Tieren stehen (darauf bezieht sich Peter Singers bekannter Vorwurf des Speziesismus, der willkürlichen Bevorzugung der eigenen Spezies). Doch es gibt weitere gängige Argumente. Häufig begegnet der Hinweis auf die kulturelle Verankerung der Tiernutzung. So schränkt das erwähnte Tierschutzprotokoll der EU nach der Formulierung, dass »die Mitgliedstaaten den Erfordernissen des Wohlergehens der Tiere in vollem Umfang Rechnung tragen«, diesen Anspruch durch die folgende Hinzufügung deutlich ein: »sie berücksichtigen hierbei ... die Gepflogenheiten der Mitgliedstaaten insbesondere in bezug auf religiöse Riten, kulturelle Traditionen und das regionale Erbe.« Ähnliche Begründungen finden sich z. B. in der Behauptung, das gemeinsame Jagen von Tieren oder Essen von Tierprodukten seien wichtige Formen des gesellschaftlichen Lebens,[9] oder in der Aussage, der Stierkampf mache einen tief verankerten Teil der spanischen Kultur aus.[10]

Dass eine Norm wie das Verbot der Leidenszufügung ebenso wie die zugehörige allgemeine Moralkonzeption (z. B. dass dem Wohlbefinden aller fühlenden Wesen voll Rechnung zu tragen ist) nicht für sich steht, sondern in den Kontext eines Selbstverständnisses eingebettet ist, zu dem auch religiöse, kulturelle und ähnliche Identifikationen gehören, trifft durchaus zu. Denn letztlich bestimmt die Stellung innerhalb eines kulturell geprägten Selbstverständnisses die Art und Stärke der *Motivation*, die für eine Person mit der Moral verbunden ist. Allerdings sind kulturelle Identitäten komplex und wandelbar und werden daher durch das Aufgeben einer tierquälerischen Praxis kaum zusammenbrechen (wie sich bezüglich des Stierkampfes am Vorbild Kataloniens zeigt). Die allgemeine Forderung des Tierschutzes muss, wenn sie sich als *moralische* verstehen will, den Belangen der Tiere sicher *einiges* an Gewicht innerhalb einer solchen Sichtweise einräumen. *Moral*prinzipien sind, das kennzeichnet die *Form* der Moral, nicht einfach subjektive Handlungsregeln, sondern soziale Normen, die Verpflichtungen generieren.

9 Z. B. Devine 1978, 493; Scruton ³2000, 157. Vgl. auch Midgley 1983, 27.
10 Savater 2011, 68.

2. Drei Aspekte von Moral

Im Vorhergehenden zeigten sich mehrere Aspekte der Moral. Eine Moral enthält erstens einen inhaltlichen Standpunkt (z. B. Achtung aller vernünftigen Wesen, Berücksichtigung des Wohls aller fühlenden Wesen). Dieser Inhalt besteht zunächst in einem relativ allgemeinen und vagen Kern, der erst durch Auseinanderlegen in Normen (kein Leiden zuzufügen, nicht zu töten, anderen in Not zu helfen usw.) präzisiert wird.

Zur Moral gehört nicht nur eine inhaltliche Konzeption, sondern diese muss zugleich in einer bestimmten *Form* oder mit einem bestimmten Gewicht vertreten werden. Moralprinzipien sind nicht einfach subjektive Maximen, sondern soziale Normen, welche die Grundlage für berechtigte wechselseitige Forderungen, Vorwürfe und Bewertungen bilden, Normen, die moralische Rechte konstituieren und einen Verpflichtungscharakter haben. Dabei unterscheiden sich moralische Normen von Rechtsnormen, die durch externe Sanktionen in Kraft gehalten werden. Dass jemand moralisch, und nicht nur moral-konform handelt, sagt man erst dann, wenn er die Normen, die den Inhalt einer Moralkonzeption ausmachen, internalisiert hat, was sich u. a. in den moralischen Affekten des Schuldgefühls und der Entrüstung äußert.[11]

Wenn verständlich werden soll, wie Individuen sich moralische Normen als Teil ihrer persönlichen Lebensausrichtung zu eigen machen können, muss aber eine positive *Motivation* durch Affekte wie Mitleid, Liebe oder Sorge hinzukommen, also Affekte, zu deren Gehalt es gehört, dass einem am Wohl anderer Wesen liegt. Eine andauernde moralische Motivation, eine moralische Persönlichkeit, liegt vor, wenn jemand Handlungseinstellungen im Sinn dieser Affekte zu Tugenden ausgebildet hat.

Da mit dieser Begrifflichkeit im folgenden gearbeitet wird, sei der Rahmen zusammenfassend noch einmal festgehalten. Zur Moral gehören mindestens drei grundlegende Aspekte: Erstens eine inhaltliche Konzeption. Zweitens eine bestimmte Form, für welche die Begriffe der Norm, des Rechts, der Verpflichtung konstitutiv sind. Drittens die individuelle Motivation insbesondere im Sinn altruistischer Affekte und entsprechender Tugenden. Aus dem dritten Aspekt ergibt sich darüber hinaus: Ein moralischer Standpunkt

11 Dazu Tugendhat 1993, 59 ff.

ist nicht isoliert zu verstehen, sondern stellt für die Person (oder die Gemeinschaft), die ihn vertritt, nur *einen* Bereich des Selbstverständnisses bzw. der Handlungsorientierungen dar.

3. Doppelte Moral im Alltag und im Recht

Fragen wir nach diesen Vorklärungen erneut, ob der heute verbreitete *inhaltliche* Standpunkt, das Wohlbefinden der Tiere solle beachtet werden, hinsichtlich der Form und der Motivation ein moralischer ist, so ist die Situation bestenfalls zweideutig. *Dafür* spricht, dass moderne Staaten Tierschutzgesetze haben, der Tierschutz teilweise sogar Verfassungsrang besitzt und wohl auch alle traditionalen Gesellschaften diese oder jene sozialen Normen der Behandlung von Nutztieren, der fairen Jagd u.ä. haben, weiterhin, dass es Bestandteil der moralischen Erziehung ist, dass man Kindern sagt, man dürfe Tiere nicht quälen. *Dagegen* steht die geringe Effektivität des Standpunkts, der Umstand, dass dort, wo die ihn konstituierenden Normen (mit Bezug auf Tiere nach alltäglicher Vorstellung zumindest die Norm, kein unnötiges Leiden zuzufügen) verletzt werden, sozialer Druck häufig fehlt, und damit zusammenhängend, dass die Motivation zu entsprechendem Handeln bei vielen Menschen schwach ist.

Könnte man an dieser Stelle nicht doch argumentieren, dass die Unterschiede in der Behandlung von Menschen und Tieren berechtigt sind, dass es so etwas wie *zwei* Ebenen der Moral gibt, einen stärkeren Bereich gegenüber Menschen und einen schwächeren gegenüber Tieren? Wir ordnen Tieren einen schwächeren Status zu, indem wir in ihrem Fall erlauben, dass Nutzenargumente moralische Gründe überwiegen, was wir im Fall von Menschen nicht akzeptieren, d.h. wir vertreten den Standpunkt »Kantianismus für Menschen, Utilitarismus für Tiere«.[12] Aber kann, wer die Tiere in der Moral zu beachten vorgibt, ihnen gegenüber diejenigen Urteilsverfahren, die sonst für Moral typisch sind, einfach außer Kraft setzen? Die Inkonsistenz, die das zu bedeuten scheint, ließe sich nur dann auflösen, wenn es wirklich gute und starke Gründe gäbe, Tieren durchgängig einen grundsätzlich schwächeren moralischen Status einzuräumen als Menschen.

12 So formuliert von Nozick 1974, 39.

Die in unserer Kultur verbreitete Erklärung lautet, dass es einen qualitativen Unterschied zwischen Mensch und Tier gibt, dass der Mensch ein in besonderer Weise wertvolles Wesen ist und daher das Recht hat, die Tiere – wenn auch unter Beachtung gewisser Rücksichten – für seine Zwecke zu gebrauchen. Diese Vorstellung vom Wert menschlichen Lebens ist nach wie vor für die Alltagsmoral bestimmend. In der Moralphilosophie wird daher teilweise gerade versucht, die Einbeziehung der Tiere in Anknüpfung an diese Vorstellung, also durch Ausdehnung der Wertannahme auf Tiere, zu erreichen. Andere wiederum bestreiten den Sinn dieser Überzeugung und etablieren eine Tierethik unabhängig von solchen Prämissen.

Wie können wir dann vorgehen, um zu klären, welche Moralkonzeption unseren Anspruch, auch die Tiere zu beachten, angemessen erfassen kann?

4. Plan der Untersuchung

Gliederung

Eine philosophische Untersuchung kann dazu immer zwei Grundlagen heranziehen, auf der einen Seite die vorhandenen Theorien und auf der anderen Seite die Phänomene, d.h. im Fall der praktischen Philosophie die geltenden Normen und verbreiteten Einstellungen und Überzeugungen.

Kapitel I ist daher der methodischen Frage gewidmet, wie sich die Moraltheorien zur Vielfalt konkreter Überzeugungen verhalten und wie sich angemessene Anwendungsurteile finden lassen. Kapitel II unternimmt einen kritischen Gang durch die Aussagen der wichtigsten Moraltheorien zur Stellung der Tiere. Die Prüfung der Theorien wird zeigen, dass diese an Einseitigkeit kranken, was aber immerhin den Vorteil hat, dass sie relativ schlichte und griffige Rahmen an die Hand geben, mit denen sich die Vielfalt der alltäglichen Überzeugungen sortieren lässt. Andererseits bedeutet diese Einseitigkeit auch, dass die vorhandenen philosophischen Ansätze nicht nur der Tierethik, sondern der Ethik insgesamt verkürzt sind. Nach einem Exkurs zur Verfassungsdebatte, die als Folie für die ethische Problematik dienen kann, wird in Kapitel III unter Aufnahme der Einsichten früherer Theorien und in Auseinandersetzung mit der alltäglichen Wertmoral der Vorschlag einer grundlegenden Konzeption entwickelt, die den verschiedenen Seiten der moralischen Problematik gerecht wird. Kapitel IV arbeitet die Implikationen dieser Konzeption für die wichtigsten Anwendungsprobleme heraus. Kapitel V fragt nach dem Gewicht der Moral insbesondere aus der Perspektive der handelnden Personen und nach dem Verhältnis von individuellen Pflichten und politischer Gerechtigkeit.

Was nicht Thema ist

Die Frage, wie wir mit Tieren umgehen sollten, ist sicher nicht *nur* eine moralische Frage. Gegen vieles, was mit ihnen geschieht, sprechen schon Gründe unseres eigenen Interesses. Fleisch, das größere Mengen von Hormonen oder Antibiotika enthält, ist der menschlichen Gesundheit nicht zuträglich. Diese Motivation des Eigeninteresses kann sich der Tierschutz durchaus zunutze machen. Sie reicht aber nicht aus, denn nicht alles, was den Tieren angetan wird, hat schädliche Folgen für uns selbst. Thema dieses Buchs sind nicht solche zweckrationalen Gründe, sondern die Frage, welche Behandlung von Tieren *moralisch* zulässig ist und welche nicht. Die Frage, um die es im folgenden gehen wird, lautet, ob wir gegenüber Tieren *moralische* Verpflichtungen haben und in welchem Sinn und in welcher Stärke.

Auch der Artenschutz, der manchmal unter den Tierschutz subsumiert wird, fällt aus dieser Frage heraus. Man kann nicht Tierarten als solchen Leiden zufügen, sondern nur je einzelnen Tieren. Wie es in der Begründung des Gesetzesentwurfs zur Aufnahme des Staatsziels Tierschutz in das Grundgesetz heißt, soll dies einem Bewusstseinswandel Rechnung tragen, der den »Schutz des einzelnen Tieres« verlangt.[13] Tierschutz und Naturschutz haben verschiedene Zielsetzungen. Tiere als fühlende Individuen zu berücksichtigen, hat mit dem Interesse an der Bewahrung der Natur, wozu auch der Erhalt von Tierspezies gehört, wenig zu tun (dazu Kap. V, 163 ff.).

Leserinnen und Leser,[14] die das Buch aus Interesse an der Tierethik lesen und daneben kein eigenständiges Interesse an philosophischer Theorie haben, können das erste Kapitel überspringen.

13 Gesetzesentwurf vom 23.04.2002, Drucksache 14/8860.

14 Als Autor*in* kann ich es mir erlauben, im folgenden die kürzere Form, die männliche, zu verwenden.

I. Ethische Methode

1. Das Methodenproblem der angewandten Ethik

Vorab eine Bemerkung zur Terminologie. In der Einleitung war von »Ethik« und »Moral« die Rede. Beide Wörter werden oft gleichbedeutend verwendet. Im Alltag redet man heute eher von »Ethik« als von »Moral«, weil das Wort »Moral« unerfreulich nach »Moralismus« klingt. Gerade in den Anwendungsfragen hat sich inzwischen das Wort »Ethik« ganz gegenüber »Moral« durchgesetzt (»Umweltethik«, »Medizinethik«, »Ethikkommission« usw.). In manchen Kontexten haben die beiden Wörter aber einen unterschiedlichen Sinn, wobei »Ethik« für die Philosophie oder Theorie der Moral und »Moral« für jeweilige moralische Positionen steht, von denen diese Theorie handelt. Selbst dort, wo beide Wörter auf derselben Ebene verwendet werden, kann ihr Sinn unterschiedlich sein. Das Wort »Moral« ist eindeutig beschränkt auf das Gesollte, auf die sozialen Normen. Das Wort »Ethik« hingegen kann in dem breiteren Sinn gemeint sein, den es in der Antike hatte, so nämlich, dass es die umfassende Frage nach dem guten oder richtigen Handeln bzw. Leben meint.

Die Tierethik gehört zur sogenannten angewandten oder, wie es manchmal auch heißt, praktischen Ethik. Was damit gemeint ist, kann man sich am besten klarmachen, wenn man auf den Gegenbegriff achtet. Während bei der Formulierung »angewandte« Ethik die Vorstellung naheliegt, man habe zuerst einen allgemeinen moralischen Standpunkt und frage dann, wie dieser auf konkrete Einzelfälle anzuwenden sei, macht der Ausdruck »praktisch«, wie wir ihn beispielsweise in Singers Buchtitel *Practical Ethics* finden, einen Gegensatz zur *Theorie* der Ethik auf.

Wenn wir die historische Entwicklung der Ethik betrachten, ist die sogenannte angewandte Ethik nicht aus der ersten Entgegensetzung, der zwischen »allgemein-einzeln«, hervorgegangen, sondern aus dem Gegensatzpaar »theoretisch-praktisch«. Eine Ethik mit praktischer Ausrichtung entsteht im angelsächsischen Raum als Gegenreaktion auf die Epoche der Metaethik, in der die Ethik rein theoretisch, in der Weise einer Untersuchung der allgemeinen Form der Moral, betrieben wird. Die Metaethik löst ihrerseits den logischen Positivismus ab, nach dessen Auffassung Sätze nur dann Sinn haben, wenn sie entweder empirisch verifizierbar oder triviale Sätze der Logik sind. Da auf Sätze der Ethik weder das eine noch das andere zutrifft, werden sie damals aus der Philosophie ausgesondert, während man ihre Funktion im Alltag so erklärt, dass sie positive oder negative Gefühlsreaktionen auf Handlungen ausdrücken.

Nach dem Übergang vom Positivismus zur analytischen Philosophie wird die Beschränkung der philosophischen Untersuchung auf die Wissenschaftssprache aufgehoben und so auch die Moralsprache thematisiert, allerdings in der Weise der Metaethik. Diese betrachtet nur die Art, wie wir über Ethik reden, die sprachliche Form praktischer Sätze, während die Frage nach den angemessenen inhaltlichen Moralnormen oder nach der Richtigkeit einer konkreten Entscheidung oder Handlung nach wie vor ausgeklammert bleibt. Infolge des Drucks, der u. a. durch die Entwicklung der neuen Biotechnologien und die Zunahme intensiver Tiernutzung entsteht, treten aber praktische Probleme und Dilemmata auf, welche die Selbstbeschränkung der philosophischen Ethik durchbrechen und sie wieder zur Beschäftigung mit konkreten Fragen führen. »Wieder«, da sich alle großen Moraltheorien – gemäß der in der Einleitung eingeführten Terminologie – sowohl zur Form der Moral wie zu ihrem Inhalt äußern.

Der Übergang von der Metaethik zur inhaltlichen Moraltheorie wird insbesondere in der utilitaristischen Tradition versucht. Richard Hare, der mit *The Language of Morals* (1952) eine der wichtigsten Arbeiten zur Metaethik vorgelegt hat, verbindet diese in der folgenden Abhandlung *Freedom and Reason* (1963) mit dem Utilitarismus. Zur Logik der Moralsprache gehört nach Hare das Aufstellen von Verhaltensregeln, die man universal vorschreiben kann. Bei dieser Bemühung tun wir nach Hare genau das, was für den Utilitarismus typisch ist, nämlich den Interessen aller gleiches Gewicht zu geben. Und das entspreche etwa der Vorstellung, dass es in der Moral darum gehe, die allgemeine Interessenbefriedigung oder das Gesamtwohl zu erhöhen.[1] Ähnlich wird dann auch Peter Singer in *Practical Ethics* (1979) argumentieren.

1 Hare 1963, 123.

Dieser Übergang von der sprachlichen Form moralischer Normen zur inhaltlichen Moralkonzeption des Utilitarismus ist allerdings nicht zwingend, denn es gibt universalistische Moraltheorien, die mit anderen Inhalten verbunden sind, insbesondere diejenigen kantischen Typs. Wir kommen hier zur Rede von Anwendung in dem anderen Sinn, dass Autoren eine grundlegende Moralkonzeption oder ein Grundprinzip voraussetzen und dieses sodann auf konkrete Fragen anwenden. Dabei zeigt sich zugleich das weitere Problem, dass es verschiedene solche Konzeptionen gibt, womit die Frage entsteht, wie wir vorgehen können, um die geeignete Moralkonzeption zu finden bzw. zwischen konkurrierenden Positionen zu wählen. Kantische Theorien beginnen häufig mit dieser letzteren Frage, mit dem Versuch, eine Moralkonzeption als die allein überzeugende zu begründen, die dann in einem zweiten Schritt angewandt wird, wobei die Problematik der Anwendung in diesen Ansätzen meist weniger Interesse findet als diejenige der Grundlegung. In der heutigen Debatte ist die Begründungsfrage eher in den Hintergrund getreten, und in den Kontroversen der angewandten Ethik spielt sie kaum eine Rolle. Dies dürfte zu Recht so sein, denn die Begründung einer Moralkonzeption kann die Moral nicht aus etwas Nicht-Moralischem herleiten, setzt also immer ihrerseits schon einen moralischen Standpunkt voraus. Damit vermag sie aber keine Entkräftung alternativer Standpunkte zu leisten.

Stellen wir diese Auseinandersetzung zwischen konkurrierenden Moralkonzeptionen zurück und beschränken uns auf die Methodenfrage im engeren Sinn, die Frage der Anwendung innerhalb einer Moralkonzeption, so herrscht in der heutigen Debatte über angewandte Ethik in diesem Zusammenhang John Rawls' Methode des Überlegungsgleichgewichts vor. In der Tat berufen sich in der Tierethik Autoren ganz verschiedener und miteinander unvereinbarer Ansätze wie Regan, Nussbaum und Carruthers auf die Methode von Rawls.[2] Diese besagt, dass wir bei der Suche nach einer moralischen Entscheidung nicht deduktiv vorgehen, sondern ein Gleichgewicht zwischen unseren Moralprinzipien einerseits und unseren reflektierten konkreten Überzeugungen andererseits suchen müssen, wobei beide Seiten für eine Revision offen sind. Zwar hat Rawls ein spezielleres Thema, nämlich die Entwicklung einer Konzeption politischer Gerechtigkeit für die Grundstruktur der Gesellschaft,

2 Darauf weist auch Cortina 2009, 77 hin.

und nicht den Entwurf einer allgemeinen Moraltheorie. Trotzdem kann man einige methodische Aspekte auch für die Moraltheorie in Betracht ziehen.

Wie bereits in der Einleitung angedeutet, gibt es mindestens drei Ebenen, die bei Anwendungsfragen der Moral eine Rolle spielen: einen nicht sehr detailliert bestimmten umfassenden Standpunkt auf der übergeordneten Ebene; konkrete Normen der mittleren Ebene, über die wir Übereinstimmung teils erzielen müssen, teils erzielen sollten; und schließlich Einzelentscheidungen auf der Ebene der konkreten Situation. Die philosophische angewandte Ethik befasst sich primär mit der mittleren oder zweiten Ebene, der Ebene der konkreten Normen. Quer zu dieser Differenzierung nach Graden der Abstraktion auf der Seite des inhaltlichen moralischen Standpunkts steht eine vierte Frage: die Frage nach der Rolle des moralischen Aspekts unter den anderen Aspekten unserer praktischen Einstellung. Diese letztere Frage stellt sich auf der Motivationsseite für den moralischen Akteur, der ja neben moralischen auch andere Motive des Handelns hat.

Rawls setzt als allgemeinen Standpunkt ein gemeinsames moralisches Selbstverständnis voraus, wonach sich moralische Akteure als freie, rationale, gleiche Individuen verstehen.[3] Unter dieser Voraussetzung einigen sich nach seiner Auffassung die Individuen in einer hypothetischen Vertragssituation auf bestimmte inhaltliche Gerechtigkeitspinzipien. Dabei müssen sich nach Rawls sowohl die Konstruktionsbedingungen der Vertragssituation als auch die Ergebnisse, die Prinzipien, auf die man sich einigt, im Überlegungsgleichgewicht mit unseren reflektierten moralischen Überzeugungen befinden.

Man kann an dieser Stelle fragen, ob Rawls' Darstellung der ethischen Methode nicht verkürzt ist. Das hängt damit zusammen, dass seine These von der Unabhängigkeit der Moraltheorie[4] wenig Sinn ergibt. Diese These verdankt sich offenbar noch der Trennung von Metaethik und praktischer Ethik, einer Trennung, die sich kaum aufrechterhalten lässt. Denn moralische Erwägungen sind, wie die erwähnte vierte Frage zeigt, nur *ein* Aspekt praktischer Entscheidungen neben anderen, und daher wird die metaethische (in Rawls' Ausdrucksweise: moralphilosophische) Frage, was moralische Überlegungen von anderen unterscheidet und wie sie sich zueinander ver-

3 Rawls 1971, 256.
4 Rawls 1974, 5–22.

halten, Einfluss auf die Reflexion unseres moralischen Standpunkts haben müssen.

Hinzu kommt die Schwierigkeit, dass Rawls einen bestimmten moralischen Standpunkt voraussetzt, der nicht von allen geteilt wird. Ein Utilitarist z. B. vertritt ein anderes Hintergrundverständnis von Moral und entsprechend andere konkrete Überzeugungen, die nicht in ein Überlegungsgleichgewicht mit Rawls' Ergebnissen zu bringen sind, welche sich aus kantisch-liberalistischen Hintergrundüberzeugungen speisen. Rawls selbst stellt sich später dieser Schwierigkeit, indem er zwischen dem engen und dem weiten Überlegungsgleichgewicht unterscheidet.[5] Das weite Überlegungsgleichgewicht liegt dann vor, wenn in die Überlegung auch die Erwägung alternativer Moralkonzeptionen eingegangen ist. Aber während das Hin- und Hergehen und Abgleichen zwischen Einzelfallüberzeugungen und Moralprinzipien im Hinblick auf Konsistenz und Kohärenz methodisch verständlich ist, scheint die Entscheidung zwischen unterschiedlichen Moralkonzeptionen auf einer anderen Überlegungsebene zu stehen und andere Verfahren zu erfordern.

Rawls selbst hat die optimistische Vorstellung, wir würden alle zu einem weiten Gleichgewicht gerade im Sinn seiner Gerechtigkeitskonzeption kommen, später aufgegeben und durch die Einsicht ersetzt, dass wir in modernen Gesellschaften mit einem unvermeidlichen Pluralismus umfassender Moralkonzeptionen zu rechnen haben. Dem entspricht methodisch die Annahme vom überlappenden Konsens bezüglich einer Konzeption politischer Gerechtigkeit.[6] In einer modernen Gesellschaft haben die Mitglieder nach Rawls zwar unterschiedliche umfassende Sichtweisen, sind aber gleichzeitig am Zusammenleben in einer fairen Demokratie interessiert, wodurch sich die umfassenden Sichtweisen so weit abschleifen, dass sie mit dieser Kooperation vereinbar sind.

Lassen wir die Frage offen, ob das realistisch ist, und fragen jetzt nur nach den Konsequenzen dieser methodischen Überlegung für die Tierethik. Diese sind eher unbefriedigend, denn die politische Regulierung unseres Umgangs mit Tieren ist nicht für alle Personen ein Grundbestandteil des Interesses am fairen politischen Zusammenleben. Mangels eines Drucks zur Einigung ist hier mit einem

5 Rawls 1974, 8.
6 Rawls 1993.

Abschleifen umfassender Sichtweisen hin zu einem moralisch akzeptablen überlappenden Konsens nicht zu rechnen.

In der Tat ist nicht ohne weiteres klar, welche Fragen der Behandlung der Tiere zur Ethik gehören und welche Fragen solche der politischen Entscheidung sind. Hinsichtlich der Formen der umfangreichsten Tiernutzung in der Massentierhaltung und der Forschung ist die Frage, wie das Kollektiv den Umgang mit Tieren regeln will, vielleicht letztlich eine Frage an jeden einzelnen (auch wenn ein einzelner die Tiernutzung nicht abschaffen kann), nämlich die Frage, ob er Produkte nutzen möchte, die auf dem Quälen von Tieren beruhen. Das Verhältnis von ethischer und politischer Problematik wird in Kapitel V aufgenommen.

Was die ethische Frage betrifft, so mündet sie für das Individuum immer in eine konkrete Entscheidungsfrage: Was soll ich hier und jetzt, in dieser Situation, tun, wie ist hier und jetzt gut/richtig zu handeln? Wäre das Individuum nicht ständig in konkreten Situationen mit dieser Frage konfrontiert, gäbe es kein drängendes ethisches Methodenproblem. Die Methodenfrage bezieht sich darauf, wie sich allgemeiner Standpunkt, Prinzipien bzw. Normen der mittleren Ebene und individuelle Entscheidungssituation zueinander verhalten. Dabei spielen neben moralischen Kriterien wie erwähnt auch Kriterien der Ethik im weiten Sinn, die eine Abwägung mit anderen Lebensbereichen ermöglichen, eine Rolle. Erst wenn der strukturelle Zusammenhang zwischen diesen verschiedenen Phänomenen geklärt ist, können wir die Position angemessen bestimmen, welche die angewandte Ethik einnimmt.[7] Die Wahl *zwischen* Standpunkten scheint hingegen ein anderes Thema zu sein.

2. Platons Methodenkonzeption

Wie lässt sich die konkrete ethische Entscheidungsfrage beantworten? Es scheint naheliegend zu sagen, dass wir das Richtige bestimmen, indem wir ein Kriterium der Richtigkeit anwenden, und dass diese Kriterien impliziert sind in unserem umfassenden ethischen Standpunkt, in dem, was man unsere Konzeption des Guten nennen kann. Wie Platon es in seinem frühen Dialog *Hippias Maior* formuliert: »Wie willst du also wohl wissen ..., ob jemand eine Rede schön

7 Das Folgende habe ich in anderer Form entwickelt in Wolf, U. 1994.

ausgeführt hat oder nicht, oder irgendeine andere Handlung, der du von dem Schönen selbst nichts weißt?« (304 d-e). Aus dieser Formulierung gewinnt man den Eindruck, die alles entscheidende Frage sei, die grundlegende Konzeption des Guten (»das Schöne selbst«) zu bestimmen. In Wirklichkeit entspricht dies aber nicht Platons Vorgehen in den Frühdialogen. Diese enden in der Aporie, und immer wieder wird betont, es könne für uns als endliche Wesen, die in einer komplexen, wechselhaften Erfahrungswelt leben, kein eindeutiges Kriterium geben, das immer die Unterscheidung zwischen richtiger und falscher Handlung im Einzelfall liefert, und es lasse sich keine grundsätzliche Konzeption des Guten so finden, dass sie uns klare Anwendungsergebnisse liefert.

Platon stellt in diesem Punkt die *praktische* Überlegung der Überlegung im Bereich der Techne und Wissenschaft gegenüber. Bei der Techne, dem Herstellungswissen, haben wir ein gegebenes und definierbares Ziel; wir wissen z. B., was der Zweck, das Gut eines Schiffs ist, und daraus ergeben sich die Kriterien, nach denen sich eine konkrete Schiffskonstruktion als gut beurteilen lässt. Dieses deduktive Techne-Modell der Überlegung lässt sich aber gerade nicht auf die ethische Überlegung übertragen. Denn ihr Ziel ist, wie die griechische Philosophie es sieht, die Eudaimonia, das vollkommen gute Leben. Doch worin dieses besteht, wissen wir nicht, es gibt keine formulierbare Konzeption des guten Lebens im allgemeinen, sondern nur das konkrete gute Leben dieser oder jener Person. Daran liegt es, dass die entscheidende Frage der individuellen ethischen Überlegung nur die konkrete Situation betreffen kann.[8]

Die Alternative zu einer deduktiven Konzeption des Guten kann nur in dem liegen, was Platon in den Dialogen nicht sagt, sondern vorführt: in der Methode. Diese ist der sogenannte Elenchos, das Prüfungsgespräch, welches auf der schrittweisen und unabschließbaren Suche nach dem Guten ist. Sehen wir uns das Beispiel an, das Platon im *Euthyphron* für eine im engeren Sinn moralische Frage gibt, die konkrete Frage, ob jemand seinen eigenen Vater vor Gericht

8 Tatsächlich macht Platon sogar den Objektivitätsanspruch *allen* Wissens an dieser konkreten Ebene fest: Es gibt letztlich nur *einen* Grund dafür, dass uns der Schein nicht genügt, sondern wir an dem interessiert sind, was wahrhaft ist: dass wir nicht nur ein *scheinbar* glückliches und gutes Leben führen wollen, sondern *wirklich* und wahrhaftig glücklich sein wollen (*Staat* 505d7ff).

bringen darf. Diese Frage wird im Dialog durch so viele Zusatzbestimmungen der Situation präzisiert, dass es schwierig scheint zu entscheiden, was zu tun in diesem Einzelfall richtig ist. Was feststeht, ist, dass unser Ziel das Finden nicht irgendeiner, sondern der richtigen oder guten Entscheidung ist. Es wäre also unangemessen zu sagen, dass es jetzt nur noch um methodische Korrektheit gehe. Zusätzlich gilt, dass die praktische Überlegung auf das Gute, das praktisch Richtige, abzielen muss, auch wenn dieses nicht im Detail gegeben ist.

Dazu dürfte es allerdings erforderlich sein, dass wir immerhin irgendeine umrisshafte Vorstellung vom Guten haben. Für Platon liegt das Modell des Guten in der Harmonie oder Einheit, ein Modell, das heute wenig einleuchtend sein wird. Was an Platons Theorie überzeugend scheint, ist vielmehr die Art, wie er den Status des Guten charakterisiert. Demnach bildet das Gute ein vage antizipiertes Fernziel, das der praktischen Überlegung ihre Richtung vorgibt, ohne dabei als Kriterium tauglich zu sein, mit dem sich entscheiden lässt, was die hier und jetzt richtige Handlung ist.

In Platons Analyse der strittigen Frage im *Euthyphron* spielen auch inhaltlich bestimmte Normen der mittleren Ebene eine Rolle. So wird in diesem Fall die Norm als unstrittig vorausgesetzt, dass Übeltäter zu bestrafen sind. Kontrovers ist eher die Beschreibung des individuellen Falls, die Frage, wer Unrecht tut und inwiefern und wodurch genau. Während die oberste Ebene des Guten vage ist und keine klaren Kriterien liefert, liegt in der Tat im alltäglichen Handeln der Ausgangspunkt der konkreten Überlegung gewöhnlich auf der mittleren Ebene, d. h. der Ebene der konkreten Normen oder, wie die antike Philosophie es sieht, der Tugenden, in denen man diese internalisiert hat. Man könnte sagen: die Gesamtheit der substantiellen Normen auf dieser Ebene enthält den Stand der Artikulation unserer Moralkonzeption.[9] Diese Ebene wird in den meisten großen ethischen Theorien vernachlässigt oder nur beiläufig beachtet. Das gilt für Platon ebenso wie für Kant und den klassischen Utilitarismus der Einzelhandlung. Wie lässt sich das erklären?

9 Ob man von Tugenden oder Normen redet, ist im Moment weniger relevant. Wir brauchen in der Moraltheorie beides, weil Normen nur in Tugenden internalisiert motivational wirksam werden und weil Tugenden nur dann in der Überlegung über jeweilige Situationen zu einer Entscheidung führen, wenn man die Fähigkeit besitzt, die im Charakter enthaltenen Normen zu artikulieren.

Bei Platon finden wir folgende Antwort: Sobald wir es mit konkreten Situationen in der Erfahrungswelt zu tun haben, gibt es nichts, was immer und in jeder Hinsicht gut ist. Es ist gut oder richtig, Dinge zurückzugeben, die einem jemand geliehen hat. Wenn aber der Besitzer einer Waffe, die man von ihm geliehen hat, sich in einem Zustand der Raserei befindet, ist das Zurückgeben nicht gut (*Staat* 331c). Es hilft auch nicht weiter, eine genauere Norm zu formulieren, etwa dass man Geliehenes zurückgeben soll, es sei denn der Besitzer ist in einem Zustand der Raserei. Denn man kann sich in jedem Einzelfall weitere Komplikationen ausdenken, welche das Aufstellen einer ausnahmslosen inhaltlichen Norm aussichtslos machen. (Z. B. könnte der rasende Besitzer gleichzeitig Objekt eines Angriffs sein und die Waffe zur Notwehr brauchen.)

Die übliche Reaktion auf dieses Phänomen besteht darin zu sagen, dass moralische Normen *prima facie* Regeln mit Ausnahmen sind oder Faustregeln, die wir aus pragmatischen Gründen verwenden. Aber trifft diese Vorstellung von moralischen Normen als Notbehelf für die Praxis wirklich zu? Kehren wir zu Platon zurück, so geht dieser in einigen Frühdialogen von der Frage nach der Definition einer bestimmten Tugend aus, weist aber dann die Frage zurück bzw. verschiebt sie auf die Frage nach der Tugend im allgemeinen. Nicht als ob Platon die Vorstellung von verschiedenen Normen oder von Tugenden, in denen Normen internalisiert sind, ablehnen würde. Was Platon hinterfragt, sind die sogenannten »bürgerlichen« Tugenden. Nach diesem Verständnis sind Tugenden wie Tapferkeit oder Gerechtigkeit separate Phänomene mit fixem Inhalt, und dabei geht der eigentliche Sinn der Tugenden, dass sie nämlich Konkretisierungen des unbestimmten Guten für verschiedene Lebensbereiche sind, die durch praktische Überlegung jeweiligen Handlungssituationen angepasst werden müssen, verloren.[10] Anders gesagt: nach Platons Sicht sind die verschiedenen inhaltlichen Tugenden bzw. substantiellen Normen und das Gute als vager Zielpunkt gleichermaßen für die menschliche Orientierung im Handeln erforderlich.

10 Dieser Punkt, dass wir als psychisch komplexe Wesen, welche mit verschiedenartigen Gefühlen und Antrieben ausgestattet sind und in einer vielfältigen Erfahrungwelt leben, die uns mit Handlungssituationen verschiedenen Typs konfrontiert, uns nur orientieren können, wenn wir unsere Komplexität in materiellen Tugenden organisieren, ist noch deutlicher bei Aristoteles entwickelt (*Nik. Ethik* Buch II).

3. Der Elenchos in der angewandten Ethik

Weder das vage Gute noch die konkreten Normen der mittleren Ebene liefern ein eindeutiges Kriterium für die Entscheidung eines Einzelfalls. Das Gute nicht, weil es unbestimmt ist, die Normen oder Tugenden nicht, weil sie immer noch allgemein sind. Daher kann die genaue Art der Anwendung unklar sein, wenn z.B. neuartige Fälle auftreten oder wenn in der konkreten Situation mehrere Normen relevant sind, die unvereinbare Forderungen stellen. In der Tat sind dies nach üblichem Verständnis die beiden Hauptprobleme, die Anlass für eine philosophische Problematisierung der ethischen Anwendung geben: das Auftreten neuartiger Fälle, auf welche die bisherigen Normen nicht zugeschnitten sind, und das Phänomen des Normenkonflikts bzw. der moralischen Dilemmata.

Was das erste Problem betrifft, so ist das übliche Verfahren, wie erwähnt, Rawls' Methode des Überlegungsgleichgewichts. Nach diesem Modell sind Prinzipien und konkrete Überzeugung über den Einzelfall methodisch gleichberechtigt. Auf der Basis des platonischen Modells müsste man die Situation etwas anders beschreiben: Wir haben ein System von Normen mittlerer Ebene, die als (wesentlich vorläufige) Artikulationen oder Explikationen unseres grundsätzlichen ethischen Standpunkts, unserer Konzeption des Guten dienen. Diese Normen schlagen sich in Tugenden nieder, sind also im Charakter der Akteure verankert. Einschätzungen von konkreten Handlungssituationen geschehen dann nicht unabhängig, sondern im Lichte dieser Charakterausrichtung. Auf ihrer Grundlage aktiviert die Situationswahrnehmung die Norm, die inhaltlich am meisten relevant ist, und sucht dann nach einer artikulierten Entscheidung. Wo diese Norm nicht zu klaren Ergebnissen führt, könnten wir trotzdem eine Überzeugung haben, was in der Situation richtig wäre. Diese Überzeugung ergäbe sich dann aus dem zusammenhängenden System inhaltlicher moralischer Normen, das wir internalisiert haben, also aus der Ganzheit unserer moralischen Einstellungen.

Bei der Entscheidung eines neuartigen ethischen Problems würden wir darauf zurückgreifen, dass wir einen grundlegenden moralischen Standpunkt (eine Konzeption des Guten) besitzen, und wir könnten dann versuchen, diesen Standpunkt so weit auszuformulieren, dass erkennbar wird, woran wir uns mit den verschiedenen möglichen Entscheidungen binden würden. Es könnte durchaus sein, dass wir durch philosophische Überlegungen weiter nicht kommen.

Was das zweite Problem, die Normenkonflikte, betrifft, so wird in der heutigen Debatte ebenfalls gewöhnlich darauf hingewiesen, dass wir in diesem Fall zwischen beiden Seiten des Dilemmas »abwägen« müssen, was mit Rawls' Konzeption des Überlegungsgleichgewichts verbunden wird. Doch das ist eine verkürzte Beschreibung dessen, was wir in solchen Situationen tun. Der Elenchos wird hier dem Überlegungsverfahren besser gerecht und bringt uns immerhin noch einen Schritt weiter.

Wenn wir uns die Methode des Elenchos ansehen, wie Platon sie in den Frühdialogen vorführt, so handelt es sich primär um ein negatives Verfahren, mit dem begriffliche Unklarheiten, logische Inkonsistenzen u. ä. aufgewiesen und beseitigt werden.[11] Das ist jedoch nicht alles. Denn erstens hat der Elenchos ein Ziel, die Annäherung an das vage Gute. Zweitens vollzieht sich die Prüfung immer an gegebenem Material, nämlich den vorhandenen Meinungen über inhaltliche Normen. Und drittens sind, wo die Prüfung nicht (wie oft der Fall) auf der mittleren Ebene bleibt, die Daten über die konkrete Handlungssituation hinzuzunehmen. Der Elenchos beschränkt sich nun nicht im Sinn von Rawls auf das Abwägen von konkreten Überzeugungen und Prinzipien. Vielmehr ordnet er das Problem in ein umfassenderes Feld praktischen Verstehens ein, indem er auf benachbarte oder verwandte Begriffe verweist und dieses weitere Feld zu ordnen und zu organisieren versucht. Auf diese Weise werden nicht nur konkrete praktische Probleme klärbar, sondern es wird auch schrittweise das alles menschliche Handeln orientierende Fernziel des Guten expliziert und artikuliert.

Machen wir uns das an unserem Thema der Tierethik beispielhaft klar: Für die Frage, ob Tierversuche moralisch gerechtfertigt sein können, hilft es wenig zu sagen, dass wir einerseits das Verbot der Leidenszufügung, andererseits die Pflicht zur Hilfe gegen Krankheiten beachten und dann diese beiden Pflichten gegeneinander abwägen müssen. Was wir statt dessen tun können, und was Moralphilosophen, die angewandte Ethik auf anspruchsvolle Weise

11 Faktisch hat Platon keinen wirklichen Elenchos vorgeführt, weil er Sokrates sich immer auf die Ebene der Gesprächspartner begeben lässt, die nicht wirklich an der Wahrheitssuche orientiert sind. Dazu ausführlich Wolf, U. 1996.

betreiben, faktisch auch immer schon tun (wenn auch oft ohne entsprechendes Methodenbewusstsein), besteht darin, verwandte und umfassendere und grundlegendere Fragen zu stellen. Unter anderem sind das die Fragen, welche Rolle die Norm, kein Leiden zu verursachen, in unserem grundlegenden moralischen Standpunkt spielt, welche Merkmale ein Wesen zum Gegenstand moralischer Rücksicht machen, welche Formen des Leidens es gibt, ob sich der moralische Status von Menschen und Tieren prinzipiell, graduell oder gar nicht unterscheidet, wie genau der Unterschied zwischen negativen und positiven Pflichten zu verstehen ist und ob es sinnvoll ist, ihn zu verwenden.

Der zweite Fall, das Auftreten von Situationen, in denen zwei oder mehr moralische Normen der mittleren Ebene in Konflikt stehen, ist von der Moralphilosophie immer schon thematisiert worden. Die großen klassischen Moraltheorien erkennen die Existenz solcher Konflikte an, indem sie sie weginterpretieren. Warum das so ist, können wir wiederum von Platon erfahren. Wie wir gesehen haben, ist für Platon das letzte Ziel praktischer Richtigkeit und Objektivität das Gute, und zwar das gute Leben. Dieses ist in vollkommener Form für Menschen unerreichbar. Wäre es gegeben, müsste es ganz und eins sein. Wenn es aber getrennte Bereiche des Guten gibt, die miteinander in einen unaufhebbaren Konflikt treten können, dann wäre ein vollkommen und insgesamt gutes Leben nicht einmal denkbar. Aus diesem Grund haben alle klassischen Moralkonzeptionen das letztlich Gute durch genau eine Wertdimension bestimmt und gleichzeitig vorausgesetzt, dass die Normen auf der mittleren Ebene zusammenstimmen. Das gilt für Platons und Aristoteles' These von der Einheit der Tugenden ebenso wie für Kants Auffassung, dass zumindest strenge Pflichten nicht konfligieren können.

So nachvollziehbar das Motiv für die Leugnung von Wertkonflikten ist, so wenig entspricht es der Alltagserfahrung. Das Beispiel der Tierversuche wurde schon genannt. Ein anderes bekanntes Beispiel ist die Frage, ob man einer todkranken Person die Wahrheit über ihren Gesundheitszustand sagen soll. Tut man es, versetzt man sie in Schrecken, tut man es nicht, verletzt man ihre Autonomie. Auch hier kann man bei der Beantwortung nur so verfahren wie bei der ersten Möglichkeit, also so, dass man die Implikationen und Folgen der Alternativen ausbuchstabiert. Dieser Artikulationsprozess, durch den wir die einschlägigen Normen in einen umfassenderen Rahmen stellen und sie auf diese Weise im Licht unserer vagen Konzeption des

Guten (des guten Lebens) betrachten, kann deutlich machen, was die eine oder andere Richtung der Auflösung des Konflikts bedeutet, d. h. an welche Ausprägung des Guten sie uns bindet.

Wenn eine Person vom Vorrang des einen Werts vor dem anderen überzeugt ist und eine kohärente Konzeption des Guten unter Einbeziehung dieser Präferenz zu formulieren vermag, wird sie ihre Konzeption des Guten entsprechend einheitlich ausprägen. Es ist aber auch möglich, dass eine Person das Vorkommen unvereinbarer Werte konstatiert und die Welt so sieht, dass solche Dilemmata unvermeidlich sind und deshalb eine einheitliche Konzeption des Guten nicht erreichbar ist, sondern diese immer vorläufig bleiben und mit Spannungen behaftet sein wird. Darin könnte gerade ein Motor liegen, immer weitere Artikulationen voranzutreiben, die allerdings neue Spannungen erzeugen werden.

An dieser Stelle hilft uns Platon mit seinem Harmonieideal des Guten nicht weiter. Wir können aber jetzt den Beitrag seiner Methode des Elenchos zusammenfassen. Sie verhindert, dass wir die ethische Überlegung zu früh abbrechen, nämlich bei der schlichten und nicht weiter erläuterten Abwägung zwischen Einzelfallüberzeugung und Prinzip bzw. Moralkonzeption. Wir sind mithilfe von Platons Methode einen Schritt weiter und haben gesehen, dass es auf die Artikulation des umliegenden Phänomen- und Meinungs- und Begriffsfelds ankommt. Diese ist immer schon von einer antizipierten vagen Konzeption des Guten geleitet (die sich nicht auf die Moral im engeren Sinn beschränkt), die aber ihrerseits in diesem Prozess erst Konturen gewinnt.[12] Zwar führt auch dieser breitere Reflexionsvorgang im Sinn Platons nicht immer zu klaren Ergebnissen. Aber über diesen Schritt hinaus ist eine methodisch abgesicherte Entscheidung nicht mehr möglich, es gehen dann andere Aspekte wie Lebenshaltung, Temperament und Erfahrungen in die Wahl mit ein. (Das gilt natürlich mehr noch dann, wenn wir nicht nach der richtigen Entscheidung innerhalb *eines* Standpunkts suchen, sondern wenn ein Streit zwischen Personen mit verschiedenen Konzeptionen des Guten vorliegt, wie es in der heutigen angewandten Ethik häufig der Fall ist.)

12 Indem sich die folgende Untersuchung an dieser Einsicht orientiert, steht sie im Kontext eines breiter angelegten, durch ein Opus magnum-Stipendium der VolkswagenStiftung und der Fritz Thyssen Stiftung geförderten Unternehmens, das den Zusammenhang von Ethik und Handlungstheorie unter Fokussierung auf den Begriff des Guten aufzuweisen versucht.

Wichtig ist, gegen Rawls festzuhalten, dass die Moraltheorie in keiner Hinsicht unabhängig ist. Sie ist nicht unabhängig im Sinn von isoliert, weil die Perspektive der Person, welche moralische Entscheidungen trifft, diejenige der ethischen Überlegung im weiten Sinn einer Überlegung des guten Lebens ist. Sie ist auch nicht unabhängig in dem Sinn, dass eine strenge Trennung von Klärung der Metaethik, d. h. philosophisch-begrifflicher Untersuchung, und Explikation eines inhaltlichen Standpunkts vorgenommen werden könnte. Vielmehr haben wir ein System von Normen der mittleren Ebene internalisiert, wir haben außerdem ein Netz ethischer Grundbegriffe wie »gut«, »nützlich« usw. Konfrontiert sind wir in der angewandten Ethik mit komplexen, in verschiedene Fragen zerfallenden Problemen wie dem der Behandlung der Tiere. Daher muss zuerst geklärt werden, was überhaupt die Aspekte des Handelns sind, die Tieren gegenüber vorkommen, welche konzeptionellen Dimensionen und ethischen Grundsätze relevant sind. Das soll im Durchgang durch die wichtigsten historischen und zeitgenössischen Positionen zur Tierfrage geklärt werden (Kap. II). Danach werde ich von der Erfahrungswelt her aufzeigen, welches die wichtigsten Typen von Beziehungen zwischen Mensch und Tier sind und welche Normen auf der mittleren Ebene hierzu gehören (Kap. III).

II. Das Tier in der Moralphilosophie

Das heutige philosophische Nachdenken über die ethisch angemessene Behandlung der Tiere nimmt seinen Anfang in den 1970er Jahren.[1] 1972 erscheint ein von Roslind und Stanley Godlovitch und John Harris herausgegebener Sammelband mit dem Titel *Animals, Men and Morals*. Nachdem dieser zunächst wenig beachtet wird, macht Peter Singer durch eine Rezension mit der provozierenden Überschrift »Animal Liberation« in der *New York Review of Books* auf ihn aufmerksam. Im Jahr 1975 folgt Peter Singers Buch mit demselben Titel, welches auf der Basis eines utilitaristisch-egalitaristischen Ansatzes für die Einbeziehung der Tiere in die Moral argumentiert. Singers Buch zieht eine Reihe von Publikationen anderer Autoren nach sich, die diesen Ansatz teils weiter ausarbeiten, teils kritisieren. Die wichtigste alternative Position zu derjenigen Singers ist die Theorie der Tierrechte, welche Tom Regan, der zweite Protagonist der frühen Debatte, am ausführlichsten in seinem Buch *The Case for Animal Rights* (1983) entwickelt.

Während die Debatte zunächst zwischen diesen beiden Ansätzen verläuft und sich nur zögernd ausdehnt, erlebt sie seit Ende der 1980er Jahre einen kräftigen Aufschwung, den man inzwischen als »zweite Welle« der Auseinandersetzung bezeichnet.[2] Diese zweite Welle weist nicht nur einen weitaus größeren Umfang auf als die erste; sie ist darüber hinaus durch eine methodische Auflockerung und zunehmende Vielfalt der zugrunde liegenden moralphilosophischen Positionen gekennzeichnet.

1 Zur Reflexion über Tiere in der klassischen und neuzeitlichen Philosophie siehe Part I in Beauchamp/Frey (Hrsg.) 2011.

2 Singer selbst nennt die Aufsatzsammlung, die er 2006 herausgibt, *In Defense of Animals. The Second Wave*. Die zweite Welle setzt 1987 mit dem Erscheinen des Buches *Morals, Reasons and Animals* von Steve F. Sapontzis ein, der dieses selbst als »Beitrag der zweiten Generation« zur Tierethik bezeichnet.

Man kann die Theorien, da sich ihre Vertreter häufig wechselseitig aufeinander beziehen, in verschiedener Reihenfolge darstellen. Ich beginne mit Singers Position der Maximierung der Interessenbefriedigung für alle leidensfähigen Wesen, weil diese die heutige Debatte ausgelöst hat. Ehe ich Regans und Nussbaums Rechte-Ansätze behandle, welche auf Defizite in Singers Utilitarismus, insbesondere auf die Vernachlässigung des Individuums antworten, werde ich kantische Theorietypen skizzieren, um so im Sinn der methodischen Überlegungen den begrifflichen Rahmen vorzubereiten, vor dessen Hintergrund die Kontroverse zwischen Singer und Regan zu sehen ist. Da sich Regans Konzeption des inhärenten Werts ebenso wie Nussbaums Konzeption der Würde der Lebewesen als unabgestützt erweisen werden, bietet sich der Übergang zum Kontraktualismus an, der den Rechtsbegriff mit schwachen Voraussetzungen verwendet, allerdings nicht über geeignete Mittel zur grundsätzlichen Einbeziehung der Tiere verfügt. Dies legt die Betrachtung der Mitleidsmoral nahe, welche die Aufnahme der Tiere in die Moral ebenso leicht erklären kann wie der Utilitarismus, aber im Unterschied zu diesem besser zum Individuenbezug der gängigen Moral passt. Da das Mitleid allein noch keine moralische Einstellung ausmacht, stößt dieser Ansatz jedoch seinerseits an Grenzen und erfordert die Ergänzung durch eine Art Tugendethik. Deren mangelnde Bestimmtheit legt den Übergang zu multikriteriellen Ansätzen nahe, welche die Aussicht eröffnen, den unterschiedlichen Bereichen der Moral, die uns im Lauf der Untersuchung begegnen, Rechnung zu tragen. Diese werden im nächsten Kapitel erörtert.

1. Utilitarismus

Der Utilitarismus ist eine der wenigen Moraltheorien, welche die Tiere immer schon einbezogen haben. Das unvermeidliche Bentham-Zitat soll auch hier nicht fehlen:

> Der Tag mag kommen, an dem der Rest der belebten Schöpfung jene Rechte erwerben wird, die ihm nur von der Hand der Tyrannei vorenthalten werden konnten. Die Franzosen haben bereits entdeckt, dass die Schwärze der Haut kein Grund ist, ein menschliches Wesen hilflos der Laune eines Peinigers auszuliefern. Vielleicht wird eines Tages erkannt werden, dass die Anzahl der Beine, die Behaarung der Haut oder die

Endung des Kreuzbeins ebensowenig Gründe dafür sind, ein empfindendes Wesen diesem Schicksal zu überlassen. Was sonst sollte die unüberschreitbare Linie ausmachen? Ist es die Fähigkeit des Verstandes oder vielleicht die Fähigkeit der Rede? Ein voll ausgewachsenes Pferd aber oder ein Hund ist unvergleichlich verständiger und mitteilsamer als ein einen Tag oder eine Woche alter Säugling oder sogar als ein Säugling von einem Monat. Doch selbst wenn es anders wäre, was würde das ausmachen? Die Frage ist nicht: Können sie denken? Können sie sprechen? Sondern: Können sie leiden?[3]

Was die Details angeht, so werde ich mich im folgenden an Singers Position orientieren.

Singer

Es war Singers Buch *Animal Liberation* (AL), das die neuere Debatte über Tierethik in Gang gesetzt hat. Die moraltheoretische Fundierung findet sich im ersten Kapitel dieses Buchs, in etwas veränderter Form in den ersten beiden Kapiteln von *Practical Ethics* (PE).

In *Animal Liberation* geht Singers theoretischer Ansatz kaum über die Punkte hinaus, die sich bereits dem Bentham-Zitat entnehmen lassen. Die Grundvoraussetzung ist die des Utilitarismus allgemein, wonach Schmerzen und Leiden schlecht und Lust und Glück gut sind und wonach es in der Moral darum geht, das eine zu verhindern oder zu verringern, das andere zu vermehren (AL 19). Die Moral baut hier also nicht auf dem Begriff der Pflicht oder des Rechts auf, sondern sie ist definiert durch das Ziel moralischen Handelns. Dieses Ziel besteht in der Verringerung von Leiden bzw. Vermehrung von Lust oder Glück. Was der Status dieser Grundannahme ist, bleibt bei Singer ebenso unklar wie bei anderen Utilitaristen. Gemeint ist sie nicht einfach in dem unproblematischen subjektiven Sinn, dass es für ein Wesen, das leidet, unerfreulich ist, zu leiden. Das Ziel moralischen Handelns ist vielmehr die Verringerung des *Gesamtleidens* auf der Welt bzw. die Vermehrung des Gesamtglücks, und was letztlich gut ist, ist daher das Glück nicht im subjektiven Sinn, sondern das Glück insgesamt und als solches.

3 Bentham 1970, 283; dt. Übersetzung aus Singer 1982, 26f. (mit kleinen Änderungen).

Dieser Übergang vom subjektiven Glück zum objektiven Gesamtglück scheint begrifflich schwierig. Daraus, dass jedes Individuum sein eigenes Glück zu maximieren versucht und alle Individuen ihr jeweiliges Glück, lässt sich nicht ableiten, dass alle Individuen versuchen müssten, das Gesamtglück zu maximieren.[4] Im Ziel des objektiven Gesamtglücks liegt also zunächst eine nicht weiter erklärte absolute Wertsetzung.

Im ersten Kapitel von *Practical Ethics* unternimmt Singer einen anderen Versuch, das utilitaristische Grundprinzip herzuleiten. Der Utilitarismus wird eingeführt als die einfachste Möglichkeit einer *universalistischen* Moral: Moralisch zu leben bedeutet auf eine Weise zu leben, die man zu begründen bereit ist, und Gründe sind wesentlich allgemein. Wer sein Handeln so begründe, könne die eigenen Interessen nicht einfach deswegen, weil sie die eigenen sind, höher gewichten als die Interessen anderer. Folglich sei die moralisch richtige Handlung diejenige, die insgesamt die Interessen der Betroffenen maximiert.

Bis auf den letzten Schritt könnte das wohl jede Spielart einer aufgeklärten bzw. vernünftigen Moral unterschreiben. Doch die gleiche Berücksichtigung der Interessen aller könnte ebenso gut so aussehen, dass man ein *jedes* Individuum als solches, das Interessen hat, gleich beachtet. Die utilitaristische Fassung, wonach der Inhalt der Moral in der Maximierung des *Gesamt*interesses besteht, ist nicht zwingend. Was Singer durch seine Argumentation erreicht, geht über die ursprüngliche Setzung, dass das Glück als solches gut und zu vergrößern ist, kaum hinaus. Es wird lediglich der Begriff des Glücks durch den der Interessenbefriedigung ersetzt; Singer nennt das »Präferenz-Utilitarismus«. Die Orientierung an den Interessen hat den Vorteil, dass man nicht von außen vorzugeben braucht, worin die Wesen ihr Glück sehen.

Doch ob wir von Glück bzw. Lust insgesamt oder von Interessenbefriedigung insgesamt ausgehen, der spezifische und problematische Punkt der utilitaristischen Moral bleibt derselbe: Individuen werden nur als Träger von Lust oder Interessen angesehen;[5] sie stellen nicht eine Grenze für das Handeln anderer dar, sondern kön-

4 Ungefähr so lautet der Beweisversuch bei Mill 1962, 288f.

5 Dass der Utilitarismus Individuen als bloße »Gefäße« für Lust und Unlust sieht, wird durchgängig moniert von Regan 1984, z.B. 205f.

nen dem Gesamtnutzen geopfert werden.[6] Das widerspricht der in der Alltagsmoral verbreiteten Vorstellung, dass bestimmten Wesen kraft bestimmter Eigenschaften ein Wert zukommt, in dem sie zu berücksichtigen sind. Mit dieser Vorstellung hängt direkt die Unterscheidung zwischen positiven und negativen Pflichten zusammen, die der Utilitarismus ebenso überspringt. Zwar gibt es, wie wir noch genauer sehen werden, Bereiche der Moral, in denen positive Pflichten primär oder zumindest gleich wichtig sind wie negative, nämlich dort, wo wir es mit hilfsbedürftigen Wesen zu tun haben. Aber auch hier geht es um die Hilfe für Individuen, und nicht um die Erhöhung des Gesamtglücks.

Was *für* den Utilitarismus spricht, ist, dass er problemlos der allgemein akzeptierten Norm auf der mittleren Ebene Rechnung tragen kann, man solle Tieren nicht unnötiges Leiden zufügen. Wenn die grundlegende allgemeine Konzeption besagt, dass die Eigenschaft, die Wesen zu Objekten der Moral macht, die Leidensfähigkeit ist, dann sind Tiere von vornherein in die Moral einbezogen, ohne dass es umständlicher Hilfskonstruktionen bedarf. Was die eigentlich strittige Frage betrifft, ob wir Tieren den *gleichen* moralischen Status zugestehen sollten wie Menschen oder einen abgeschwächten (oben S. 16), führt uns jedoch der Utilitarismus nicht sehr weit. Singer beansprucht zwar, dass er die Gleichheit des Status nachweisen könne: Wenn das Prinzip der Lustmaximierung bzw. Interessenmaximierung das einzige inhaltliche Moralprinzip ist und man dieses mit dem Universalismus verbinden muss, wonach gleiche Fälle gleich zu beurteilen sind, kann die Zufügung von Leiden nur durch das Prinzip der Leidensminimierung selbst gerechtfertigt werden, d.h. durch die Begründung, dass auf diese Weise größeres Leiden verhindert werden kann. Wer hier gegenüber Tieren weitergehende Ausnahmen macht, weil sie keine Personen oder keine Mitglieder der menschlichen Spezies sind, verwendet, so Singer, einen

6 Natürlich gibt es diverse verfeinerte Varianten des Utilitarismus, mit denen sich die unübersehbaren Probleme des klassischen Utilitarismus umgehen lassen, indem man z.B. im Sinn eines Regelutilitarismus eine Konzeption von Grundrechten einbaut. Die Befassung mit diesen Varianten scheint mir jedoch überflüssig, da sie am Ende nur über umständliche Zurüstungen wieder auf die alltägliche Moralvorstellung zurück führen. Dann aber sollte man nach den üblichen Kriterien der Bewertung von Theorien die sparsameren vorziehen, die dasselbe direkt und ohne ein Gebäude an Zusatzkonstruktionen leisten.

moralisch irrelevanten Grund und handelt daher willkürlich, ganz genauso wie jemand, der bestimmte Menschen, weil sie Frauen sind oder eine schwarze Hautfarbe haben, schlechter behandelt als andere (AL 9). »Speziesismus«, die willkürliche Bevorzugung von Mitgliedern der eigenen Spezies, lässt sich nach Singer ebensowenig rechtfertigen wie Rassismus, Sexismus und dergleichen. Der Verstoß gegen die Verallgemeinerbarkeit des Urteils macht sich insbesondere darin bemerkbar, dass wir auch Menschen, die keine Personen sind, einen vollen moralischen Status zugestehen; da Tiere diesen Menschen in ihren Fähigkeiten gleichkommen oder sogar überlegen sein können, lassen sich nach Singer Unterschiede in der Behandlung nicht begründen (PE 86ff.).

Doch so einfach sind die Dinge in Wirklichkeit nicht. Denn auch wenn es einleuchtet, dass die bloße Zugehörigkeit zu einer biologischen Spezies kein moralisch relevanter Gesichtspunkt sein kann, so könnten menschliche Personen ja für die Gleichstellung von Menschen, die keine Personen sind, noch andere Gründe haben, die in Bezug auf Tiere nicht gelten. Man kann Utilitarist sein und gleichzeitig die Meinung vertreten, dass das menschliche Glück ein »höheres« ist als das der Tiere,[7] und es gibt christliche Utilitaristen, welche menschliches Leben für grundsätzlich wertvoller halten als tierliches,[8] mit der Folge, dass menschliche Interessen generell mehr wiegen. Dieses Problem betrifft allerdings nicht nur den Utilitarismus, sondern wird uns in ähnlicher Form auch bei anderen Moralkonzeptionen begegnen.

Auf den spezifischen Mangel des Utilitarismus, der, wie dargestellt, in der Ausrichtung auf den Gesamtnutzen unter Absehung von Individuengrenzen und in der Unklarheit der absoluten Bewertung des Gesamtglücks liegt, haben Singers Kritiker versucht, mit einem kantischen Modell der Moral zu antworten, welches Individuen als zu achtende Selbstzwecke sieht, und gleichzeitig die Kriterien für die Zugehörigkeit zur Klasse dieser Individuen über die Rationalität hinaus zu erweitern. Wie angekündigt, soll zunächst der kantische Hintergrund dieser Ansätze expliziert werden.

7 Darauf weist auch Baier 1983, 67 hin.
8 Vgl. Frey 2011, 177.

2. Kantische Theorien

Kant

Kant geht von der Frage aus, wie ein moralisches Sollen, das nicht von subjektiven Neigungen oder zufälligen Zielsetzungen abhängt, möglich ist. Die Vorfrage, wie dieses Sollen zu formulieren ist, wird so beantwortet, dass es in einem kategorischen Imperativ zum Ausdruck kommt, d.h. einem Imperativ, der gerade nicht nur hypothetisch, d.h. relativ zu jeweiligen Interessen, Vorlieben und dergleichen besteht. Dann bleibt nur übrig, dass es in diesem Imperativ um das vernünftige oder begründete Handeln als solches und abgesehen von Inhalten geht, und dies ist das Handeln nach Maximen, deren Verallgemeinerung man wollen kann. Kant hat dieses Grundprinzip in verschiedenen Varianten entwickelt, wobei die in unserem Zusammenhang wichtige die sogenannte Zweckeformel ist. Sie lautet: »Handle so, dass du die Menschheit sowohl in deiner Person, als in der Person eines jeden andern jederzeit zugleich als Zweck, niemals bloß als Mittel brauchst.«[9] Dies wird so erläutert, dass der Mensch als vernünftiges Wesen autonom, nach selbstgegebenen Gesetzen leben kann und sich daher sein Leben als Zweck an sich vorstellt. Als ein solches Wesen besitzt der Mensch einen Wert oder eine Würde, und es sind nicht empirische Interessen, sondern die Achtung vor diesem Wert der Vernunft, welche das moralische Handeln motiviert.

Diese Konzeption kommt der alltäglichen Moral sicherlich nahe. Das gilt insbesondere für die Vorstellung, dass Gegenstand der moralischen Rücksicht letztlich etwas absolut Wertvolles ist und menschliche Wesen insofern Objekte der Moral sind, als sie an diesem Wert teilhaben und dadurch eine Würde besitzen.[10] Wir erhalten hier eine Antwort auf die Frage, welche Eigenschaft von Wesen es ist, kraft deren sie moralische Rücksicht verdienen und im Hinblick auf die sie nicht verletzt werden dürfen. Für Kant ist das die Ver-

9 Kant 1903/11, 429

10 Neuerdings bestreiten manche Kantinterpreten, dass man Kant die Ansicht zuschreiben könne, menschliche Wesen hätten Würde im Sinn eines absoluten inneren Werts (Sensen 2011). Genau das aber sagt Kant in der *Grundlegung* (Kant 1903/11, 435). Richtig ist natürlich, dass für Kant die Würde keine primäre Eigenschaft ist, die Begründungsfunktion für die Moral hat, sondern dass sie sich erst aus der Auszeichnung der Vernunft ergibt.

nunftfähigkeit, genauer die Fähigkeit, sich selbst das Moralgesetz zu geben, an der zumindest alle diejenigen Menschen teilhaben, die Personen sind. Doch warum muss man genau diejenigen Wesen in die Moral einbeziehen, welche vernünftig sind, und was kann uns dazu veranlassen, so zu handeln? Außerdem besitzen die menschlichen Individuen Vernünftigkeit in verschiedenen Graden; wie aber kommt man dann zu dem Ergebnis, dass jede menschliche Person ganz auf die gleiche Weise Rücksicht verdient?

Beide Fragen hängen zusammen. Dass die Vernunft etwas absolut Gutes und Achtenswertes ist und dass sie der einzige mögliche Kandidat für diesen Status ist, liegt an Kants aufgeladenem Vernunftbegriff, in dem die Moral bereits vorausgesetzt ist. Der absolute Wertcharakter der Vernunft ist eine letztlich metaphysische Annahme; ebenso ist die Vernünftigkeit von Personen nicht im Sinn ihrer empirischen Fähigkeiten gemeint, sondern als eine Eigenschaft, die alle Personen gleichermaßen durch ihre Zugehörigkeit zur Welt der Vernunft haben, die über der empirischen Welt steht. Sobald man diese metaphysischen Prämissen streicht, fehlt eine befriedigende Antwort auf beide Fragen. Ich halte dieses Problem, das uns noch länger beschäftigen wird, fest, und wende mich jetzt wieder der Frage der Reichweite zu.

Kants Moralkonzeption hat die Konsequenz, dass Wesen, die nicht in seinem Sinn Vernunft besitzen, aus der Moral herausfallen. Vielleicht könnte Kant das Problem der Menschen, die keine Personen sind, gerade noch lösen. Er könnte sagen, dass ein Wesen, das zu einer Spezies gehört, die durch Vernunftfähigkeit ausgezeichnet ist, diese zumindest im Prinzip oder potentiell besitzt und daher immer in einem gewissen Bezug zu dem absolut Wertvollen steht.[11] Dieser Ausweg ist erst dort versperrt, wo es um Tiere geht. Diesen spricht Kant in der *Grundlegung* den zweckhaften Vollzug eines Lebens eindeutig ab: Der Wert von Dingen, die wir aufgrund unserer Bedürfnisse erwerben und nutzen, ist, wie Kant dort erläutert, relativ

11 Kant äußert sich nicht explizit dazu, wie er im Hinblick auf die Moral Menschen auffasst, die keine Personen sind. Aus einer Stelle in den *Vorlesungen über Moralphilosophie*, in der Kant davon spricht, dass »die allgemeine Menschen-Pflicht« gegenüber allen Zuständen des Menschlichen zu beobachten ist (Kant 1974, 466), kann man jedoch vermuten, dass Kant *allen* Mitgliedern der Spezies Mensch einen Wert zuschreibt. Für den Hinweis auf diese Stelle danke ich Lothar Kreimendahl.

oder bedingt. Aber auch die natürlichen Lebewesen, deren Existenz nicht von unserem Willen abhängt, die also unabhängig von uns ihr Leben leben, »haben dennoch, wenn sie vernunftlose Wesen sind, nur einen relativen Wert, als Mittel, und heißen daher Sachen ...«.[12] Aber daraus, dass Tiere nicht nach selbstgegebenen Vernunftgesetzen leben, folgt nicht, dass sie als solche, ihrer eigenen Natur nach, als Instrumente des Menschen existieren. Weder sind Tiere faktisch darauf angewiesen, von uns gebraucht zu werden, um ihr Leben auszufüllen, noch sind unsere Begriffe von Tierarten wie diejenigen von Werkzeugen so beschaffen, dass die Definitionskriterien solche der potentiellen Nützlichkeit für unsere Zwecke wären.[13] Würde die Brauchbarkeit für den Menschen gerade die Zweckbestimmung des Tiers darstellen, wäre es zudem verwunderlich, dass die Tiere oft unter der Benutzung durch den Menschen leiden, statt glücklich über diese Erfüllung des Zwecks ihres Tierlebens zu sein.

Kant selbst jedoch ist der Meinung, dass sie häufig darunter leiden, und er teilt die alltägliche Vorstellung, dass man Tiere nicht grundlos grausam behandeln sollte. Da er andererseits an seiner spezifischen Moraltheorie festhalten möchte, die diese Überzeugung nicht aufnehmen kann, wählt er den einzig verbleibenden Ausweg, die Zuflucht zu einer Hilfskonstruktion, die für die Tiere notdürftig Sorge trägt, ohne den Rahmen der Theorie zu sprengen. Die Konstruktion besteht in der Annahme von »Analogien« zwischen Mensch und Tier und in der Umdeutung von Pflichten gegenüber Tieren in Pflichten gegen die Menschheit, welche »in Ansehung der Tiere« bestehen. Wir können, wie Kant argumentiert, aus tierlichem Verhalten, das menschlichem ähnlich ist, zwar nicht auf Vernunft bei Tieren schließen, aber doch nach der Analogie immerhin darauf, dass sie nach Vorstellungen handeln, dass sie – gegen Descartes – keine Maschinen sind, sondern mit dem Menschen die Zugehörigkeit zur Gattung der Lebewesen teilen.[14] Die Analogie-Überlegung verwendet Kant nun auch im Zusammenhang der Moral. Ich zitiere aus Kants *Vorlesung über Ethik*:[15]

12 Kant 1903/11, 428.

13 Für eine ausführliche Kritik dieses Punktes siehe Godlovitch 1971.

14 Kant 1908/13, 464 Anm. Auf diese Stelle hat mich Jochen Bojanowski hingewiesen.

15 Kant 1925, 302 f.

Wenn ... ein Hund seinem Herrn sehr lange treu gedient hat, so ist das ein Analogon des Verdienstes, deswegen muss ich es belohnen und den Hund, wenn er nicht mehr dienen kann, bis an sein Ende erhalten ... Wenn ... jemand seinen Hund totschießen lässt, weil er ihm nicht mehr das Brot verdienen kann, so handelt er gar nicht wider die Pflicht gegen den Hund, weil der nicht urteilen kann, allein er verletzt dadurch die Leutseligkeit und Menschlichkeit in sich, die er in Ansehung der Pflichten der Menschheit ausüben soll. Damit der Mensch solche nicht ausrotte, so muss er schon an den Tieren solche Gutherzigkeit üben, denn der Mensch, der schon gegen die Tiere solche Grausamkeiten ausübt, ist auch gegen Menschen ebenso abgehärtet ... Wenn ... Anatomen lebendige Tiere zu den Experimenten nehmen, so ist es zwar grausam, ob es gleich zu was Gutem angewandt wird. Weil nun die Tiere als Instrumente des Menschen betrachtet werden, so gehts an, aber auf keine Weise als ein Spiel.

Kant lehnt hier also eindeutig die schlechte Behandlung von Tieren ab. Andererseits lässt auch Kant »gute Zwecke«, wie wir sie in Tierversuchen haben, als Grund für die Verursachung von Leiden bei Tieren zu. Gibt es dafür innerhalb seiner Theorie eine hinreichende Erklärung?

Man könnte versuchen, Kant so zu interpretieren, dass das Verbot der grausamen Behandlung von Tieren nicht als moralische Norm im engeren Sinn, sondern schwächer zu verstehen ist. Doch wie wäre es dann aufzufassen? Es kann keine bloße subjektive zweckrationale Maxime sein, denn dann könnte jeder zu völlig beliebigen Zwecken Tiere quälen. Es ist nach Kants Meinung auch nicht eine ästhetische Regel, wie man sie mit Bezug auf die unbelebte Natur vertreten könnte. Vielmehr sagt er selbst, dass durch eine grausame Behandlung empfindungsfähiger Wesen, wie es die Tiere sind, »das Mitgefühl an ihrem Leiden im Menschen abgestumpft« wird, wodurch zugleich »eine der Moralität im Verhältnisse zu anderen Menschen sehr diensame natürliche Anlage geschwächt ... wird«.[16] Kant ist also durchaus der Meinung, dass das Verbot der grausamen Behandlung von Tieren ein moralisches ist; allerdings besteht es nach seiner Auffassung nicht direkt gegen Tiere, sondern enthält letztlich eine Verpflichtung gegen die Menschheit. Das aber ist in sich unstimmig:[17]

16 Kant 1907/14, § 17.

17 Dieser Einwand findet sich u. a. in Broadie/Pybus 1974, 382 f.; Nozick 1974, 36.

Dass die Behandlung von Tieren Auswirkungen auf die Moralität gegenüber Menschen hat, lässt sich nur verständlich machen, wenn es nicht die von Kant ursprünglich angenommene scharfe Trennung zwischen Menschen und anderen Tieren gibt, sondern im Sinn der Analogie weitgehende Ähnlichkeiten und Kontinuitäten. Dann aber scheint schwierig einzusehen, warum nicht manche Formen von unmoralischem Verhalten schon gegenüber Tieren möglich sein sollten. Die Folge wäre, dass man Kants indirekte Lösung für die Tiere nur dann konsistent vertreten kann, wenn man schon zugegeben hat, dass es *direkte* moralische Verpflichtungen auch gegen Tiere gibt.

Kants Versuch, die Tiere in der Moral zu berücksichtigen, enthält daher Gesichtspunkte, die über seine Theorie hinausweisen. Wenn die Moral an empirische Anlagen wie das Mitgefühl anknüpft, dann fragt man sich, wie eine Theorie angemessen sein kann, welche die Moral ausschließlich in der überempirischen Welt festmacht. Was die Tiere betrifft, so geht Kant sogar über das Verbot der Leidenszufügung hinaus, wenn er fordert, dass wir z. B. in Analogie zur Behandlung von Personen auch bei Tieren Verdienst belohnen sollen. Das lässt sich nicht aus dem Verbot der Grausamkeit ableiten, denn wenn der Besitzer seinen alten Hund überraschend und schmerzlos töten würde, wäre das keine grausame Behandlung. Wenn wir auch bei diesem Prinzip eine Analogie zur Behandlung von Personen sehen wollen, dann müsste die Erklärung vielmehr auch hier im Hinweis auf Ähnlichkeiten bestehen. Dass Verdienst zu belohnen ist, ergibt sich beim Menschen aus der Vorstellung, dass durch die zuverlässige Erfüllung einer Aufgabe ein Recht auf Belohnung entsteht. Da Tiere, die mit Menschen zusammenleben und kooperieren, durchaus ein rudimentäres Verständnis ihrer Rechte und Pflichten entwickeln,[18] könnte man in der Tat überlegen, ob sich das Verdienstprinzip auf Tiere ausdehnen lässt.

Versuchen wir eine abschließende Bewertung. Sinnvoll scheint Kants Theorie, so weit sie geht, um das zu erfassen, was man grundlegend zum *Inhalt* einer universalistischen Moral rechnen würde, den Standpunkt der gleichen Rücksicht auf selbständige Wesen, die ihr eigenes Leben leben.[19] Allerdings fehlt eine explizite Befassung mit dem Problem, wie mit menschlichen und anderen Wesen umzugehen ist, die nicht in der Lage sind, für sich selbst zu sorgen.

18 Vgl. dazu Rollin 1981, 14; Clark 1977, 72.
19 Ähnlich Tugendhat 1993, 82.

Schwächen weist Kants Position auf, was die Erklärung der Form der Moral und der moralischen Motivation betrifft. Hierbei handelt es sich um grundsätzliche Schwierigkeiten. Kant muss einen aufgeladenen Vernunftbegriff voraussetzen, wenn sich aus ihm die Moral, wie er sie versteht, ergeben soll. Aber selbst wenn man Vernunft so auffasst, ist die Idee der Selbstgesetzgebung nicht stimmig zu machen. Denn entweder wir sind als Mitglieder der Vernunftwelt mit dem guten Willen identifiziert, dann *wollen* wir entsprechend handeln, und die Begriffe des Sollens und der Pflicht sind überflüssig. Oder wir sind es nicht, dann bleibt der gute Wille aber letztlich etwas Äußeres und die moralische Motivation wird heteronom. Wenn der gute Wille etwas in uns selbst sein soll, macht es keinen Sinn zu sagen, dass er uns Gesetze gibt, und wenn er uns Gesetze gibt, bleibt er eine höhere Instanz, die für das menschliche Subjekt von außen gebietet. Das Selbstverhältnis der Person mit der Relation Gebieter – Untergebener zu beschreiben, passt nicht gut zur Konzeption einer einheitlich-autonomen Person.[20] Kants Auffassung moralischer Normen als Vernunftnormen scheint daher wenig erfolgversprechend.

Unstimmigkeiten zeigen sich auch im Zusammenhang der Frage der Tiere. Hier droht Kants Herz für Tiere seine Vernunfttheorie der Moral aufzulösen. Die Gefahr besteht von zwei Seiten: Die Erklärung des Grausamkeitsverbots verweist auf natürliche Gefühle wie Mitleid, die nicht in diese Theorie passen. Die Annahme von Analogien zwischen tierlichem und menschlichem Verhalten setzt Übergänge zwischen tierlicher und menschlicher Intelligenz voraus, die anstelle des metaphysischen Vernunftbegriffs einen graduierten empirischen Vernunftbegriff nahelegen.

Heutige Theorien in der Nachfolge Kants

Ähnlich wie Kant versuchen auch heutige Theorien, die seine Position fortführen, die Tiere in der einen oder anderen Form in die moralische Rücksicht einzubeziehen. Ich betrachte exemplarisch zwei Positionen: eine, die ungefähr im Sinn Kants verfährt, diejenige von Jürgen Habermas; und eine, die von einer kantischen Konzeption

20 Das Problem wird deutlich z. B. in Kant 1903/11, 440. Für die Problematik vgl. Henrich 1993.

her die Tiere im direkten und vollen Sinn einbezieht, diejenige von Christine Korsgaard.

Habermas

Habermas ersetzt Kants Ableitung des Pflichtbegriffs aus dem Vernunftgesetz durch die Begründung der Pflicht aus den sozialen Anerkennungsverhältnissen, die im kommunikativ-vernünftigen Handeln impliziert sind. Zwischen Mensch und Tier bestehen solche Beziehungen nicht im engeren Sinn. Dennoch akzeptiert Habermas über Kant hinaus die heute verbreitete Überzeugung, dass wir gegenüber Tieren nicht nur indirekte Pflichten haben, sondern dass sie um ihrer selbst willen zu schützen sind.[21]

Um diese direkte Einbeziehung der Tiere innerhalb seiner Theorie verständlich zu machen, stellt Habermas die Beziehung zwischen Mensch und Haustier ins Zentrum, in der ein direktes Gegenübertreten vorkommt und das Tier in der sozialen Interaktion ähnlich wie eine andere Person ein verletzliches Alter Ego darstellt und Ansprüche in der Interaktion zum Ausdruck bringt. Da andererseits unaufhebbare Asymmetrien in dieser Beziehung bestehen, weil das Tier nicht über Sprache verfügt und seine Erfahrungen nicht reflexiv sind, spricht Habermas am Ende doch ähnlich wie Kant nur von moral*analogen* Verpflichtungen. Auch wenn Habermas mit der Annahme direkter Verpflichtungen unseren Überzeugungen besser Rechnung trägt als Kant, so nimmt er Teile dieser Auffassung mit der Rede von »moralanalogen« Verpflichtungen doch wieder zurück. Außerdem stehen wir mit denjenigen Tieren, die in riesiger Zahl in der Massentierhaltung leiden, nicht in direkter Interaktion. Trotzdem handelt es sich um Säugetiere oder Vögel, die sich auf einer hohen Entwicklungs- bzw. Organisationsstufe befinden.

Korsgaard

Demgegenüber versucht Christine Korsgaard auf der Grundlage ihres kantischen Ansatzes die Tiere im vollen Sinn einzubeziehen.[22] Nach Korsgaard entspringen kategorische Verpflichtungen aus der vernünftig-reflektierten Selbstkonzeption des Menschen. Der Ver-

21 Habermas 1991, 219–225.
22 Korsgaard 1996, 145–157.

pflichtungscharakter der Moral kann nur so zustande kommen, dass wir uns selbst moralische Verpflichtungen auferlegen; diese sind allgemein und nicht nur für das reflektierende Individuum bindend, weil wir uns *als Menschen* reflektieren, uns in unserem Menschsein wertschätzen. Zu diesem Menschsein gehört, dass wir als Menschen nicht nur *irgendwie* soziale Wesen sind, sondern in einem tiefen Sinn, so dass jeder Mensch die Anerkennung *seines* Menschseins von jedem anderen fordern kann.

Korsgaard sieht nun ein Problem für diese Fundierung moralischer Normativität darin, dass auch Schmerz eine »normative Tatsache« ist. Das erklärt sie dadurch, dass Schmerz nicht in einer Empfindungsqualität aufgeht, sondern wesentlich eine Empfindung ist, die man zu bekämpfen versucht, die man, wenn man sie hat, loszuwerden strebt. Darin liegt eine Art von Selbstbeziehung, der Schmerz ist Einwand nicht nur gegen die Situation, sondern auch dagegen, Schmerz zu haben. Die Erfahrung des Schmerzes ist also immer selbstbezogen, wenn auch bei Tieren faktisch und nicht reflektiert, aber doch so, dass das Tier sich dabei irgendwie im Blick hat. Dazu passt, dass Mitleid das Bewusstsein vom Leiden eines anderen als einem Zustand ist, den es zu beheben gilt. Schmerz ist, wie Korsgaard sagt, die Wahrnehmung eines Grundes, wenn auch nicht unbedingt explizit und sprachlich formuliert. Ein Tier, das Hunger empfindet und sich daraufhin auf Nahrungssuche begibt, weiß zwar nicht explizit, dass es einen Grund zur Nahrungssuche hat, aber es nimmt den Grund wahr, hat ein Bewusstsein davon.

Ebenso wie der Mensch, dessen Wesen es ist, eine praktisch-normative Identität zu konstruieren, sich dadurch ein Gesetz ist, so ist das Tier, dessen Wesen es ist, seine physische Natur zu behaupten und aufrechtzuerhalten, sich Gesetz. Die Bejahung bzw. Wertschätzung unseres Wesens als Menschen schließt die Bejahung bzw. Wertschätzung unserer animalischen Natur ein. Dann kann, so Korsgaard, der Wert der vernünftigen Seiten des Menschseins nicht die Grundlage des Werts überhaupt sein, vielmehr haben Tiere, da sie ebenfalls Schmerz empfinden, einen moralischen Status. Indem wir die Schmerzerfahrung mit den Tieren teilen, verpflichtet der Schmerz eines Tiers uns genauso, wie es die sprachlich artikulierten Forderungen anderer Menschen tun.

Korsgaards Überlegungen enthalten wichtige Hinweise, die wir festhalten müssen. Erstens. Tiere sind als Individuen zu sehen, die einen subjektiven Bezug auf ihr Leben haben. Zweitens. Das »Wir«

der relevanten Gemeinschaft umfasst, wo es um das Erleiden von Schmerzen geht, gleichberechtigt auch die Tiere. Was den grundsätzlichen moralphilosophischen Ansatz betrifft, so wirft er ähnliche Schwierigkeiten auf wie derjenige Kants, von dem Korsgaard die letztlich nicht plausibel zu machende Vorstellung von der Selbstbindung der Vernunft übernimmt. Diese Schwierigkeit überträgt sich dann auf die These von der internen Normativität des Schmerzes.

3. Theorien moralischer Rechte

Es gibt eine Reihe moralphilosophischer Ansätze, die in mancher Hinsicht Kant folgen, jedoch Kants Theorie im Sinn der gerade genannten Erweiterung abändern und außerdem seine Orientierung am Pflichtbegriff zugunsten eines Ausgehens vom Begriff eines Rechts aufgeben. Eine solche Konzeption vertritt Leonard Nelson. Nach seiner Auffassung besitzen Tiere zwar nicht die für Menschen spezifische autonome Vernunft, sie haben aber gleichwohl Interessen und besitzen als Träger von Interessen moralische Rechte.[23] Ähnlich nimmt Bernard Rollin Kants Begriff der selbstzweckhaften Existenz auf und vertritt die Position, dass bereits jedes Lebewesen, welches Interessen hat, als Zweck an sich selbst existiert und als solcher wertvoll ist, und dass es dadurch grundlegende moralische Rechte besitzt und moralische Rücksicht verdient.[24]

Theorien diesen Typs ist also nicht nur die Verabschiedung des starken kantischen Vernunftbegriffs gemeinsam, sie kommen auch darin überein, die Moral nicht wie Kant auf dem Pflichtbegriff, sondern auf dem Begriff eines Rechts aufzubauen. Dass eine Moral, die in ihren individualistischen Ergebnissen ungefähr der kantischen entspricht, sich angemessener so darstellen lässt, dass sie auf Rechte gegründet ist, erscheint plausibel, wenn wir an die Argumentation John Mackies denken: Es lässt sich verstehen, dass Rechte etwas sind, was man haben möchte, während die Annahme einer Pflicht um der Pflicht willen absurd erscheint.[25]

23 Nelson 1964, 286 ff.
24 Rollin ³2006. Die relevanten Passagen finden sich in deutscher Übers. in Wolf, U. (Hrsg.), 2008, 40–50.
25 Mackie 1984, 171.

Theorien moralischer Rechte werden in der Tierethik in einer Reihe von Varianten vertreten. Ich referiere die Position Tom Regans, die in der Debatte eine prominente Rolle spielt und am breitesten ausgearbeitet ist. Außerdem erläutere ich Martha Nussbaums Ausweitung ihres Fähigkeiten-Ansatzes auf Tiere, eine Konzeption, die an der Schnittstelle zwischen Moraltheorie und politischer Philosophie steht.

Regan

In seinem Buch *The Case for Animal Rights* übernimmt Regan von John Rawls die methodische Vorstellung des Überlegungsgleichgewichts, wonach die Moralphilosophie unsere alltäglichen Überzeugungen aufnehmen und diejenigen Prinzipien herausarbeiten muss, welche die beste Stützung unserer Urteile liefern. Genauer geht Regan davon aus, dass die Moral definiert ist durch das formale Prinzip der Gerechtigkeit, welches verlangt, dass wir jedem Individuum geben, was wir ihm schuldig sind (Kap. 7). Das Kriterium der Zuteilung können nicht die Anlagen des Individuums sein, da es sich bei diesen um zufällige Gegebenheiten seiner natürlichen Ausstattung handelt und da die Ungleichbehandlung, zu der sie Anlass geben würden, der Idee der Gleichheit der Individuen widersprechen würde, die für die heutige Gerechtigkeitsvorstellung zentral ist.

Die Basis, welche die egalitäre Interpretation des Gerechtigkeitsprinzips trägt, ist für Regan die Annahme, dass alle Individuen gleich sind und dass sie das insofern sind, als sie den gleichen inhärenten Wert haben (235). Dieser Begriff des inhärenten Werts ist das Zentrum der Theorie Regans. Was ist damit gemeint? Regan erläutert zunächst negativ, dass der Begriff zu unterscheiden ist von dem des intrinsischen Werts, wonach etwas gut in sich ist. Intrinsischen Wert haben die jeweiligen Erfahrungen von Individuen. Z.B. wäre eine Lusterfahrung für das Wesen, das sie erlebt, intrinsisch gut, und das heißt einfach: gut in sich oder um ihrer selbst willen erwünscht. Inhärenter Wert ist hierauf nicht reduzierbar. Ein Wesen, dessen Leben intrinsisch besser, d.h. reicher an in sich gewollten Erfahrungen ist, hat dadurch nicht einen größeren inhärenten Wert. Die Individuen, die unter das Gerechtigkeitsprinzip fallen, haben vielmehr alle denselben inhärenten Wert.

Die weitere Frage wäre jetzt, *welches* die Individuen sind, die inhärenten Wert besitzen und dadurch Objekte der Moral werden. Hier knüpft Regan direkt an Kant an und schlägt vor, dass wir den Begriff der Autonomie auch anders bzw. weiter verstehen können, als Kant das tut. Auch Individuen, die nicht die Vernunftfähigkeit von Personen besitzen, können autonom in dem Sinn sein, dass sie die Fähigkeit haben, Handlungen in Gang zu setzen im Hinblick darauf, dass sie ihre Wünsche befriedigen werden (85). Regan bezeichnet das als Präferenz-Autonomie. Diese kommt allen Wesen zu, die Meinungen, Wünsche, Absichten und einen gewissen Zukunftsbezug haben, was Regan so zusammenfasst, dass sie Subjekt-eines-Lebens sind (243). Zu diesen Wesen gehören nach der alltäglichen Vorstellung und nach den Erkenntnissen der Evolutionstheorie nicht nur Personen, sondern alle Menschen und alle anderen Säugetiere, welche die geistigen Fähigkeiten eines normal entwickelten Exemplars im Alter von ein oder mehr Jahren haben (78, 81). Dies sind die Wesen, von denen wir postulieren müssen, dass sie alle denselben inhärenten Wert haben. In diesem Wertcharakter liegt, dass sie einen berechtigten Anspruch auf gleiche Rücksicht haben; diesen Anspruch nennt Regan ein moralisches Recht (267, 277f.).

Der Besitz gleicher Rechte lässt sich nicht unabhängig begründen, sondern ist ein Postulat, das wir, wie Regan unter Bezugnahme auf die Methode von Rawls erläutert, annehmen müssen, weil wir nur so unsere reflektierten konkreten moralischen Urteile erklären und verständlich machen können (264). Man kann allerdings bezweifeln, ob dieses Argument ausreicht. Denn wie in der Einleitung gezeigt, sind die konkreten moralischen Überzeugungen nicht eindeutig, tendieren aber eher in die Richtung, Tieren generell einen schwächeren moralischen Status zuzuweisen als Menschen.

Sehen wir uns Regans Schlüsselbegriff des inhärenten Werts daraufhin noch genauer an. Wie seine ziemlich umständliche und unbestimmte Einführung vermuten lässt, bleibt diese Vorstellung unklar. Soweit Regan erläutert, was er mit »inhärentem Wert« meint, bezieht er sich auf die mentalen Fähigkeiten, wie sie empirisch vorliegen. Aber empirisch sind diese Fähigkeiten nicht gleich verteilt. Wie lässt sich dann erklären, dass eine »normale« erwachsene Person gleichwohl nicht größeren inhärenten Wert besitzt als ein »normales« einjähriges Kind, obwohl sie mehr von den Eigenschaften hat, die diesen Wert konstituieren? Die einzige Lösung scheint zu sein, in Ausdehnung der kantischen Wertsetzung zu sagen, dass nicht erst die Vernunftfähigkeit, wie Personen sie haben, sondern schon ihre Vorstufe, die Präferenz-Autonomie, die alle Subjekte-eines-Lebens besitzen, etwas absolut Wertvolles ist. Da man solche metaphysischen Prämissen akzeptieren kann oder auch nicht, steht Regans Position, wenn wir sie so verstehen, auf ebenso schwankendem Boden wie diejenige Kants.[26] Für den Rechtsbegriff bedeutet dies, dass vorläufig offen ist, was es heißen könnte, dass ein Wesen Rechte kraft bestimmter Eigenschaften von Anfang an hat.

Regans Konzeption des inhärenten Werts, die seinen Rechtsbegriff fundieren soll, ist aber noch in weiteren Hinsichten unklar. Die Verankerung dieses Werts im *subjektiven* Gut von Wesen hätte zur Folge, dass es moralisch unbedenklich wäre, Tiere durch pharmazeutische Mittel so zu beeinflussen, dass sie z.B. keine negativen Empfindungen hätten, wenn man sie unter Bedingungen der Massentierhaltung einsperrt,[27] oder durch genetische Veränderung die Fähigkeit zur Schmerzempfindung ganz zu beseitigen.[28] Da eine solche Vorstellung vielen Menschen anstößig erscheint, könnte man denken, dass der Wert, der ein Wesen zum Gegenstand der Moral macht, ein *objektives* Gut sein müsste.

Die Begriffe des Subjekts-eines-Lebens und der Präferenz-Autonomie, auf welchen Regans Konzeption aufbaut, enthalten eine weitere Zweideutigkeit. Dass ein Wesen einen subjektiven Bezug auf sein Leben hat, würde man eher als etwas Passives verstehen, also so, dass es sich subjektiv gut oder schlecht fühlen bzw. befinden kann. Der Begriff der Präferenz-Autonomie betont eher die aktive Seite des Lebens, die Fähigkeit, selbst für die Befriedigung der eigenen Wünsche zu sorgen. Ob dieser zweite Begriff sich, wie Regan meint, ohne weiteres z.B. auf ein einjähriges Kind anwenden lässt, könnte man bezweifeln. Dieses besitzt zwar Fähigkeiten, mit denen es die Erwachsenen dazu bringen kann, seine Wünsche zu befriedigen; aber es kann nicht selbständig ein befriedigendes Leben führen, wie ein erwachsenes Tier das kann. Mit Bezug auf solche unselbständigen Wesen aber scheint Moralität nicht (nur) darin zu bestehen, dass wir sie in ihrem Wert respektieren, sondern darin, dass wir für sie sorgen.

26 Mit Hoerster 2004 ausgedrückt hängt sie »begründungstheoretisch völlig in der Luft«, 37.

27 Balzer u.a. 1998, 47.

28 Binder 2011, 47.

Für die kantische Moral auch in Regans Variante ist dagegen der Primat negativer Pflichten typisch. Zwar sieht Regan ähnlich wie Kant vor, dass es positive Pflichten geben kann. Aber diese werden so erklärt, dass die Rücksicht auf den Wert des Wesens verlangt, ihm zu helfen, wo es Unrecht leidet (249). Nun kann man hilfsbedürftigen Wesen auch gegen Unrecht helfen; der elementarere Fall ist jedoch, dass man ihnen hilft, weil sie der Hilfe bedürfen. Hier erscheint das ganze Modell des innewohnenden Werts künstlich: Man hilft solchen Wesen nicht, weil man sie andernfalls in ihrem Wert verletzen würde, sondern weil sie hilflos sind. Hingegen scheint es möglich zu sagen, dass diese Wesen ein Recht auf Hilfe haben, dann nämlich, wenn aus unserer Moral folgt, dass es richtig ist, ihnen zu helfen. Der Rahmen individueller Rechte, der durchaus die übliche moralische Begrifflichkeit erfasst, scheint daher auf die Annahme inhärenter Werte nicht unbedingt angewiesen.

Nussbaum

Die Wichtigkeit positiver Pflichten berücksichtigt auch Martha Nussbaums Ansatz der Fähigkeiten (capability approach), und zwar ebenfalls so, dass diese Pflichten auf Rechte antworten. Die Ausarbeitung ihres Ansatzes mit Bezug auf Tiere findet sich am ausführlichsten in der Abhandlung *Frontiers of Justice*.[29] Nussbaum führt ihre Position ein als eine Erweiterung oder Modifikation der Gerechtigkeitstheorie von Rawls. Demnach lässt sich Gerechtigkeit nicht einfach im Sinn klassischer Theorien des Gesellschaftsvertrags als Ergebnis gerechter Verfahren verstehen, vielmehr müssen substantielle Aspekte der Gerechtigkeit formuliert werden. Gerechtigkeit besteht darin, diejenigen Fähigkeiten zu schützen bzw. – wo sie unter Bedingungen massiver Ungleichheit nicht gegeben sind – erst zu ermöglichen, die nicht nur Menschen, sondern alle Wesen, von deren Gedeihen man reden kann, in die Lage versetzen, ein gutes Leben zu führen. Auf diese Weise sollen auch Pflichten gegen Tiere nicht wie bei Rawls Mitleidspflichten in einem schwächeren Sinn sein, sondern in den engeren Bereich der Gerechtigkeit hereingeholt werden (22).

29 Nussbaum 2006, insbesondere Kap. 6.

Die moraltheoretische Basis dieser Position ist, wie Nussbaum sagt, ein Würdebegriff, der aristotelisch, nicht kantisch zu verstehen ist. Dieser Begriff sieht Rationalität und Animalität als Einheit und fasst den Vernunftbegriff schwach und nicht-metaphysisch im Sinn einer Anlage auf, welche verschiedene Wesen in verschiedenen Graden besitzen (159). Andererseits ist der Ansatz darin aristotelisch, dass er einen ethisch wertenden Begriff der menschlichen Natur verwendet. Mit Hilfe dieses Begriffs bestimmt Nussbaum eine Liste von Fähigkeiten, die in der Weise normativ grundlegend sein sollen, dass ohne sie ein gutes Leben, ein Leben, das der Menschenwürde wert ist, nicht möglich ist (181). Hier liegt eines der Probleme des Ansatzes. Man kann sicher ein paar wenige faktisch-kausale Voraussetzungen des Lebens benennen. Aber es stellt sich die Frage, wie man zu einer umfassenden und vollständigen Liste normativ begründeter Fähigkeiten kommt, die für ein gutes Leben erforderlich sind. Die Normativität kann letztlich nur in der Konzeption des guten Lebens liegen, die dann aber ihrerseits begründet werden müsste. Da solche Konzeptionen in verschiedenen Zeiten und Kulturen unterschiedlich sind, wird sich kaum ein universales Ergebnis eines Überlegungsgleichgewichts hierzu finden; man kann allenfalls auf einen überlappenden Konsens hoffen. Aber auch das ist bei einer so konkreten und detaillierten Liste, wie Nussbaum sie vorlegt, in der heutigen Welt kaum zu erwarten.[30]

Da auch Tiere aktive Wesen sind, die nach ihrem Gedeihen streben, die ein Gut haben, sind nach Nussbaum auch Fragen der Behandlung von Tieren eine Sache der Gerechtigkeit (326). Tiere haben als solche Wesen einen Anspruch, ihr Gut zu verfolgen. Um die Tiere einzubeziehen, bemüht Nussbaum wiederum den Begriff der Würde. Jedes Lebewesen, das in eine Spezies hineingeboren wird, hat die für die Spezies relevante Würde, und die Fähigkeiten, die für die Ausübung eines Lebens in der Realisierung dieser Würde wesentlich sind, müssen im Sinn der Gerechtigkeit gefördert werden. Nussbaum sieht anders als Kant nicht nur eine Würde in den vernünftigen Wesen, sondern etwas Wunderbares und Bewunderung Erzeugendes in allen komplexen Naturwesen (347); dieses Staunen führt zu der Vorstellung, dass es für jedes solche Wesen gut ist, als das, was es ist, fortzuleben und zu gedeihen, was wiederum nahelegt, dass es unrecht ist, dieses Gedeihen zu behindern (349).

30 So auch Cortina 2009, 148f.

Was Nussbaum hieraus entwickelt, ist eine Art Ideal einer sozialen Kooperationsgemeinschaft, in welche auch die Tiere integriert sind. Zweck dieser Gemeinschaft soll das anständige Zusammenleben in einer Welt sein, in der viele Spezies zu gedeihen versuchen (351, 356). Nussbaum geht es um die Gestaltung *politischer* Prinzipien zur Regelung der Mensch-Tier-Beziehung, weshalb ich einige Aspekte ihres Ansatzes erst in Kapitel V behandle. Dass alle empfindungsfähigen Tiere die Gelegenheit haben sollten zu gedeihen, ein Leben mit der für ihre Spezies relevanten Würde zu führen, ist eine Angelegenheit der sozialen Gerechtigkeit und der direkten Verpflichtungen gegenüber individuellen Lebewesen. Die Leidens- bzw. Empfindungsfähigkeit wird von Nussbaum unvermittelt eingeführt als Schwellenkriterium dafür, dass ein Wesen in die Gemeinschaft der Wesen mit Anspruch auf Gerechtigkeit gehört. Sie übernimmt dieses Kriterium vom Utilitarismus, den sie ansonsten ablehnt. Gleichzeitig betont sie, dass die Empfindungsfähigkeit eigentlich *kein* notwendiges Kriterium für den Besitz eines moralischen Status sei (362), denn in der Tat müsste sie ja eigentlich annehmen, dass alle Naturwesen, die wir bewundern, und nicht nur die Tiere, Rücksicht verdienen.[31] Bleiben wir bei den Tieren, so wird ihr Recht auf ein Leben gemäß der eigenen Anlagen allerdings eingeschränkt durch den Hinweis auf die Unvermeidbarkeit von Konflikten zwischen Ansprüchen aufgrund verschiedener Fähigkeiten, wobei Nussbaum insbesondere dauerhafte und unlösbare Konflikte zwischen dem Wohl von Menschen und dem von Tieren sieht, z.B. im Fall der Tierversuche (402–404).

Zu dieser Rücknahme kommt es, weil Nussbaum anders als Regan keine Gleichheitsannahmen macht. Gleichheit ist für sie nur zwischen expliziten Teilnehmern am Sozialvertrag wichtig, weil nur diese unter Ungleichberücksichtigung leiden können, während es sonst genügt, die Fähigkeiten so weit zu fördern, dass ein Wesen die Schwelle erreicht, von der an es gedeihen kann. Durch Einklammerung der Gleichheitsfrage hofft Nussbaum auf einen überlappenden Konsens im Sinn von Rawls (390). Damit ist gemeint, dass Menschen mit unterschiedlichen religiösen, metaphysischen oder säkularen Einstellungen zum gleichen Ergebnis bezüglich der Tiere kommen könnten. Wie Nussbaum realistisch konstatiert, ist die Menschheit von einer tierethischen Position, wie sie sie vorschlägt, noch weit

31 Diese Inkonsistenzen moniert auch Cortina 2009, 159f.

entfernt, während sich ein überlappender Konsens immerhin einstellen könne, da keine ihrer Thesen den Kern wichtiger religiöser Überzeugungen gefährde (391).

Nussbaums Theorie enthält zusammengefasst eine Reihe von Unklarheiten. Erstens ist ihr eigener Status zwischen Moraltheorie und politischer Theorie unentschieden. Zweitens bleibt der Status des Schwellenkriteriums der Leidensfähigkeit offen. Drittens wird die Basis des normativen Würdebegriffs nicht deutlich; der Verweis auf das Staunen, die Bewunderung der natürlichen Lebewesen (auch der nicht leidensfähigen) spricht für einen metaphysischen Aspekt. Damit aber fehlt letztlich eine für alle nachvollziehbare Erklärung des moralischen Anspruchs, wonach die Fähigkeiten zum Gedeihen zu fördern sind.

Nachdem sich gezeigt hat, dass Theorien von Rechten, wie sie von Vertretern der Tierethik vorgelegt werden, unausgewiesene Wertsetzungen zugrundelegen, bleibt die Frage, ob sich der Begriff des Rechts mit Bezug auf Tiere auf der Basis schwächerer Annahmen retten lässt. Betrachten wir dazu vertragstheoretische Konzeptionen der Moral, in welchen ein solcher Rechtsbegriff vorkommt.

4. Kontraktualismus

Kontraktualistische Moraltheorien, welche die älteste Spielart einer säkularisierten Moral darstellen und schon in der griechischen Antike eine wichtige Rolle spielten, werden in zahlreichen Varianten vertreten. Ich beschränke mich hier auf die gemeinsame Grundidee.[32] Die Vertragstheorie ist die Moraltheorie mit den geringsten Voraussetzungen. Sie geht von isolierten Individuen aus, die zweckrational ihr vormoralisches Eigeninteresse verfolgen. Diese Individuen rechnen aus, welche Form des Zusammenlebens ihre Interessen maximieren würde. Dabei ergibt sich als optimale Lösung die Einführung von Normen, durch die, wenn sie insgesamt befolgt werden, jede Person mehr gewinnt, als sie dadurch, dass auch sie selbst sie befolgen muss, an Verzichten in Kauf nimmt. Die Individuen würden also eine Art von sozialem Vertrag oder wechselseitigem Versprechen eingehen, durch das reziproke Rechte und Pflichten kon-

32 Für eine ausführlichere Darstellung und Kritik einer kontraktualistischen Position siehe Wolf, U. 1984, 29ff.

stituiert werden. Dass dieses kontraktualistische Modell im Stil von Hobbes nicht ausreicht, um den Bereich des Moralischen begrifflich zu fassen, lässt sich leicht sehen. So wäre das Unterschreiben des Vertrags nur dann rational, wenn man sicher sein kann, dass alle ihn befolgen werden. Aber niemand hat einen zweckrationalen Grund, den Vertrag selbst zu befolgen. Das Beste für das Individuum wäre, wenn alle die Normen befolgen müssten, nur es selbst nicht. Die Befolgung lässt sich daher nur sichern, wenn zugleich mit dem Vertrag ein Zwangsrecht und die totale Überwachung eingeführt wird. Das aber entspricht nicht gerade dem, was wir unter moralischem Handeln verstehen; dazu gehört, dass dieses Handeln aus einer moralischen Motivation geschieht.

Dass sich aus dem Eigeninteresse allein keine Moral gewinnen lässt, zeigt sich auch, wenn wir uns der Frage der Tiere zuwenden. Nach dem Vertragsmodell kann die Moral nur eine Angelegenheit zwischen genau denjenigen Wesen sein, die die Fähigkeit besitzen, Versprechen zu geben, Verträge zu schließen und die daraus folgenden reziproken Rechte und Pflichten zu verstehen und zu beachten. Ich nenne Wesen mit diesen Fähigkeiten im folgenden »Personen«. Nach der Vertragstheorie sind also nicht nur die moralisch Handelnden auf Personen beschränkt; auch die Objekte dieses Handelns können nur Personen sein, wenn die moralische Rücksicht in der Beachtung vertraglich konstituierter Rechte besteht. Folglich können hier weder Tiere noch diejenigen Menschen, die keine Personen sind, zum direkten Gegenstand moralischer Rücksicht werden. Das verstößt gegen alltägliche Moralvorstellungen, und Vertragstheoretiker sind daher bemüht, die Schwierigkeit aufzulösen.

Das Problem lässt sich relativ einfach beheben, wo es um Menschen geht, die keine Personen sind. Denn hier könnte man sagen: Im Prinzip muss jede Person damit rechnen, dass sie infolge von Krankheit, Unfall oder Alter die Fähigkeiten verliert, die für Personen charakteristisch sind. Wenn ihr jetzt daran liegt, auch in diesem hypothetischen Fall mit Rücksicht behandelt zu werden, dann ist es rational, für diese Eventualität durch Einführung einer entsprechenden Norm vorzusorgen. Es gibt also eigeninteressierte Gründe, Menschen in die Moral einzubeziehen, die außerhalb des Vertragsmodells stehen, weil es einen potentiellen Weg von der einen zur anderen Verfassung gibt. Erst bei Tieren gibt es einen solchen Weg nicht mehr, und daher stellt erst die Frage der Tiere eine ernsthafte Schwierigkeit für die Theorie dar. Hier bleibt nur eine Strategie übrig, welche Verpflichtungen gegenüber Tieren als indirekte Verpflichtungen gegenüber Personen interpretiert. Personen könnten das Interesse haben, dass Tiere gut behandelt werden, und wenn sie alle dieses Interesse haben, ließe sich etwa die Vertragsnorm einführen, dass man Tieren kein unnötiges Leiden zufügen sollte. Wer ein Tier quält, würde also nicht dem Tier selbst Unrecht tun, sondern den Vertragspartnern, mit denen man sich auf die Rücksicht auf Tiere geeinigt hat.[33]

Dieser Kunstgriff ist schon deswegen unplausibel, weil die inzwischen übliche und auch rechtlich fixierte Vorstellung lautet, dass es *das Tier selbst* ist, dem Unrecht geschieht. Darüber hinaus ist nicht zu sehen, wie man auf diesem Weg zu *generellen* moralischen Normen gegenüber Tieren kommen könnte. Bleiben wir wieder beim Prinzip der Leidensvermeidung, so wären für eine zweckrationale Einführung drei Gründe denkbar. Erstens. Die Personen mögen und besitzen Tiere, und daher haben sie das Interesse, dass den Tieren kein Leiden zugefügt wird. Da in Wirklichkeit nur manche Personen manche Tiere mögen, führt das jedoch nur so weit, dass man Tiere, die eine Person mag oder hat, nicht verletzen sollte. Zweitens. Man könnte eine ökologische Begründung versuchen und sagen, dass wir letztlich uns selbst schaden, wenn wir Tiere schädigen und ihren Artbestand reduzieren. Doch wenn jemand zuhause seinen Hund schlägt, hat das nicht die geringsten ökologischen Auswirkungen. Drittens. In früheren Zeiten wurde der Tierschutz manchmal ästhetisch begründet: der Anblick von Grausamkeiten sei unerfreulich, und daher dürfe Tierquälerei nicht öffentlich praktiziert werden.[34] Auch diese Begründung scheitert, weil sie die nicht-öffentliche Misshandlung von Tieren zulässt.

Eine hinreichende Basis, die moralische Rücksicht grundsätzlich und generell auf Tiere anzuwenden, gibt es erst und genau dann, wenn alle Personen die Überzeugung teilen, dass Tiere nicht nur Mittel zu menschlichen Zwecken oder Gegenstände menschlicher Vorlieben sind, sondern dass sie Objekte moralischer Verpflichtungen sind. Diese Herleitung aber sprengt die klassische Vertragstheorie, denn die Voraussetzung, dass die Personen nur ein vormoralisches Eigeninteresse haben, wird damit aufgegeben. Die Personen sind jetzt von vornherein mit moralischen Überzeugungen ausge-

33 So Grice 1967, 148.
34 Vgl. Lorz 1987, 64.

stattet, und darunter sind solche, die nicht mit dem Vertragsmodell fassbar sind. Gemäßigte Kontraktualisten geben das zu. So ist Rawls der Meinung, dass die Vertragsidee nur auf einen Teil der Moral, den Bereich der sozialen Gerechtigkeit, passt, sich jedoch nicht auf andere Bereiche wie den der Mitleidspflichten gegenüber Tieren ausdehnen lässt.[35] Die Folge ist, dass die Vertragstheorie zur Frage der Tiere nichts beitragen kann, und weiter, dass sie nicht beanspruchen kann, einen vollständigen moralischen Standpunkt abzugeben. Ob sie im engeren Bereich der Verteilungsgerechtigkeit angemessen ist, liegt außerhalb unseres Themas. Die bisherigen Überlegungen nähren den Verdacht, dass das Modell grundsätzlich nur greift, wenn die Personen bereits mit moralischen Interessen ausgestattet sind. Rawls ist in der Tat der Auffassung, dass die Vertragskonzeption in eine umfassendere soziale Moral eingebettet ist und keine Herleitung, sondern nur eine Explikation der Gerechtigkeit liefert.[36]

In der neueren Debatte vertritt Mark Rowlands die Position, man könne den Kontraktualismus direkt auf Tiere ausdehnen.[37] Er beruft sich auf Rawls' Konzeption des Urzustands und des Schleiers des Nichtwissens und nimmt an, wir könnten auch Tiere an dieser Situation beteiligen, müssten also bei der Wahl von Grundprinzipien im Urzustand davon abstrahieren, ob wir uns in der realen Welt in der Position eines Menschen oder eines Tiers wiederfinden werden. Doch das scheint keine sinnvolle Ausdehnung des Kontraktualismus zu sein. Zu diesem gehört wesentlich die Grundidee, dass wir uns als rationale vertragsfähige Akteure auf Normen festlegen. Zwar mag es noch die Erweiterung geben, sich in die Position nicht vertragsfähiger Menschen zu versetzen, weil wir alle unter den oben erwähnten Umständen in eine solche Position geraten könnten. Aber solange wir nicht an Metamorphosen oder Seelenwanderung glauben, gibt es keinen Grund anzunehmen, man könnte sich nach Aufhebung des Schleiers an der Stelle eines Tiers wiederfinden.

Einen gemäßigten Versuch, die Forderung der Rücksicht auf Tiere doch aus dem Kontraktualismus zu gewinnen, unternimmt Peter Carruthers.[38] Er argumentiert, in der Vertragssituation müss-

35 Rawls 1971, 512.
36 Rawls 1971, 9.
37 Rowlands 2002. Das zentrale Kapitel ist abgedruckt in Wolf, U. (Hrsg.) 2008, 92–104.
38 Carruthers 1992, insbesondere Kap. 7.

ten sich rationale Personen darauf einigen, moralische Tugenden wie eine Haltung des Mitgefühls zu entwickeln. Entsprechend hätten moralische Urteile nicht nur die Frage zum Gegenstand, ob eine Handlung ein vertraglich konstituiertes Recht verletzt (was gegenüber Tieren nicht möglich ist), sondern könnten sich auch darauf beziehen, was die Handlung uns über den Charakter der Person zeigt. Eine Person, die Tiere grausam behandelt, werde aber allgemein zur Grausamkeit neigen und könnte daher auch die Rechte von Vertragspartnern verletzen. Das ähnelt den Überlegungen Kants, nur mit dem Unterschied, dass Kant Personen nicht einfach als rationaleigeninteressiert charakterisiert, sondern als vernünftig in einem anderen und stärkeren Sinn.

Für die Vertragstheorie ist festzuhalten, dass sie aus sich heraus nicht auf Tiere ausgedehnt werden kann und dass sie, wie die Überlegungen von Carruthers zeigen, auch in anderer Hinsicht der Ergänzung durch zusätzliche Theoriestücke bedarf, insbesondere was die motivationale Seite der Moral betrifft.

5. Mitleidsmoral

Schopenhauer

Schopenhauer gehört zu den wenigen kontinentalen Philosophen, die die Tiere direkt in die Moral einbezogen haben. In der *Preisschrift über die Grundlage der Moral* setzt er sich kritisch von Kant ab. Seine wichtigsten Einwände lauten: Kants Konzeption von unbedingten Verpflichtungen und Vernunftgesetzen sei letztlich der religiösen Moral entnommen und hänge nach Streichung einer göttlichen Normautorität in der Luft. Außerdem verdrehe sie den Moralbegriff, denn ein Handeln, das durch die Rücksicht auf ein Gesetz bestimmt ist, könne sein faktisches Motiv nur im Vermeidenwollen von Strafe oder sonstigen negativen Folgen äußerer oder innerer Art haben, sei also eigennützig und daher ohne moralischen Wert (§ 4). Da Kant die Moral aus der reinen und von empirischen Bedingungen freien Vernunft herleitet, müsse bei ihm die Frage der Motivation ungelöst bleiben, da moralisches Handeln nur durch eine reale, und d. h. empirische Triebfeder hervorgebracht werden könne (§ 6). Schopenhauers eigene Auffassung knüpft direkt an diese Kritik an: Moralisches Handeln ist dasjenige Handeln, das nicht eigennützig, sondern altruistisch ist. Sein Motiv ist gerade nicht das eigene Wohl, sondern direkt das Wohl und Wehe anderer Wesen. Dass solche Handlungen möglich sind, braucht nicht bewiesen zu werden. Sie kommen faktisch vor, denn es gibt das Phänomen, dass man sich mit anderen Wesen identifiziert und ihr Leiden wie das eigene fühlt; es gibt diesen Vorgang im alltäglichen Phänomen des Mitleids (§ 16).

Wie Schopenhauer selbst betont, spricht für diese Moralkonzeption zusätzlich, »dass sie auch die Tiere in ihren Schutz nimmt, für welche in den andern europäischen Moralsystemen so unverantwortlich schlecht gesorgt ist« (§ 19, 7). Der Affekt des Mitleids, der für moralisches Handeln konstitutiv ist, kann sich auf Tiere ebenso wie auf Menschen beziehen, und daher sind die Tiere von vornherein in den Bereich der moralischen Objekte eingeschlossen.

Schopenhauers Position mag auf den ersten Blick ähnlich aussehen wie die utilitaristische. Sie unterscheidet sich von ihr jedoch in einer Reihe von Hinsichten und kann einige Merkwürdigkeiten des Utilitarismus vermeiden. Ich nenne die drei wichtigsten Punkte. Erstens. Der Utilitarismus bezieht sich auf das Gesamtwohl bzw. die Maximierung der Interessenbefriedigung insgesamt und verstößt dadurch gegen die übliche Vorstellung individueller moralischer Rechte. Singer, dessen Theorie ich dargestellt habe, begründet diese Ausrichtung nicht und sieht auch bewusst von affektiven Motiven ab, weil er eine rein rationale Argumentation liefern möchte. In anderen Versionen des Utilitarismus ist das moralische Motiv das Wohlwollen (*benevolence*). Aber es gibt kein empirisches Gefühl des Wohlwollens, das sich auf das Gesamtwohl bezieht.[39] Hingegen gibt es den Affekt des Mitleids, und dieser ist wesentlich auf Individuen bezogen; er eignet sich daher genau als motivationale Basis unserer individuenbezogenen Moral. Zweitens. Der Utilitarismus arbeitet, da er von Individuen absieht, mit einem reduzierten Begriff von Leiden und Glück; er sieht darin isolierte Zustände und betrachtet die Individuen lediglich als Gefäße dieser Zustände. Schopenhauer hingegen redet vom »Wohl und Wehe« von Menschen und anderen Tieren; Erfahrungen von Lust und Leiden werden hier als Bestandteile des Lebensganzen gesehen. Das Mitleid bezieht sich nicht einfach auf Leidenszustände als solche, sondern auf ein anderes Wesen, welches leidet. Drittens. Im Utilitarismus ist die Aufgabe der Moral gleichermaßen die Leidensverminderung wie die Glücksmaximie-

39 Vgl. Hume, D. [2]1975, Book III, Part II, Sect. I.

rung. Schopenhauer orientiert sich bewusst am negativen Affekt des Mitleids, so dass es im moralischen Handeln darum geht, anderen kein Leiden zuzufügen und ihnen zu helfen, wo sie leiden.

Was diesen letzten Punkt angeht, so trifft Schopenhauer vielleicht das primär Negative der Moral in einem grundlegenderen Sinn, als es die kantische Unterscheidung zwischen starken negativen und schwächeren positiven Pflichten vermag. In Schopenhauers Vorschlag ist die Moral negativ in dem einfachen Sinn, dass es nicht darum geht, andere glücklich zu machen, sondern darum, sie nicht unglücklich zu machen und ihnen im Unglück zu helfen. Das umfasst von Anfang an negative und positive Pflichten gleichermaßen, so dass es hier keine tiefe Kluft gibt zwischen dem Verbot, anderen zu schaden, und der positiven Pflicht, ihnen zu helfen. Das hängt direkt damit zusammen, dass in Schopenhauers Position das Grundproblem aller kantischen Ansätze entfällt. Dieses lag in der Unentbehrlichkeit der Annahme, dass alle Objekte der Moral einen inneren Wert haben, kraft dessen man ihnen Rücksicht schuldet. Daraus ergibt sich unmittelbar, dass sie in ihrem Wert nicht verletzt werden dürfen, während weniger deutlich ist, woraus sich das Gebot der Hilfe ergibt. Eine Wertannahme erübrigt sich, wenn man wie Schopenhauer davon ausgeht, dass »das Leiden, der Mangel, die Gefahr, die Hilflosigkeit des Andern direkt und als solche unsere Teilnahme erwecken« (§ 16). An die Stelle einer absoluten Wertsetzung tritt hier die bloß subjektive Wertung, dass es für mich, für mein eigenes Wohl schlecht ist, wenn ein anderes Wesen, an dessen Wohl und Wehe mir liegt, leidet. Schopenhauers Moraltheorie lässt sich daher so einordnen, dass sie gerade demjenigen Bereich der Moral, der aus dem kantischen Modell herausfällt, die Bestimmung der Moral entnimmt, nämlich dem Phänomen der nicht weiter vermittelten Betroffenheit durch das Leiden bzw. die Hilflosigkeit anderer Wesen.

Die kantische Seite könnte sich allerdings mit naheliegenden Gegenargumenten zu wehren versuchen. Was sich sofort aufdrängt, ist der Einwand, dass Schopenhauer zumindest die umgekehrte Schwierigkeit hat: Er kann zwar den Bereich der Sorge für hilflose Wesen leichter erfassen, aber dafür passt seine Konzeption gerade nicht für den Bereich von Gerechtigkeitsfragen zwischen gleichwertigen Personen, auf die kantische Theorien zugeschnitten sind. Schopenhauer selbst versucht aus seiner Mitleidsmoral zwar auch den Bereich der Gerechtigkeit herzuleiten (§ 17): Das Mitleid ist die moralische Triebfeder, aus der die beiden Kardinaltugenden der Gerechtigkeit und der Menschenliebe hervorgehen. Diese entsprechen der Unterscheidung zwischen negativen und positiven Pflichten, zwischen dem Verbot der Verletzung und dem Gebot der Hilfeleistung. Dass aus der Mitleidskonzeption das Verbot der Leidenszufügung bzw. Verletzung folgt, ist sicher unproblematisch. Aber vom Standpunkt kantischer wie im übrigen auch kontraktualistischer Theorien wäre zu fragen, ob das »neminem laede« wirklich den Bereich der Gerechtigkeit erfasst und ob hier das Mitleid die geeignete Basis sein kann. Es erscheint ja eher merkwürdig zu sagen, dass man z. B. Versprechen aus Mitleid hält. Wie im nächsten Kapitel deutlicher werden wird, ist dieses Problem vielleicht nicht unlösbar, wenn man mit Schopenhauer den Leidensbegriff in einem umfassenden Sinn versteht, zu dem nicht nur Schmerz- und Unlustgefühle gehören. Man könnte etwa sagen, dass diejenigen moralischen Objekte, die Personen sind, auch für höherstufige, manchmal rein symbolische Verletzungen anfällig sein können und dass sich Verletzungen reziproker Sozialbeziehungen hierunter subsumieren lassen.

Der zweite gängige Einwand gegen die Mitleidsmoral lautet, dass sich auf den natürlichen Affekt des Mitleids, der wie alle Affekte launisch ist, keine universalistische Moral aufbauen lasse.[40] Dieser Einwand enthält ein bewusstes Missverständnis. Weder Schopenhauer noch irgendein anderer Vertreter einer Mitleidsmoral hat je behauptet, dass moralisches Handeln darin bestehe, sich vom faktischen Auftreten des Mitleids bestimmen zu lassen. Wie Schopenhauer sagt, ist es für moralisches Handeln nicht erforderlich, dass in jedem Fall das Mitleid tatsächlich erregt wird. Vielmehr können wir auf der Basis dieses Affekts die allgemeine Maxime bilden, niemandem Leiden zuzufügen, und diese zu einem festen Vorsatz erheben (§ 17).[41] Man könnte einwenden: Wir haben ebenso negative Affekte wie Schadenfreude; warum also sollten wir gerade das Mitleid ausdehnen, und nicht die entgegengesetzten Affekte? Bei Schopenhauers methodischem Vorgehen erübrigt sich jedoch diese Frage. Denn sein Anspruch ist nicht, die Moral aus etwas Vormoralischem herzuleiten, sondern zu erläutern, was Moral, die es immer schon gibt, ausmacht. Moralität aber besteht im Unterschied zu subjektiven Vorlieben in allgemeinen Einstellungen. Der Affekt des Mitleids

40 So Tugendhat 2006, 27f.

41 Eine ähnliche Auffassung in der modernen Tierdebatte vertritt Benson 1978.

erklärt, wie moralisches Handeln empirisch-motivational möglich ist. Moralität als allgemeine Haltung besteht in der Berücksichtigung anderer, und nicht im Gegenteil. Daher kann der Affekt, der Moralität motivational verständlich macht, nur der Affekt des Mitleids sein.

Selbst wenn wir annehmen, dass diese beiden Standardeinwände sich entkräften lassen, so bleibt ein weiteres Problem. Die Mitleidsmoral hat, wie ich oben sagte, den Vorteil, dass sie anders als der Utilitarismus nicht über Individuengrenzen hinweg operiert; das Mitleid ist gerade ein Affekt, der sich auf das Leiden von anderen Wesen bezieht, und nicht auf Leiden als solches und insgesamt. Gleichwohl sind die Konsequenzen dieses Ansatzes hier schwächer als diejenigen kantischer Positionen. Kantische Positionen können durch die Annahme, dass Individuen einen absoluten Wert besitzen, am einfachsten verständlich machen, worin die auch für die Alltagsmoral typische Überzeugung, dass Individuen eine starke Grenze für das Handeln anderer darstellen, gründet. Das Mitleid hingegen bezieht sich zwar auf Individuen, aber damit scheint vereinbar zu sein, dass man z.B. Leiden zulässt oder zufügt, um größeres Leiden zu verhindern. Anders gesagt: es scheint nicht selbstverständlich, dass man hier von individuellen moralischen *Rechten* reden kann, aufgrund derer Wesen einen unausräumbaren Anspruch auf Rücksicht haben.

Dass die Mitleidsmoral aus sich heraus diesen Rahmen individueller Rechte nicht liefern kann, liegt daran, dass sie nicht auf einer absoluten Wertsetzung beruht, sondern eine auf einem natürlichen Affekt basierende allgemeine Einstellung ist. Als solche ist sie eine Lebenseinstellung neben anderen, und es ist zunächst eine offene Frage, welches Gewicht sie unter den verschiedenen Einstellungen hat. In der Offenheit dieser Frage kann man jedoch gerade auch einen Vorteil sehen. Moraltheorien, die einen absoluten Wert zugrundelegen, überspielen von vornherein die Existenz dieser Frage.

Auch Schopenhauer scheint diese Frage nicht zu sehen, was daran liegen mag, dass er zwar das Mitleid als empirisches Phänomen betont, in ihm aber gleichzeitig »das große Mysterium der Ethik, ihr Urphänomen und Grenzstein« sieht, worüber nur die metaphysische Spekulation noch etwas aussagen kann (§ 16). Für Schopenhauer erklärt sich das Mitleid letztlich daraus, dass wir alle Objektivationen des einen Willens sind; das Mitleid besteht in einer völligen Identifikation und enthält keinen Selbstbezug. Empirisch hingegen scheint das Mitleid so beschaffen, dass es unser eigenes Wohlbefinden mindern kann, wenn wir mit anderen leiden. Altruistische

Affekte sind dann nicht völlig frei von jedem Selbstbezug, sondern enthalten durchaus einen Rückbezug auf das Wohl oder gute Leben der handelnden Person;[42] somit ist die moralische Einstellung des ausgedehnten Mitleids einer von mehreren Bestandteilen, welche die Lebensausrichtung der Person ausmachen. Was die Frage der Tiere angeht, folgt, dass die Dinge nicht so einfach sind, wie Singer und andere sie sehen möchten. Wer eine Einstellung ausgedehnten Mitleids hat, könnte gleichzeitig die Einstellung haben, dass Menschen ungleich viel wichtiger sind als Tiere, mit der Folge, dass die Moral gegenüber Tieren ein geringeres Gewicht hätte.

Donovan

In der neueren Debatte hat Josephine Donovan (in Donovan 2008) eine Position entwickelt, welche die klassische Mitleidskonzeption Schopenhauers, ergänzt durch Schelers Theorie und Humes Auffassung des Mitgefühls, mit der heutigen feministischen Ethik der Fürsorge (*care ethics*) verbindet. Im Sinn der feministischen Ethik weist sie darauf hin, dass Mitgefühl nicht subjektiv-beliebig ist, sondern dass dieser Affekt eine kognitive Komponente enthält, indem er das Erkennen fremden Leidens beinhaltet. Darüber hinaus fordert sie die Ergänzung der Moral individueller Fürsorgepflichten durch eine politische Dimension im Sinn von Sheila Benhabibs kommunikativer Ethik der Bedürfnisinterpretation. Damit ist eine intersubjektiv-öffentliche Dimension gemeint, in der Unterdrückte Gelegenheit haben, ihre Bedürfnisse zu äußern, und in der ethische Entscheidungen dialogisch getroffen werden. Ein solcher Dialog setzt wiederum eine Fähigkeit beim Individuum voraus, welche Donovan in Aufnahme einer Konzeption von Simone Weil als »aufmerksame Liebe« bezeichnet.

Donovans Überlegungen sind zwar in vieler Hinsicht anregend, bleiben aber eklektizistisch und werden nicht zu einer einheitlichen Position integriert. Als Grundlage für moraltheoretische Bemühungen sind sie daher wenig brauchbar.

42 Das sieht Schopenhauer selbst so, wenn er sagt, die Vernunft mache das Mitleid zu einem »festen Vorsatz, die Rechte eines jeden zu achten .... [und] sich von dem Selbstvorwurf, die Ursache fremder Leiden zu sein, freizuhalten (Schopenhauer 1988, 571).

Wenn das ausgedehnte Mitleid oder die fürsorgend-aufmerksame Liebe eine universalisierte und dauerhafte Haltung darstellen muss, um eine moralische Qualität zu haben, dann liegt der Übergang zur Tugendethik nahe, etwa zu einer Auffassung, wie Judith Shklar sie vertritt, wonach Grausamkeit das abstoßendste und hässlichste Laster ist, das Menschen haben können.[43] Diese Aussage scheint eine intuitive Evidenz zu haben. In Wirklichkeit bleibt aber, wie ein Blick auf die verschiedenartigen Ansätze zeigen wird, gerade in der Tugendethik die Gewichtung der moralischen Einstellung gegenüber unseren anderen Lebensausrichtungen schwankend.

6. Tugendethik

Die Tugendethik geht auf die antike Ethik zurück, die nach dem guten menschlichen Leben insgesamt sucht und die moralische Thematik im engeren Sinn in diese Frage integriert. Heutige Moraltheorien, die die Einbettung der Moral in die umfassendere Frage des guten Lebens beachten, werden häufig in der Form vertreten, dass sie nach einer kohärenten Beschreibung des Moralischen im Kontext der weiteren Lebenseinstellungen suchen.[44] Dass uns das für das Problem der Tiere nicht weiterhilft, wurde bereits in der Einleitung erwähnt. Während alle anderen Ansätze, da sie von begrenzten einseitigen Prämissen ausgehen, zu eindeutigen Ergebnissen führen, lassen sich mit der Tugendmoral, gerade weil sie der realen Komplexität gerecht zu werden versucht, verschiedene Standpunkte als sinnvoll erweisen. Ich kann daher hier nicht eine bestimmte Konzeption vorstellen und diskutieren, sondern möchte nur kurz demonstrieren, wie die Verschiedenheit zustandekommt.

Bereits in der ersten Phase der Debatte, Ende der 1970er Jahre, haben zwei Autorinnen, Midgley und Diamond, vom Standpunkt der Tugendmoral für die Tiere zu argumentieren versucht.[45] Mary Midgley weist auf die Ähnlichkeiten und Kontinuitäten hin, die zwischen Menschen und anderen Tieren bestehen, und vertritt die

43 Shklar 1984, 8.

44 So z.B. Williams 1985.

45 Diamond 1978, Midgley 1979; 1983. Zur Einordnung vgl. auch Wolf, J.-C. 1985, 12.

Auffassung, dass dies nicht nur für die Rücksicht auf Tiere spricht, sondern umgekehrt auch das menschliche Selbstverständnis an Sinn gewinnt, wenn es diese Kontinuitäten beachtet. Die Konsequenzen bleiben bei Midgley selbst undeutlich, jedoch scheint aus ihren Ausführungen eine weitgehende Gleichheit des moralischen Status von Menschen und Tieren zu folgen.

Ähnliche Vorstellungen formuliert ungefähr gleichzeitig Cora Diamond. Sie meint, dass eine moralische Einstellung zu Tieren sich nicht, wie Singer und Regan beanspruchen, rational herleiten lasse, sondern in einer bestimmten Deutung liege, wonach wir Tiere als Mitgeschöpfe, als Gefährten im Leben auf der Erde sehen. Das scheint auf eine Gleichheit des moralischen Status hinauszulaufen. Diamond selbst kommt jedoch zu dem Ergebnis, dass es mit dieser Sichtweise vereinbar ist, Tiere zu töten, um sie zu essen. Eindeutige Konsequenzen formuliert jedoch auch sie nicht. Zwar beschreiben die Autorinnen nicht einfach die vorhandenen Überzeugungen, sondern plädieren für eine Einstellung, in der die Tiere ein stärkeres Gewicht haben; aber dabei handelt es sich um Sichtweisen oder Interpretationen mit unscharfen Konturen, die verschiedene moralische Anwendungen zulassen.

In der Debatte der »zweiten Welle« versucht Rosalind Hursthouse, die ebenfalls eine tugendethische Position vertritt, für eine starke Berücksichtigung der Tiere zu argumentieren.[46] Wenn wir uns die zahllosen und grausamen Leiden, welche Menschen den Tieren verursachen, vor Augen geführt haben und dahin kommen, sie affektiv anzuerkennen, werden wir, so Hursthouse, unsere Begriffe von Tugenden und Lastern, etwa die Begriffe der Barmherzigkeit und der Grausamkeit, entsprechend ausdehnen und handelnd richtig so anwenden, dass wir das Gut der anderen Tiere ebenso als schützenswert erachten wie das der Mitmenschen. Hier liegt also eine starke Konsequenz zugunsten der Tiere vor. Allerdings gewinnt Hursthouse diese genau genommen nicht aus der Tugendethik selbst, sondern indem sie eine bestimmte Interpretation unserer Tugendbegriffe aufgrund einer bestimmten Sichtweise vorschlägt.

Hierin aber liegt die grundsätzliche Schwierigkeit aller tugendethischen Positionen. Sichtweisen lassen sich nahelegen und erläutern, aber nicht als richtig erweisen. Wer andere Deutungen des Lebens hat, kann zu einer anderen Einstellung kommen. So argumen-

46 Hursthouse 2008.

tiert Lawrence Becker ebenfalls im Rahmen einer Tugendmoral,[47] dass es zu unserer Vorstellung vom Gutsein als Person gehört, dass wir Verpflichtungen gegen näherstehende Wesen stärker gewichten als Verpflichtungen gegen Wesen, zu denen die soziale Distanz größer ist. Da er weiterhin annimmt, dass grundsätzlich die Distanz zu Tieren größer ist als die Distanz zu Menschen, ergibt sich, dass Tiere generell einen schwächeren moralischen Status haben als Menschen. Um zu entscheiden, ob diese Sichtweise oder die zuvor genannte angemessener ist, müsste man überlegen, wie sich überhaupt über die Plausibilität von Sichtweisen argumentieren lässt. Diese Frage wird uns später noch beschäftigen.

7. Zusammenfassung

Der Durchgang durch die verschiedenen moralphilosophischen Ansätze hat, was die angemessene Berücksichtigung der Tiere betrifft, zu keinem einheitlichen Ergebnis geführt. Die meisten Positionen sind einseitig und lassen sich so nur für die Erläuterung jeweils *eines* Aspekts der Moral verwenden. Die Vertragstheorie enthält ein Modell der Form der Moral als System wechselseitiger Rechte und Pflichten; darüber hinaus bestimmt sie als Kern des Inhalts diejenigen Normen, die Grundbedingungen des sozialen Zusammenlebens bilden. Sie hat den Vorteil, dass sie als einzige das für die Form der Moral wichtige Phänomen der Verpflichtung unproblematisch erklären kann, insofern Verpflichtungen hier einfach eine Folge von Vereinbarungen sind. Hingegen scheint in der Mitleidsmoral der Verpflichtungsbegriff zu fehlen, und in kantischen Positionen wird er als Vernunftsollen interpretiert, was nicht der gewöhnlichen Verwendung entspricht. Theorien von Rechten machen mit der Forderung der Rücksicht auf Individuen, insofern diese eine Würde, einen Wert oder ein Recht besitzen, ebenfalls Aussagen über die Form der Moral, zugleich aber auch über den Inhalt. Diese Ansätze legen ein Lebensmodell zugrunde, wonach menschliche und eventuell auch tierliche Individuen selbständig ihr eigenes Leben leben, und betonen damit wie Kant die negativen Pflichten. Der Utilitarismus und die Mitleidsethik weisen eine etwas andere Stoßrichtung auf. Der Utilitarismus setzt mit dem Ziel der Förderung des Gesamtwohls

47 Becker 1983.

oder der Summe der Interessen einen bestimmten positiven Inhalt. Die Mitleidsethik bezieht sich ebenfalls auf das Wohl, jedoch gebunden an die Individuen, um deren Wohlbefinden es sich handelt, und ähnlich wie bei kantischen Theorien stehen bei ihr die negativen Verpflichtungen im Vordergrund. In ihrer erweiterten Form jedoch macht sie auch auf Fürsorgepflichten gegenüber abhängigen und bedürftigen Wesen aufmerksam. Insgesamt betont sie die motivationale Seite der Moral, die Verankerung in Affekten des Handlungssubjekts. Erst die Tugendethik weist auf einen umfassenderen Kontext hin, auf die Tatsache, dass die Moral nicht für sich steht, sondern in den Lebenszusammenhang eingebettet ist und hier ein bestimmtes (oder zu bestimmendes) Gewicht hat.

Mir scheint, dass keine der behandelten Theorien schlicht falsch ist; vielmehr treffen sie alle einen oder mehrere Punkte, die vom alltäglichen Moralverständnis her wichtig sind. Das spricht für sogenannte multikriterielle Ansätze, die in Absetzung von klassischen Moraltheorien, welche nur *ein* Grundprinzip ins Zentrum stellen, mehrere Dimensionen der Moral annehmen. Diese Ansätze sind bedenkenswert, weil bisher nur sie dem Umstand gerecht werden, dass die Moral ein komplexes und vielschichtiges Phänomen ist, und sie sind vielversprechend, weil sie dem Problem der Einseitigkeit der bisherigen Positionen abhelfen und die Offenheit der Abwägungsfrage erklären können, die sich aus manchen Ansätzen ergab. Andererseits können multikriterielle Ansätze diese Offenheit nicht beheben. Denn wenn es verschiedene Grundlagen der Moral und damit verschiedene Kriterien geben sollte, dann stellt sich die Frage, wie diese in einer Situation, in der mehrere eine Rolle spielen, gegeneinander zu gewichten sind. Es könnte natürlich sein, dass wir weiter nicht kommen, dass es eine Frage der *persönlichen* Einstellung ist, wie man dann entscheidet, und sich mit Gründen mehr nicht sagen lässt. Auch wenn dies zutreffen sollte, bleibt für eine kohärente Theorie doch unbefriedigend, dass man mehrere getrennte Dimensionen nennt und nebeneinander stehen lässt, ohne den Versuch zu unternehmen, ihren Zusammenhang zu klären. Ich werde auf die multikriteriellen Ansätze später zurückkommen, wenn ich meine eigene Position entwickle.

Für die Tiere folgt vorläufig nichts Eindeutiges. Sie erfüllen einige der erwähnten Aspekte, andere nicht, und der zuletzt genannte Punkt scheint ihre moralische Stellung dem Belieben unserer Interpretation preiszugeben. Eine starke Position scheinen den Tieren nur diejenigen Konzeptionen zu gewährleisten, welche ihnen Rechte zusprechen. Dieser Begriff ist allerdings in der Ethik weniger klar als im Recht, wo er den Tieren aber gerade nicht zugesprochen wird. Sehen wir uns dennoch zum Vergleich die Lage im Recht an.

Exkurs: Tierwürde ohne Rechte. Ein Blick auf die deutschsprachige Verfassungsdebatte

Während in der Tierethik die stärkste Position in der Konzeption von Tierrechten liegt, ist eine praktische Umsetzung solcher *moralischer* Tierrechte ins Recht bisher nicht erfolgt und erscheint vielen Autoren auch nicht sinnvoll.[1] Andererseits spielt in der Verfassungsdebatte der Würdebegriff, der in der philosophischen Debatte nur bei Nussbaum besonders hervortrat, eine wichtige Rolle. Die Akzentuierung scheint also in der juristischen Debatte etwas anders auszusehen als in der ethischen, und daher könnte es für die Profilierung einer tierethischen Position nützlich sein, sich diese Unterschiede in der Perspektive klarzumachen, zumal wir in der Verfassungsdebatte eine gut ausgearbeitete Begrifflichkeit vorfinden. Außerdem erfüllen wir so ein Desiderat, das offenbar von juristischer Seite besteht, wo man die mangelnde Relevanz der Tierethik für das Recht (und allgemeiner für die gesellschaftliche Praxis) beklagt.[2]

1. Tierschutz als Staatsziel

In den meisten Ländern hat der Tierschutz die Form einfachrechtlicher Gesetze. Nur in der Schweiz und Deutschland ist er stärker verankert, allerdings auch hier nicht in der Form von Grundrechten, sondern als in der Verfassung festgeschriebenes *Staatsziel*, dessen Förderung u. a. gerade eine angemessene Umsetzung ins einfache Tierschutzrecht verlangt. Das deutsche Grundgesetz enthält seit 2002 den Artikel 20a mit der Zielbestimmung: »Der Staat schützt ... die Tiere ...«. Eine stärkere Formulierung findet sich in der schwei-

1 Goetschel 2009, 319.
2 Goetschel 2009, 338.

zerischen Bundesverfassung, welche in Artikel 120 als Staatsziel den »Schutz der Würde der Kreatur« aufstellt.

Das Staatsziel Tierschutz im deutschen Grundgesetz

Verfassungsänderungen benötigen eine starke Rechtfertigung. So sind sie in der Schweiz nur auf der Grundlage einer Volksabstimmung möglich. In Deutschland war das unmittelbare Motiv für die Änderung des Grundgesetzes die heftige Reaktion gegen das Urteil, mit dem das Bundesverfassungsgericht am 15.1.2002 einem muslimischen Metzger das Schächten von Tieren erlaubte. Die Aufnahme des Tierschutzes in das Grundgesetz, die zuvor immer wieder gescheitert war, ließ sich nun nicht mehr länger aufschieben. In der Tat wird der Entwurf der Neufassung des deutschen Gesetzes durch Hinweis auf einen Bewusstseinswandel in der Bevölkerung begründet, der den Schutz des einzelnen Tiers verlange.[3] Nun haben wir bereits in der Einleitung gesehen, dass mit Bezug auf die Behandlung der Tiere die Vorstellungen der Bevölkerung nicht besonders konsistent sind und dass ähnliches für das Recht gilt. Außerdem ist die Formulierung des Artikels 20a GG, auf die sich alle Parteien als Kompromiss einigen konnten, mit Bezug auf die Tiere ziemlich schwach und beiläufig, wie der vollständige Wortlaut zeigt: »Der Staat schützt auch in Verantwortung für die künftigen Generationen die natürlichen Lebensgrundlagen und die Tiere …«. Entsprechend divergieren auch die Interpretationen des Verfassungsrangs der Tiere. Immerhin scheint unter Juristen ungefähre Einigkeit zu bestehen, dass durch die Aufnahme der Tiere in die Verfassung die Wirksamkeit des einfachrechtlichen Tierschutzgesetzes gestärkt wird,[4] indem der Tierschutz in Abwägungsfragen ein stärkeres Gewicht erhält,[5] so dass er im Prinzip auch vorbehaltlos gewährte Grundrechte wie das Recht auf Forschungsfreiheit einschränken kann.

Auch wenn die neue Verfassungsklausel einen beträchtlichen Fortschritt für den Tierschutz bedeutet, ist sie nicht allzu wirkungsvoll. Von einigen Autoren wird das dadurch erklärt, dass das

[3] Gesetzesentwurf von 23.4.2002, Drucksache 14 (8860); siehe auch Faller 2005, 103.

[4] Faller 2005, 235.

[5] Holste 2002, 911.

Grundgesetz trotz der Ergänzung anthropozentrisch bleibt, weil die Kernvorstellung, die es entfaltet, in der Unantastbarkeit der *Menschenwürde* besteht. Insofern das Staatsziel Tierschutz im deutschen Grundgesetz keinen Menschenwürdebezug aufweist, ist, so die Argumentation, seine Stellung in der Werteordnung der Verfassung nicht allzu hoch.[6] Für die Erklärung der mangelnden Effektivität der Tierschutzklausel genügt wohl schon der Umstand, dass es sich nicht um die Verleihung einklagbarer subjektiver Grundrechte, sondern um eine Staatszielbestimmung handelt. Eine solche setzt, ähnlich wie positive Pflichten in der Moral, kein Maß fest, weshalb von Tierschutzinteressierten ein »Untermaß« bei faktischen Entscheidungen moniert bzw. die fehlende Festsetzung von Kriterien beklagt wird, die nach der Verfassungsänderung im Tierschutzgesetz vorgenommen werden müsste.

Die »Würde der Kreatur« in der schweizerischen Bundesverfassung

Wenn die Bundesverfassung der Schweiz die Tiere dadurch aufnimmt, dass sie den Würdebegriff, der auch mit Bezug auf den Menschen zentral ist, ausdehnt, lässt dies eine deutliche Stärkung der Stellung der Tiere über diejenige im deutschen Grundgesetz hinaus vermuten. Doch wie die Erläuterungen zeigen, ist hier von Würde in zweierlei Sinn die Rede, da die Menschenwürde absolut, die Tierwürde dagegen relativ und abwägbar ist.[7] Mit dem Begriff der Tierwürde werden im Grunde ähnliche Vorstellungen aufgenommen, wie sie einfachrechtliche Tierschutzgesetze implizieren. Zum Beispiel verlangt das deutsche Tierschutzgesetz, »aus der Verantwortung des Menschen für das Tier als Mitgeschöpf dessen Leben und Wohlbefinden zu schützen« (§ 1). Die Rede vom »Mitgeschöpf« steht auf dem Boden der christlichen Moral, die zugleich eine Erklärung der unterschiedlichen Würde enthält: Menschen, die von Gott nicht nur geschaffen, sondern von ihm nach seinem Ebenbild geschaffen sind, haben eine absolute Würde, während Tiere, die nur geschaffen sind, eine relative Würde haben.[8] Hinzu kommt mit der

6 Faller 2005, 232.
7 Rippe 2011, 13.
8 Teutsch 1995, Auszüge in Wolf, U. (Hrsg.) 2008.

Rede von der Verantwortung die Höherstellung des Menschen, aber zugleich auch seine Verpflichtung zur Sorge für die Kreatur.

In den Erläuterungen des Würdebegriffs häufiger ist der bei Kant für Personen reservierte Begriff der selbstzweckhaften Existenz, der sich in der Tat auf andere Lebewesen ausdehnen lässt. So integriert die schweizerische Bundesverfassung nicht speziell die Tiere; geschützt wird vielmehr »die Würde der Kreatur«. Der Ausdruck »Kreatur« wird dabei gewöhnlich als Sammelbegriff für Tiere und Pflanzen interpretiert, der Würdebegriff so, dass er den Eigenwert, die Selbstzweckhaftigkeit ausdrückt.[9] Da Pflanzen eingeschlossen sind, muss es sich um einen *objektiven* Wertbegriff handeln, insofern Pflanzen kein subjektives Wohl haben. Der in diesem Kontext eher ungewohnte Würdebegriff wird in den Erläuterungen häufig durch den des Werts ersetzt und dadurch erklärt, dass die zu schützende Kreatur einen »Eigenwert« habe, nicht für uns existiere, sondern als Selbstzweck ein eigenes Leben führe. Mit Bezug auf Tiere bestünden, so ein Interpret, Missachtungen der Würde insbesondere in Erniedrigung und übermäßiger Instrumentalisierung.[10]

Nun gehört zur Erfahrung von Erniedrigung vermutlich die Fähigkeit, Selbstachtung oder ein Selbstwertgefühl auszubilden. Da Tiere diese Fähigkeit kaum besitzen dürften, wird gegen diese Auslegung des Würdebegriffs vorgeschlagen,[11] allein die Menschenwürde als das Recht, nicht erniedrigt zu werden, zu definieren und die Würde der Tiere schwächer im Sinn eines inhärenten Werts zu verstehen. Dieser Wertbegriff wird so expliziert, dass seine Träger ein eigenes Gut besitzen, individuelle Ziele verfolgen und organische Einheiten bilden. Dass sie ein eigenes Gut besitzen, heißt, dass sie nicht nur als Mittel betrachtet und behandelt werden dürfen, sondern als Selbstzwecke anerkannt werden müssen. Diese Konzeption inhärenten Werts deckt sich *nicht* mit der moralphilosophischen Begrifflichkeit Regans. Für Regan haben alle Wesen, die Subjekt-eines-Lebens sind, ein und denselben, grundsätzlich nicht abstufbaren inhärenten Wert. Gemäß der üblichen Interpretation der schweizerischen Bundesverfassung haben erstens nicht alle Wesen denselben inhärenten Wert, sondern dieser ist je nach Fähigkeiten verschieden,

9 Vgl. Saladin 1995, 366f.
10 Goetschel 2009, 319f.
11 Balzer u.a. 1998.

und zweitens haben nicht nur *Subjekte* eines Lebens einen inhärenten Wert, sondern alle Lebewesen.

Hält man diese objektive Rede vom Eigenwert für verständlich, dann liegt allerdings eine weitere Ausdehnung nahe, wonach die ganze Natur oder alles Seiende einen Eigenwert hat, der in seiner Widerständigkeit bzw. Unverfügbarkeit liegt.[12] Nun mag dieser ontologisch-metaphysische Begriff des Werts intuitiv nachvollziehbar sein (oder auch nicht),[13] er führt aber in jedem Fall über die Grenzen der Moral hinaus. Denn hierbei ist kein Wesen involviert, das man als solches, um seiner selbst willen berücksichtigen kann. Es kann hier höchstens um eine allgemeine Einstellung der Pietät oder der Ehrfurcht vor der Welt gehen, eine Einstellung, über deren Gebotenheit keine Übereinstimmung zu erwarten ist und die im übrigen keinerlei Praktikabilität aufweist. Die Moral im engeren Sinn sollte man auf das Handeln gegenüber Wesen beschränken, denen es etwas ausmachen kann, wie man sie behandelt, die ein subjektives Wohlbefinden haben. Mehr noch sollte dies fürs Recht gelten, das auf Praktikabilität und Durchsetzbarkeit angewiesen ist.[14]

2. Kriterien der Schutzwürdigkeit

Empfindungsfähigkeit als Schwelle

Pflanzen besitzen sicher kein subjektives Wohl im relevanten Sinn, auch nicht Tiere mit geringer Differenzierung, ebensowenig Menschen mit bestimmten mentalen Defekten oder Embryonen. Betrachten wir ein Beispiel, in dem es um den Umgang mit menschlichen Wesen geht. Es scheint einen gesellschaftlichen Konsens zu geben, wonach z.B. Embryonen unter besonderem Schutz stehen. So verlangt Art. 18 der Bioethik-Konvention von Oviedo, dass das Gesetz, wo es in vitro-Forschung an Embryonen erlaubt, den angemessenen Schutz des Embryo sicherstellen müsse. Was ist die Begründung? Die letzte Absicht der Oviedo-Konvention ist laut Art. 1

12 Sitter-Liver 1995.

13 Wie er genau zu verstehen ist, bleibt allerdings rätselhaft, und es existieren bisher nur wenige Klärungsversuche. Die wichtigsten Positionen werden aufgearbeitet in Krebs 1999.

14 v. d. Pfordten 1995, 231.

der Schutz der Würde und Identität des menschlichen Individuums. Dies wiederum wird in Art.2 dadurch erläutert, dass die Interessen und das Wohl des menschlichen Wesens Vorrang vor dem alleinigen Interesse von Gesellschaft und Wissenschaft haben sollen. Interessen und ein Wohl im subjektiven Sinn besitzt der Embryo jedoch nicht. Worin aber soll dann der Schutz des Embryo bestehen? Der einzig denkbare Inhalt besteht in einem Umgang mit dem Embryo, welcher die Ehrfurcht vor allen Formen und Vorformen menschlichen Lebens ausdrückt, also ausschließlich in einer pietätvollen persönlichen Einstellung des Forschers, die sich aber kaum moralisch fordern und schwerlich juristisch überprüfen lässt.

Auch unter Juristen ist strittig, ob man dem Embryo Menschenwürde zuschreiben kann. In der deutschen Verfassungsdebatte gibt es die Position, ein menschliches Wesen sei generell erst ab dem Zeitpunkt der Geburt Träger der von der Verfassung gewährleisteten Grundrechte.[15] Nach anderer Auffassung liegt dem Recht ein Stufenmodell des Lebenswerts und Lebensschutzes zugrunde. So werde z.B. bei Abtreibung niemand wegen *Mordes* belangt, und Embryonen hätten einen so schwachen Status im positiven Recht, dass es nicht sinnvoll sei, ihnen Menschenwürde oder ein subjektives Recht auf Leben zuzuschreiben.[16] Der Beginn der Schutzwürdigkeit hänge vielmehr an Kriterien wie Ausbildung eines Nervensystems, Schmerzempfinden, Entwicklung von Bewusstsein.[17] Das spricht gerade dafür, das Recht auf den engeren Bereich des Umgangs mit fühlenden Wesen zu beschränken, d.h. mit Wesen, die ein *subjektives* Wohl haben können.

Haben Tiere eine Würde?

Bei dieser Erläuterung der Schwelle für die Zuschreibung von Menschenrechten spielt der Würdebegriff keine tragende Rolle. Warum wird er dann in der schweizerischen Verfassung überhaupt bemüht, und ist es sinnvoll, ihn zu verwenden? Vielleicht soll der Bezug auf die Würde bzw. auf einen objektiven Eigenwert Ehrfurcht erzeugen und so eine Motivation zur Achtung der Rechte bereitstellen. Da

15 Heun 2005, 78.
16 Hilgendorf 2005, 122, 126.
17 Hilgendorf 2005, 130 Anm. 47.

jedoch die vorausgesetzten theologischen oder metaphysischen Prämissen, welche allein diesen Begriffen Inhalt verleihen, heute nicht mehr von allen Menschen geteilt werden,[18] läuft der Begriff für viele einfach leer.

Hinzu kommt, dass der Würdebegriff im Alltagsverständnis gerade auf Menschen bezogen wird und in der Tat im Verlauf seiner Begriffsgeschichte immer dazu gedient hat, das Besondere des Menschen gegenüber anderen Lebewesen herauszuheben.[19] Die Verteidiger des Begriffs weisen auf zwei *pragmatische* Gründe für seine Beibehaltung hin: Erstens sei, wenn eine Verfassung auf dem Begriff der Menschenwürde aufbaue, das Staatsziel des Tierschutzes nur dann hinreichend gewichtig formuliert, wenn man an diesen Würdebegriff anschließe. Zweitens habe der Würdebegriff einen starken appellativen und expressiven Sinn, von dem der Tierschutz nur profitieren könne.[20]

Nun könnte man entgegnen: Diese pragmatischen Gründe bleiben wirkungslos bei denjenigen Personen, die nicht an religiöse oder metaphysische Fundierungen des moralischen bzw. rechtlichen Status von Wesen glauben. Und umgekehrt: Die daran glauben, glauben meist auch an einen tiefen Einschnitt zwischen Mensch und Tier und werden daher die Erweiterung des Würdebegriffs nicht nachvollziehbar finden. Außerdem ist die Zuschreibung einer Tierwürde eher irreführend, wenn diese Würde nur relativ sein soll, während der ganze Sinn des Würdebegriffs in der Zuschreibung eines absoluten Werts lag. Die Formulierung des deutschen Grundgesetzes, wonach der Schutz der Tiere zum Staatsziel erhoben wird, ist daher klarer und deswegen vorzuziehen. Allerdings klingen auch im deutschen einfachrechtlichen Tierschutzgesetz Anknüpfungen an christliche Moralvorstellungen an, die sich heute ebenfalls nicht als eine für alle akzeptable Basis einer Tierethik eignen.

Insgesamt hat die Betrachtung des Verfassungsrechts mehreres gezeigt. In den Grundlagen des Verfassungsrechts sind – ganz ähnlich wie in der alltäglichen Moral – neben der Anerkennung der intellektuellen und emotionalen Fähigkeiten von Tieren religiöse und metaphysische Prämissen enthalten. Diese bestimmen das Gewicht und die Art und Weise der Einschränkungen, die wir in unserem

18 Rippe 2011, 27; Binder 2011, 51.
19 Binder 2011, 35.
20 Rippe 2011, 29f.

Handeln dem Wohl der Tiere schulden. Tiere haben hier eindeutig nicht denselben, sondern einen schwächeren Status als Menschen. Anders als in der moralphilosophischen Konzeption der Tierrechte ist im Verfassungsrecht Gegenstand des Schutzes nicht nur ihr subjektives Wohl, sondern teilweise auch objektive Aspekte. Obwohl die Überlegungen zum Schutzbeginn der Menschenrechte zeigen, dass die Leidensfähigkeit eine entscheidende Rolle spielt, wird gegenüber Wirbeltieren auch solches Schädigen, das nur objektiv ist, ebenso wie (leidfreies) Töten untersagt.

Abgesehen von der einen Ausnahme der Zuerkennung von »Menschenrechten für Menschenaffen« in der Verfassung von Neuseeland, die sich im übrigen darauf beschränken, dass diese nicht im Namen der Wissenschaft für menschliche Interessen gefoltert und getötet werden dürfen, besteht in der juristischen Debatte auch Einigkeit, dass die Idee von in der Verfassung garantierten Grundrechten für jedes einzelne Tier nicht tragfähig ist. Als ethische Basis für das Recht eignet sich nur ein minimaler Kern der Moral, der allgemein regelbar und durchsetzbar ist, und dazu gehören nach gängiger Meinung moralische Tierrechte eindeutig nicht. Ob diese Kluft zwischen moralischer Theorie der Tierrechte und Verfassungsrecht Rückwirkungen auf die Angemessenheit der betreffenden moralphilosophischen Konzeption hat, wird im nächsten Kapitel zu prüfen sein. Auf die Situation im Recht komme ich insbesondere im Zusammenhang der Tierversuche zurück.

3. Tiere als Staatsbürger? Die Idee der Zoopolis

Auch wenn in der Verfassungsdebatte Einigkeit über die Unaufhebbarkeit der Kluft zwischen der Konzeption moralischer Tierrechte und dem grundrechtlichen Schutz der Tiere besteht, gibt es von anderer Seite Versuche, diese Kluft zu überbrücken. Der weitestgehende Vorstoß in diese Richtung kommt aus der politischen Philosophie und versteht sich als Korrektur und Fortentwicklung der moralphilosophischen Konzeption der Tierrechte. Die Autoren[21] teilen mit einem Ansatz wie demjenigen Regans die Vorstellung, dass grundsätzlich alle Wesen moralisch zählen, die ein subjektives Wohl haben. Dies muss aber, so die Argumentation, auch dazu füh-

21 Donaldson/Kymlicka 2011.

ren, dass ihnen unveräußerliche Grundrechte zuerkannt werden, wie sie den Menschenrechten entsprechen, insbesondere das Recht, nicht ausgebeutet und nicht vollständig instrumentalisiert zu werden. Zusätzlich müssen die verschiedenartigen Beziehungen beachtet werden, in denen Menschen und Tiere stehen. Ebenso wie Menschen innerhalb einer politischen Gemeinschaft nicht nur Grundrechte, sondern auch spezielle Bürgerrechte etwa der Partizipation haben, müssen auch diejenigen Tiere, die innerhalb unserer Gemeinschaft leben, Bürgerrechte erhalten; außerdem müssen ihre Interessen in politische Entscheidungen eingebracht werden.

Dieser mit vielen Details ausgeführte Vorschlag einer Zoopolis enthält in mancher Hinsicht plausible Anregungen, insbesondere was die Differenzierung der moralischen Tierrechte und den Hinweis auf die verschiedenartigen Beziehungsformen angeht, die auch verschiedene moralische Verhältnisse generieren. Das betrifft die Ausarbeitung des Inhalts des für die Tierethik am besten geeigneten moralischen Standpunkts. Hingegen fehlen Überlegungen zum Verhältnis von Moral und Recht ebenso wie eine genauere Untersuchung der menschlichen Motivationen, die ein solches an die moralischen Akteure höchste Ansprüche stellendes Unternehmen möglich machen könnten.

Da es mir hier nicht um eine von anderen Aspekten des Lebens losgelöste Utopie für den Inhalt einer Tierethik geht, sondern um eine Konzeption, die Inhalt, Form, Motivation der Moral ebenso wie ihre Einbettung in andere Zusammenhänge beachtet, werde ich in mehreren Schritten weitergehen: Zunächst werde ich den Kern einer für die Tiere geeigneten Moralkonzeption erläutern, für die wichtigsten inhaltlichen Bereiche und Beziehungsformen ausarbeiten und gleichzeitig fragen, ob und wie eine metaphysikfreie philosophische Tierethik zu einer Auseinandersetzung mit der im Alltag und Recht immer noch stark verankerten Wertmoral in der Lage ist (Kap. III). Sodann erläutere ich deren Realisierungsbedingungen in verschiedenen Anwendungsbereichen und nehme dabei im Fall der Tierversuche das Verhältnis von Moral und Recht wieder auf (Kap. IV). Schließlich werde ich die Einbettung der Moral in größere Lebenszusammenhänge betrachten und dabei auch auf die Zoopolis zurückkommen (Kap. V).

III. Vielfalt der Tiere – Einheit der Moral

Die Frage nach der Stellung der Tiere in der Moral ist nach wie vor unbeantwortet. Statt diese Frage direkt anzugehen, was, wie die Einleitung zeigt, nicht weiterhilft, werde ich im Sinn der Methodenüberlegung in Kapitel I einen weiteren Weg gehen: Wir brauchen zunächst eine geeignete allgemeine Kernidee mit einem begrifflichen Rahmen, der als Orientierungspunkt für das Weitere dienen kann (1.). Dieser Bereich soll dann, weil hier am meisten Einigkeit besteht, für den Bereich der moralischen Akteure ausformuliert werden (2.). Wenn Tiere in der Moral zählen, wird die Grundlage dafür zum einen in der Beschaffenheit der Tiere bzw. ihres Lebens oder Wohlbefindens liegen (3.), zum anderen in den Typen von Beziehungen, die zwischen ihnen und uns möglich sind (4.). Die so aufgefundenen Bereiche und Beziehungen müssen geordnet und für die Frage nach der Stellung der Tiere in der Moral ausgewertet werden (5.). Schließlich soll das Ergebnis mit der alltäglichen Wertmoral konfrontiert werden (6.).

1. Allgemeine moralphilosophische Überlegungen

Was die Konzeptualisierung des Tierschutzes angeht, stehen sich, wie wir gesehen haben, verschiedene Modelle gegenüber. Ich werde im folgenden brauchbare Aspekte der behandelten Theorien aufnehmen, wobei die Ausgangsbedingung sein wird, *keine* religiösen oder metaphysischen Wertannahmen in Anspruch zu nehmen. Denn wie sich im letzten Kapitel gezeigt hat, liefern diese keine für alle überzeugende Basis einer Tierethik. Insofern könnte man die Berufung auf einen gleichen Wert der Tiere, wie etwa bei Regan zu finden, sogar für kontraproduktiv halten, solange die alltäglich vorherrschende Wertüberzeugung immer noch die in der Einleitung dargestellte ist, die einen besonderen Wert des Menschen annimmt. Denn so steht Wertsetzung gegen Wertsetzung. Hingegen müsste eine Konzeption, die solche Überzeugungen nicht in Anspruch nimmt und eine Ebene tiefer ansetzt, für beide Seiten plausibel gemacht werden können.

Die konkreten Folgerungen aus einer solchen inhaltlichen Moralkonzeption könnten, was die Anforderungen an die moralischen Akteure angeht, allerdings auf diese Weise etwas schwächer sein. Denn zu einer *inhaltlichen* Moralauffassung gehört, wie wir gesehen haben (oben 15 f.), nicht nur die *Form* von Normen, Pflichten usw., sondern auf der Seite der Handelnden auch eine *motivationale* Einstellung. Da diese Einstellung innerhalb des guten Lebens der Person nur eine Einstellung neben anderen darstellt, da also dieselbe Person erstens noch andere Lebensorientierungen außer der Moral oder zweitens auch religiöse oder ähnliche Überzeugungen von der ausgezeichneten Existenzform des Menschen haben könnte, bleibt das Gewicht, welches die Rücksicht auf Tiere innerhalb dieser Moralkonzeption hat, offen. Darauf komme ich in Kap. V 1. zurück.

Form, Inhalt, Motivation

Wie können wir ohne Bezug auf Werte eine Moralkonzeption hinsichtlich der Aspekte Form, Inhalt und Motivation entwickeln?

Die zugehörige *inhaltliche* Konzeption lässt sich, darüber besteht weitgehend Einigkeit, ausgehend von der heute üblichen Konzeption einer Moral der universalen Rücksicht herleiten. »Universal« heißt, dass die Rücksicht, um Singers Argumente aufzunehmen, nicht durch moralisch irrelevante Gründe wie Hautfarbe, Geschlecht, Spezieszugehörigkeit beschränkt sein darf, vielmehr so weit reicht, wie Rücksicht überhaupt möglich ist. Und sie ist so weit möglich, wie Objekte oder Wesen nicht nur von menschlichen Handlungen affiziert werden, sondern dieses Affiziertwerden *subjektiv* erfahren und darunter leiden können. Es ist diese Ausdehnung auf der inhaltlichen Seite der Moral, mit der die konsequenten Verteidiger der Tiere meist argumentieren und die eine unmittelbare Plausibilität hat.

Auch auf der Seite der Handlungseinstellung liegt eine Einbeziehung der Tiere nahe, wobei sich allerdings unterschiedliche Sichtweisen finden. Die einfachste Erklärung begegnete uns in der Mitleidsmoral, denn das Mitleid bezieht sich seinem Sinn nach auf alle leidensfähigen Wesen. Aber auch die im Alltag gängige Wertmoral verfügt über mögliche fundierende Vorstellungen. So appelliert das deutsche Tierschutzgesetz an unsere »Verantwortung für das Tier als Mitgeschöpf« und knüpft damit an die alttestamentarische Vorstellung an, wo sich zwei Motive überschneiden: das Verantwortungsmotiv, weil der Mensch zum *Herrn* über die Tiere gesetzt ist, aber auch die Vorstellung vom »Mitgeschöpf«, welche Gleichheit nahelegt.[1] Eine säkularisierte Vorstellung dieser Art fanden wir bei Cora Diamond (oben 65), die Tiere als Mit-Lebewesen sieht. Das »Mit« hat bei ihr den Sinn, der in der Zusammensetzung »Mitmensch« vorkommt, womit jemand gemeint ist, der *auch ein Mensch* ist, d. h. jemand, der mit uns das menschliche Schicksal teilt und aus diesem Grund Gegenstand von Affekten wie Mitleid, Sympathie oder Solidaritätsgefühl sein kann. Entsprechend könnte man sagen, dass auch die anderen Tiere mit uns das Schicksal des Lebens teilen, dass sie wie wir geboren werden, leben und sterben, Wünsche und Bedürfnisse haben, Lust empfinden und leiden. Während die bloße Einstellung des Mitleids zu einer *gleichen* Stellung der Tiere passt, ist das für die anderen Einstellungen nicht eindeutig der Fall. Die selbstverständliche inhaltliche Ausdehnung, die keinen Anlass für einen unterschiedlichen Status von Mensch und Tier gibt, und die möglichen motivationalen Einstellungen führen also nicht von vornherein zu demselben Ergebnis. Über die Angemessenheit dieser Einstellungen lässt sich aber, wie wir im 4. Unterteil sehen werden, durchaus ein Stück weit diskutieren, weil sie den verschiedenartigen menschlichen Beziehungen zu Tieren entsprechen müssen.

Schwierig scheint die Beachtung der Tiere zunächst, was die Form der Moral angeht. Zur Form gehören Rechte, Pflichten, Normen usw. Diese Begriffe können, auch wenn zwischen Mensch und Tier teilweise durchaus wechselseitige Beziehungen bestehen, im eigentlichen Sinn nur von menschlichen Personen verstanden und verwendet werden. Denn Menschen sind nach unserem bisherigen Wissensstand die einzigen Tiere, die moralisch überlegen und han-

1 In der *Genesis* wird ein scharfer Schnitt zwischen Mensch und Tier auf der einen Seite und der übrigen Schöpfung auf der anderen Seite angenommen, und damit eine Kontinuität und Gemeinsamkeit zwischen Mensch und Tier. Nach der Vertreibung aus dem Paradies verstärkt sich die Gemeinsamkeit noch dadurch, dass Menschen und Tiere Schicksalsgefährten sind, weil Naturkatastrophen, mit denen Gott den Menschen bestraft, auch Leiden bei unschuldigen Tieren hervorrufen. Ausführlichere Hinweise finden sich in Landmann 1959.

deln können (auch wenn es in manchen Tierspezies Vorstufen von Moral in der Weise eines hoch entwickelten Sozialverhaltens gibt[2]). Dass die anderen Tiere nicht in der Lage sind, sich an der Moralität zu beteiligen, das heißt, nicht in der Lage sind, Pflichten zu übernehmen, wird sicher für einige Anwendungsbereiche Konsequenzen haben. Wenn wir aber den erweiterten Inhalt tatsächlich als *moralischen* verstehen wollen, muss er auch formal den Anforderungen an die Moral entsprechen, d.h. wir müssten Tieren wenn nicht Pflichten, so doch Rechte zusprechen können. Dass Rechte und Pflichten nicht deckungsgleich zu sein brauchen, ist schon daraus ersichtlich, dass wir auch kleinen Kindern und anderen Menschen, die fühlen und wollen können, aber keine Personen sind, Rechte zuschreiben.

Moralische Rechte

Nun ist der Begriff eines *moralischen* Rechts (im Unterschied zu dem eines juridischen Rechts) schon im Bereich der zwischenmenschlichen Moral strittig und seine Grundlage unklar.[3] Wenn kein fundierender objektiver Wert mehr im Spiel ist, sondern nur noch subjektiv Wünschenswertes, was verleiht dann den Individuen, die Träger von Interessen sind, einen moralischen Status, bzw. in welchem Sinn kann man ihnen dann noch ein moralisches *Recht* auf Anerkennung dieser Interessen zuschreiben? Und aus der umgekehrten Perspektive: Was *verpflichtet* uns dann noch, andere zu berücksichtigen?

Ohne Rückgriff auf Naturrechte oder metaphysische Werte lässt sich der Begriff eines moralischen Rechts am einfachsten funktionalistisch verstehen; auf diese Weise kann man ihn voraussetzungsfrei und außerdem möglichst breit verwenden. Ein moralisches Recht ist dann das, was die Moral Individuen verleiht:[4] Der Rechtsbegriff ist eine Abkürzung dafür, dass ein Wesen einen durch unser Normensystem begründeten Anspruch hat,[5] also aufgrund der moralischen Normen durch die moralischen Akteure so und so behandelt werden

2 Wie insbesondere de Waal 1989 herausstellt.

3 Die wichtigsten Begründungen menschlicher Naturrechte zählt Cohen auf in Cohen/Regan 2001, 32–34.

4 Tugendhat 1993, 346.

5 So formuliert Beauchamp 2011, 201 f.

muss bzw. so und so nicht behandelt werden darf. Ein moralisches Recht konstituiert sich demnach durch das, was Moral ist, nämlich Rücksicht auf Individuen, die subjektive Interessen und Bedürfnisse haben, die nach ihrem Guten streben. Der Rechtsbegriff bietet sich nicht nur als Abkürzung an, sondern er hat auch eine rhetorische Funktion in der öffentlichen Debatte.[6] Zum einen bringt er explizit zum Ausdruck, dass die Rücksicht auf Individuen nicht mit dem Gesamtnutzen verrechenbar ist, sondern gerade eine Grenze für gesellschaftliche Strategien der Nutzenmaximierung, aber auch für die Interessen anderer Individuen darstellt.[7] Zum anderen betont er die Verpflichtung auf Seiten der anderen. Zwar kann man ein moralisches Recht anders als ein legales Recht nicht *einklagen*, aber es ist doch etwas, das man *einfordern* kann, etwas, dessen Beachtung einem die anderen schuldig sind.[8]

Rechte definieren aus der Sicht der moralischen Akteure Schranken der Willkür, also Grenzen des Handelns. Aus der Perspektive der Objekte der Moral bestimmen sie Schutzzonen, die, wie Ronald Dworkin es ausdrückt, Trümpfe sind, welche Individuen geltend machen können, damit sie nicht dem Nutzen anderer oder der Allgemeinheit geopfert werden.[9] Solche Schutzzonen sind durchaus nicht absolut. So könnte man dem Individuum ein Recht auf ein Leben in freier Entfaltung seiner Fähigkeiten zuschreiben; aber dieses Recht ist begrenzt durch die gleichen Rechte aller anderen Individuen. Entscheidend ist, dass die Begrenzung nicht in einem Zweck- oder Nutzenargument liegen kann, sondern nur im Verweis auf ein gleichwertiges oder gewichtigeres Recht. (Ich lasse die Frage beiseite, wie Extrembeispiele zu beurteilen sind, in denen die Verletzung des Rechts eines einzigen Wesens die ganze Welt retten könnte.)

Wenn sich moralische Rechte in einem metaphysikfreien Verständnis nicht eigentlich begründen lassen, was *verpflichtet* uns dann aber letztlich, die Rechte anderer, und gerade auch solcher anderen, welche diese Rechte nicht selbst geltend machen können, zu achten? Der Pflichtbegriff ist innerhalb der moralischen Rede in Korrespondenz zum Rechtsbegriff durchaus sinnvoll und verständlich, auch wenn, wie sich zeigen wird, nicht jedem Recht eine Pflicht korres-

6 Sapontzis 1987, 83.
7 Tugendhat 1993, 337.
8 Tugendhat 1993, 348.
9 Dworkin 1977, dt. 1984, dort 433.

pondiert. Wie erläutert konstituieren Begriffe wie der der Norm, des Sollens oder der Pflicht die Form der Moral. Diese Form gehört zu jeder Moral, gleich welchen Inhalts. Fragen wir uns, was diese Form von der eines Rechtssystems unterscheidet, wo ähnliche Begriffe eine Rolle spielen, dann liegt das Kennzeichnende der Moral in der Art ihrer Verankerung in den Subjekten, also in der motivationalen Dimension, die eng mit der der Form zusammenhängt. Zur typisch moralischen Motivation gehören soziale oder auch religiöse Sanktionen (Reaktionen von Gunst oder Unwillen bei den Mitmenschen, Gewissen, Scham und Schuldgefühle, Bestätigung oder Schwächung des Selbstwerts usw.), altruistische Affekte wie Liebe, Mitleid, Mitgefühl, Sorge und auf das soziale Ganze bezogene Affekte wie Solidaritätsgefühl oder Gemeinschaftsgefühl, wobei diese Affekte sich zu moralischen Einstellungen, zu Tugenden verfestigen.[10] Für aufgeklärte und an Selbstbestimmung interessierte Subjekte muss man einen Primat der positiven Gefühle zugunsten des anderen Individuums (Mitleid, Sorge, Freundschaft usw.) und der Gemeinschaft (Solidaritätsgefühl u. ä.) vor den negativen Gefühlen der Angst vor Sanktionen annehmen; denn nur dann, wenn man das Wohlbefinden der anderen und das Gedeihen der Gemeinschaft wünscht, wird die Moral zu etwas, was man in das eigene Selbstverständnis aufnehmen kann.[11]

Nach dieser Vorklärung können wir jetzt zur Frage zurückkehren, ob und wie sich der Begriff des moralischen Rechts auf Tiere anwenden lässt.

Moralische Rechte für Tiere?

Als Adressaten, als Subjekte oder Akteure, die moralische Normen befolgen können und sollen, kommen wie gesagt nur Wesen mit der Fähigkeit in Frage, moralische Sätze zu verstehen und im Handeln umzusetzen. Doch der Kreis der Objekte der Moral, also derjenigen Wesen, die unter den Schutz der moralischen Normen fallen, reicht so weit, wie die Normen ihrem Inhalt nach anwendbar sind. Aber drehen wir uns jetzt nicht im Kreis? Denn müssen wir, um die In-

10 Diese Beschreibung stützt sich auf Mill 1962, Kap.3.
11 Siehe dazu Wolf, U. 1999.

halte der Moral bestimmen zu können, nicht vorher wissen, *was* es ist, worauf sich moralische Rücksicht bezieht?

Was die moralischen Normen vorschreiben bzw. die moralischen Akteure im Charakter internalisiert haben, also der Inhalt der Moral, kann in verschiedenen Gesellschaften verschieden sein. Viele philosophische Konzeptionen begehen aber den Kurzschluss, die Form ohne Einbeziehung des motivationalen Aspekts zu betrachten und aus dieser reduzierten Form auf den Inhalt der Moral zu schließen. So argumentiert eine Reihe von Autoren, die Moral im engeren Sinn sei nicht auf Tiere anwendbar, weil diese das Gerüst von Rechten und Pflichten weder verstehen noch sich handelnd daran beteiligen können.[12] Doch ein solches Gerüst kann schon zwischen Menschen allenfalls ein Zwangsrecht konstituieren, und nicht ein Moralsystem. Letzteres ist, wenn wir nicht auf metaphysische Werte zurückgreifen wollen, nur dadurch möglich, dass uns positiv am anderen und an der Gemeinschaft liegen kann. Der Kern dafür ist, wie Aristoteles erklärt, die Freundschaft, und ein Freund ist jemand, dem man um seiner selbst willen das Gute wünscht, dem man wünscht, dass es ihm in seinem Leben gut geht.[13] Diesen fundamentalen Sinn hat auch das Mitleid bei Schopenhauer, wenn er sagt, dass es uns im Mitleid um das Wohl und Wehe eines anderen Wesens geht.[14]

Dass es jemandem in seinem Leben gut geht, heißt aber schon beim Menschen nicht *nur*, dass er als Moralsubjekt bzw. moralischer Akteur geachtet wird, sondern ebenso, dass es ihm in den anderen wichtigen Aspekten seines Lebens gut geht. Nicht jede moralische Verletzung einer Person ist letztlich eine Missachtung oder Kränkung. Der Inhalt der moralischen Rücksicht muss sich auf *alle* diese Aspekte beziehen und kann nicht auf denjenigen Teilbereich des Wohlbefindens beschränkt bleiben, in dem wir moralische Akteure sind. Wenn die Moral sich inhaltlich nicht nur auf den Aspekt der Achtung als Moralwesen, sondern ebenso auf andere Lebensbereiche bezieht, die sich teilweise auch bei Tieren finden, dann gibt es ohne Vorurteile auch auf der *inhaltlichen* Seite der Moral keinen Grund gegen eine Ausdehnung. Die moralische Rücksicht muss

12 Tugendhat 1993, 187. Die Frage der Anwendbarkeit des Rechtsbegriffs auf Tiere wird diskutiert u. a. in Regan/Singer 1976, IV. Gegen die Rede von Tierrechten argumentieren Frey 1980, Cohen in Cohen/Regan 2001.

13 Aristoteles, Nikomachische Ethik VIII 2.

14 Schopenhauer 1988, 562, 564.

dann so weit reichen, wie sie reichen kann. Auf Steine kann man keine Rücksicht nehmen, weil es ihnen nichts ausmacht, wie man sie behandelt. Rücksicht nehmen kann man auf alle Wesen, denen dies etwas ausmacht, d. h. die fühlen und leiden können, anders gesagt, die ein (subjektives) Wohlbefinden haben. Und das sind neben »normal« entwickelten erwachsenen Menschen auch Kleinkinder, geistig Behinderte und Tiere. Allen diesen Wesen können wir moralische Rechte im oben erläuterten Sinn zuschreiben.

Dass Wesen mit Fähigkeiten, durch die es ihnen subjektiv gut oder schlecht gehen kann, moralische Rechte haben, wird nun häufig so verstanden, als würden diese Fähigkeiten ihnen einen *besonderen Status* verleihen, das heißt, sie in irgendeinem Sinn wertvoll machen. Das kommt der Vorstellung von Naturrechten verdächtig nahe. In Wirklichkeit handelt es sich bei den genannten Merkmalen um gewöhnliche empirische Fähigkeiten, die dafür bestimmend sind, dass ein Wesen bzw. sein Wohlbefinden sinnvollerweise Gegenstand von Beachtung sein kann, oder anders gesagt, die seine Zugehörigkeit zu den Objekten der Moral ausmachen.

Die heute im Fokus der Tierethikdebatte stehende Frage, ob Tiere den *gleichen* moralischen Status haben wie Menschen oder einen schwächeren, sollte man nach dem Gesagten daher besser in eine andere übersetzen: wie verschiedene moralische Normen, die wir alle unterschreiben, zu gewichten sind, wo ein Konflikt auftritt; ob wir dabei mit *heterogenen* Quellen der Moral zu rechnen haben, die durch die Verschiedenheit ihrer Inhalte in unauflösliche Konflikte geraten können, oder nur mit der Auseinanderlegung *eines* moralischen Standpunkts in Handlungsnormen für verschiedene Lebensbereiche, die unter ungünstigen Umständen oder aufgrund der Begrenztheit unserer Möglichkeiten manchmal nicht zugleich erfüllbar sind.

Um den *Inhalt* der moralischen Rechte der Tiere zu klären, müssen wir also den Kern der vorgeschlagenen Moralkonzeption weiter artikulieren, indem wir die Grundbereiche des Wohlbefindens bei Menschen und Tieren bestimmen. Und wir müssen sodann auf der Seite der moralischen *Form* untersuchen, auf welche Weise die verschiedenartigen Beziehungen zwischen Menschen und Tieren zu verschiedenartigen Verpflichtungen für uns als moralische Akteure Anlass geben.

Dabei sollte man für die Ausarbeitung der Bereiche grundlegender moralischer Normen oder Rechte darauf achten, dass der Leidensbegriff nicht mit den üblichen Verkürzungen und Verengungen verwendet wird, d. h. nicht so, dass er sich nur auf punktuelle Schmerzgefühle oder andere isolierte Leidenszustände bezieht. Einzelne subjektive Leidenserfahrungen stehen nicht für sich, sondern bedeuten eine Minderung des Wohlbefindens. Das zeigt sich daran, dass sie erinnert werden und dass sie Auswirkungen auf das Wollen und Handeln haben können. Auch das affektive Mitleiden[15] mit solchen punktuellen Leidensvorkommnissen ist nur vor dem Hintergrund verständlich, dass es mir, mit Schopenhauer geredet, um das »Wohl und Wehe« des anderen Wesens geht; dass ich vom Leiden eines anderen Wesens in meinem Wohlbefinden betroffen bin, impliziert, dass mir daran liegt, dass es ihm gutgeht. Man könnte daher die inhaltliche Konzeption statt durch den Leidensbegriff grundsätzlicher auch so fassen, dass sie in der Rücksicht auf Wesen besteht, insofern es ihnen gut oder schlecht gehen kann bzw. insofern sie nach ihrem guten Leben (Wohlbefinden) streben. Um auch positive Pflichten einbeziehen zu können, sollte man außerdem die übliche Bezeichnung des Inhalts der universalistischen Moral als »*Rücksicht* auf das Wohlbefinden eines jeden (Wesens, das auf sein Wohlbefinden ausgerichtet ist)« ersetzen durch »*Beachtung* des Wohlbefindens eines jeden ...«. Diese korrekte ausführliche Formulierung wird im folgenden durch Abkürzungen wie »Beachtung des Wohlbefindens jedes fühlenden Wesens« o. ä. ersetzt. »Wohlbefinden« wird im folgenden als Terminus für »subjektives Wohl« oder »gutes Leben (Glück)« verwendet, wobei letzteres eher bei Menschen gebräuchlich ist (wo ich den Ausdruck ab und zu benutzen werde).

2. Bereiche des Wohlbefindens bei Personen

Wenn es in der Moral um die Beachtung von Wesen als solchen geht, die nach ihrem Wohlbefinden oder guten Leben streben, dann könnte man befürchten, dass sich hieraus überhaupt keine allgemei-

15 Das Mitleid als Affekt basiert wie alle Affekte auf einer Meinung, auf die es reagiert, eben der Meinung, dass ein bestimmtes Wesen unter etwas leidet. Das setzt eine Vorstellung davon voraus, dass es sich um ein Wesen handelt, dem es gut oder schlecht gehen kann. Daneben kann man sich auch eine Art unmittelbares Mitleiden durch Ansteckung vorstellen, das eine solche Struktur nicht unbedingt erfordert.

nen inhaltlichen moralischen Rechte ableiten lassen; insbesondere scheint das schwierig bei Personen, insofern diese ganz verschiedene Vorstellungen von dem für sie guten Leben haben können. Um Grundbedingungen des Wohlbefindens zu benennen, braucht man jedoch keine gemeinsame inhaltliche Vorstellung. Denn es lassen sich einige grundlegende negative Bedingungen formulieren, die jedes Glücksstreben behindern oder verunmöglichen, gleichgültig welche Lebenskonzeption man hat bzw. worin man das Glück inhaltlich sieht. Diese Bedingungen machen die Formen eines Leidens aus, das man als elementares Leiden bezeichnen könnte. Ihnen entspricht das, was man als die moralischen Grundrechte von Personen ansieht: Sie korrespondieren denjenigen negativen Bedingungen, die durch menschliches Handeln verursacht ebenso wie beseitigt werden können.

Genau genommen müsste man an dieser Stelle eine einigermaßen detaillierte und systematische Beschreibung der Struktur des Personseins entwickeln, der sich diese Bedingungen entnehmen lassen. Ich will mich hier damit begnügen, die wichtigsten Grundaspekte zu nennen, die unstrittig sein dürften und sich empirisch stützen lassen. Man könnte zwei große Gruppen von Bedingungen unterscheiden, erstens Bedingungen im Sinn von Vorbedingungen oder Voraussetzungen. Zweitens Bedingungen im Sinn unverzichtbarer Bestandteile. Zu den Vorbedingungen des guten Lebens als Person gehört sicher: dass man am Leben ist; dass man über ein Minimum an physischen, emotionalen und intellektuellen Fähigkeiten verfügt; dass man mit einem Minimum an Nahrung und sonstigen materiellen Gütern ausgestattet ist. Dem entspräche ein Recht auf Leben, auf physische und psychische Unversehrtheit, auf hinreichende materielle Bedingungen. Diesen Rechten entsprechen allerdings nicht immer individuelle Verpflichtungen.[16] Zum Beispiel: Eine arme Person hat ein Recht auf Unterstützung; aber sie hat dieses Recht nicht gegenüber einer konkreten anderen Person, sondern gegenüber der Allgemeinheit. Umgekehrt: Wir haben als Individuen eine gewisse Verpflichtung zur Mildtätigkeit, ohne dass deswegen eine bestimmte mildtätige Organisation ein Recht darauf hätte, dass wir gerade ihr spenden. Die Frage, wie sich dann Rechte und Pflichten genauer zu einander verhalten, wird Thema in Kapitel V sein. Vorläufig können wir die Moral im Hinblick auf individuelle Verpflichtungen so

16 So auch Regan 1984, 272f.

charakterisieren, dass sie die Gegebenheit der Vorbedingungen des Wohlbefindens unterstellt und allenfalls damit rechnet, dass sie in bestimmten Notsituationen abhanden kommen können. Es ergeben sich dann im wesentlichen negative Verpflichtungen, etwa: nicht zu töten; nicht zu verletzen; nicht die materiellen Lebensbedingungen zu nehmen; und zusätzlich eine schwache Verpflichtung zur Hilfe in Notfällen.

Zu einer zweiten Gruppe von Rechten kommt man, wenn man fragt, welches die Grundbestandteile sind, die jede Person zu einem guten Leben, zu ihrem Wohlbefinden rechnen würde.[17] Geht man von einem möglichst anspruchslosen und inhaltsleeren Glücksbegriff aus, dann werden hier üblicherweise zwei Dinge genannt: Erstens auf der aktiv-handelnden Seite des Lebens die Erreichung von Zielen, das Ausüben sinnvoller Tätigkeiten, Freiheit und Selbstbestimmung. Zweitens auf der passiv-erlebenden Seite des Lebens angenehme Gefühle und positive Erfahrungen, Lust, Wohlbefinden. Der erste und der zweite Aspekt hängen natürlich zusammen, sofern die Behinderung von Tätigkeiten negative Affekte auslöst. Zusätzlich wäre drittens zu nennen: befriedigende soziale Beziehungen, Freundschaft und Anerkennung. Dieser dritte Punkt steht nicht neben den ersten beiden, sondern überlagert sie. Ich führe ihn getrennt auf, weil er hinzukommen kann oder auch nicht, d. h. weil nicht alle Wünsche von Personen wesentlich eine soziale Dimension haben.

Die moralischen Rechte, die man jeweils zuordnen könnte, sind dementsprechend: Freiheitsrechte (zu 1.); ein Recht, dass einem kein Leiden im engeren Sinn der Verursachung negativer Erfahrungen zugefügt wird (zu 2.); ein Recht auf Anerkennung (zu 3.). Die entsprechenden Verpflichtungen sind, insbesondere unter 1. und 2., unbestimmter als die der ersten Gruppe. Schon dort gilt, dass wir unterscheiden müssen zwischen generellen Verpflichtungen und konkreten Verpflichtungen in einer jeweiligen Situation. Die Verpflichtung, andere nicht zu töten, ist eine generelle Verpflichtung. Sie besteht *prima facie,* kann aber nach üblicher Vorstellung in Ausnahmesituationen aufgehoben sein, z. B. in Notwehrsituationen. Bei der Verpflichtung, andere nicht in ihren Freiheitsspielräumen zu

17 Im Unterschied zu Nussbaum (s. o. 52), die Fähigkeiten, welche empirisch für ein gutes Leben erforderlich scheinen, einfach sammelt und aufzählt, wird hier versucht, wenige Grundbereiche des Lebens systematisch aus der Lebensform zu gewinnnen.

beschränken oder ihnen kein Leiden zu verursachen, erscheint jedoch die Formulierung, es handle sich dabei um *prima facie*-Verpflichtungen, eher noch zu stark. Denn sie sind nicht nur in ganz besonderen Situationen aufgehoben. Wir nehmen ständig und unvermeidlich anderen Personen Handlungschancen, wenn wir nicht darauf verzichten, selbst zu handeln, und wir verursachen ebenso unvermeidlich anderen Personen negative Erfahrungen, es sei denn wir richten uns in allem nach ihren Wünschen.

Dieser Punkt wird sich bei der Anwendung der Moral auf Tiere als wichtig erweisen und soll daher hier schon vorläufig erläutert werden. Was die Verpflichtung betrifft, nicht in die Freiheit anderer einzugreifen, so ergibt sich ihre Schwäche daraus, dass *alle* Personen Freiheitsrechte haben, die zusammen bestehen müssen. Dass keine Person handeln kann, ohne beständig in die Spielräume anderer einzugreifen, ist allerdings unproblematisch, wenn man den Bezugspunkt der moralischen Beachtung im Auge behält. Dieser bestand in der Sicherung der *Möglichkeits*bedingungen eines guten Lebens. Eine Grundbedingung dafür, dass eine Person ein solches Leben realisieren kann, ist, dass sie *hinreichende* Spielräume der Betätigung hat, innerhalb derer sie Dinge tun kann, die sie für sinnvoll und wichtig hält. Da es hier eine große Bandbreite an Möglichkeiten gibt, besteht jedoch kein Grund, warum dieser Spielraum beliebig groß sein müsste, und folglich auch kein solches Recht. Das Recht auf Freiheit würde erst dann verletzt, wenn der Person *keine* Möglichkeit sinnvoller Betätigung bleibt.[18] Diese Folge haben die unvermeidlichen wechselseitigen Beschränkungen der Handlungsspielräume nicht. Was die Zufügung von Leiden angeht, kann man ähnlich sagen, dass es ein Leben ohne negative Erfahrungen ohnehin nicht gibt, und man kann auch hier leicht benennen, welche Leidenszufügungen moralisches Unrecht bedeuten und für welche das nicht einmal *prima facie* gilt. Personen müssen, um ein sinnvolles eigenes Leben zu führen, anderen sicherlich nicht physische Schmerzen, Todesangst etc. zufügen. Hingegen lässt es sich nicht vermeiden, dass sie anderen Enttäuschung, Trauer, Ärger u. ä. verursachen.

Obwohl ich von keiner bestimmten Konzeption des guten Lebens Gebrauch mache, sondern nur notwendige Bedingungen angebe, könnte man schon hiergegen einwenden, dass diese Überlegung nicht allgemein zutrifft. Es gibt Personen, die nicht leben

18 Dazu Dworkin 1984, Kap. 12.

wollen, sondern ihrem Leben ein Ende machen. Es gibt Personen, die aufgrund asketischer Ideale auf lustvolle Erfahrungen verzichten. Es gibt Personen, die aus diesem oder jenem Motiv freiwillig hungern. Das ist sicher richtig, es spricht jedoch nicht gegen mein Vorgehen. Die Aussagen, die ich gemacht habe, sind empirische Aussagen darüber, was Personen gewöhnlich als Teil ihres guten Lebens wollen; das heißt, dass sie *prima facie* entsprechende Rechte haben. Dass jemand aus besonderen Motiven auf ein solches Recht verzichten kann, ist unbestritten; in diesem Fall bestehen dann auch keine Verpflichtungen von der Seite der anderen.

Ein echtes Problem für ein solches Vorgehen bildet erst das Faktum moralischer Konflikte. Zwar gibt es auch hier einfache Fälle. So würde vermutlich – trotz Kant – kaum jemand bestreiten, dass es richtig ist, eine Person zu belügen, wenn man dadurch einer anderen Person das Leben retten kann, und das heißt, dass ein einmaliges Belogenwerden sicher weniger schlimm ist als der Verlust des Lebens. Hingegen wird die Antwort unklar, wenn auf beiden Seiten ungefähr gleich gewichtige Rechte oder Verpflichtungen stehen oder solche Rechte, über deren Gewichtung wir hier und heute keine gemeinsamen Einschätzungen haben. Da mein Thema nicht moralische Konflikte im allgemeinen sind, werde ich hierauf jetzt nicht systematisch eingehen, sondern mich erst dort mit diesem Problem befassen, wo es im Kontext moralischer Rechte von Tieren auftritt.

Letztlich lässt sich auch die Frage, wo moralischen Rechten persönliche Verpflichtungen entsprechen, dem Gewichtungsproblem zurechnen. Die Antwort, die bereits angedeutet wurde (oben 83), lautet, dass die Erfüllung der Verpflichtung für die Person zumutbar sein muss. Der Bezugspunkt der Zumutbarkeit ist derselbe wie der der Rechte. Moralische Akteure sind selbst zugleich moralische Objekte, und das heißt: Der Verzicht auf eigenes Wollen, den die Berücksichtigung anderer bedeutet, darf nicht schwerwiegender sein als die Folgen, die sich für die anderen ergeben, wenn sie in ihrem Streben nach ihrem Wohlbefinden nicht beachtet werden. Welche Grenze für Verpflichtungen das konkret bedeutet, ist eine Einschätzungsfrage, auf die es verschiedene Antworten gibt. Die Moral individueller Rechte setzt mit der Betonung negativer Verpflichtungen die Grenze eher niedrig an. Ich werde im folgenden nicht zuletzt aus argumentationsstrategischen Gründen von dieser niedrigen Grenzziehung ausgehen, weil moralische Verpflichtungen gegenüber Tieren dann am schwersten abweisbar sind, wenn sie sich bereits aus einer möglichst niedrigen Grenze der Zumutbarkeit ergeben. Zunächst sollen aber mit Bezug auf Tiere nur diejenigen Bereiche des Wohlbefindens erläutert werden, aus denen sich moralische Rechte ergeben. Die Frage der menschlichen Verpflichtungen wird erst im Zusammenhang der Beziehungsformen aufgenommen.

3. Bereiche des Wohlbefindens bei Tieren

Nach den bisherigen Erläuterungen gehören zu den Voraussetzungen des Wohlbefindens das Leben selbst sowie die Ausstattung mit Lebensmitteln und der Besitz von physischen, emotionalen und intellektuellen Fähigkeiten; zu den Grundbedingungen positive Erfahrungen, Betätigungsmöglichkeit, soziale Beziehungen. Während bei Personen ein gewisses Problem darin bestand, dass sie exzentrische Wünsche haben können, z. B. das Streben nach Angenehmem ablehnen können, ist die Bestimmung des Wohlbefindens von Tieren insofern einfacher, als hier keine solchen Ausnahmen zu erwarten sind und wir daher leichter empirische Verallgemeinerungen machen können.

Unter den Vorbedingungen des Wohlbefindens klammere ich das Weiterleben vorläufig aus; die Frage, ob Tiere ein Lebensrecht haben, wirft spezielle Probleme auf und soll im nächsten Kapitel gesondert behandelt werden. Was die nötigen materiellen Lebensbedingungen angeht, so mangelt es z. B. Versuchstieren und industriell genutzten Tieren sicher kaum an Nahrung oder Behausung. Freilebende Tiere könnten an einem solchen Mangel als Folge menschlicher Lebensstrukturen leiden. Dann bleibt auf der Seite der Vorbedingungen die Unversehrtheit in den Fähigkeiten oder, allgemeiner formuliert, die Gesundheit und Funktionsfähigkeit des Organismus. Dass intensive Tierhaltung und Tierversuche diese Bedingung verletzen, scheint klar; fragen könnte man, ob das unbedingt subjektives Leiden bedeuten muss. Es gibt sicher objektiv feststellbare Beeinträchtigungen der Gesundheit, die nicht subjektiv erfahren werden. Das ist jedoch eher die Ausnahme; im allgemeinen sind Krankheiten und Verletzungen mit physischem Leiden verbunden, das sich am Ausdrucksverhalten und sonstigem Verhalten erkennen lässt.

Nach den Voraussetzungen jetzt zu den Grundbestandteilen des Wohlbefindens, zunächst zum passiven Wohlbefinden: Viele Tiere können wie erläutert subjektiv leiden. Zu solchem subjektiven Leiden gehört von vornherein, dass es sich nicht um punktuelle Zustände handelt; vielmehr stehen Leidenserfahrungen im Kontext des Wohlbefindens im ganzen. Schon weniger entwickelte Tiere lernen durch Erfahrung. Höhere Tiere erinnern sich lange an solche Erfahrungen, sie versuchen ihre Ursache zu beseitigen, sie vermeiden in der Zukunft Situationen, in denen ähnliche Erfahrungen zu erwarten sind, und sie zeigen Angst, wo sie solchen Situationen nicht entgehen können. Darin liegen zugleich die Kriterien, an denen sich das Vorliegen subjektiven Leidens erkennen lässt.

Auch was den zweiten Grundbestandteil des Wohlbefindens, die Möglichkeit befriedigender Betätigungen betrifft, sind Tiere ohne weiteres Gegenstände der Moral. Tiere leiden darunter, wenn man sie auf engem Raum einsperrt und sie sich nicht bewegen können.[19] Bei den überfütterten und abgestumpften Tieren in der Massenhaltung mag dieses Leiden etwas weniger intensiv sein; es wird andererseits dadurch erhöht, dass sie nicht nur wenig, sondern oft praktisch gar keine Bewegungsmöglichkeit haben. Das Leiden lässt sich hier manchmal eher indirekt feststellen, z. B. an Symptomen von Stress oder Ersatzhandlungen und Leerlaufhandlungen, die Langeweile zum Ausdruck bringen. Die Tiere in den Versuchslaboratorien können sich zwar immerhin bewegen, aber auch sie sind auf einen relativ kleinen Raum beschränkt und haben oft wenig Möglichkeit der Betätigung.

Die dritte Dimension des Wohlbefindens, die soziale Seite, liegt bei Tieren ebenfalls vor, wenngleich sicher in anderer Form als bei Personen. Viele Tiere leben in sozialen Verbänden. Viele Tiere ziehen ihre Jungen auf und leiden darunter, wenn man sie ihnen wegnimmt. Schon in der traditionellen Tierhaltung trennt man Milchkühe möglichst früh von ihren Kälbern. Was die Massentierhaltung angeht, so könnte man meinen, hier fänden soziale Beziehungen statt, weil ja gerade viele Tiere einer Art zusammen sind. Doch die Tiere sind entweder isoliert voneinander in Einzelboxen untergebracht oder in so großer Zahl auf so engem Raum zusammengepfercht, dass sie nicht die üblichen Sozialstrukturen aufbauen können, sondern höchstens negatives Sozialverhalten zeigen. Tiere aber, die durchgängig der sozialen Beziehungen beraubt sind, können kein im großen und ganzen befriedigendes Leben haben. Die menschlichen Praktiken der Tiernutzung würden also auch hier gegen die moralischen Rechte der

19 Dazu ausführlich DeGrazia 2011.

Tiere verstoßen. Beim vorzeitigen Wegnehmen der Jungen könnte man allenfalls überlegen, ob dies ein *vorübergehendes* Leiden bedeutet, welches nicht das Wohlbefinden im ganzen verhindert.

Was eindeutig gegen die Moral verstößt, ist die *durchgängige* Verhinderung des Wohlbefindens. Der entscheidende Bezugspunkt der moralischen Zulässigkeit ist das Wohlbefinden oder gute Leben, nicht punktuelle Zustände von Lust und Unlust. Das soll nicht heißen, dass die Zufügung von einzelnem Leiden kein Problem wäre. Gerade wenn man Leidenserfahrungen nicht isoliert, sondern als Bestandteil des Lebens im ganzen sieht, der erinnert wird und sich auf das künftige Verhalten auswirkt, bedeutet jedes Leiden eine Minderung des Wohlbefindens.

Es wurde jetzt aufgewiesen, in welcher Form sich die Bereiche des Wohls bzw. Typen moralischer Rechte, die Menschen zukommen, auch bei Tieren finden. Nicht alle diese Rechte sind auch auf Tiere anwendbar. Es zeigte sich aber bisher keinerlei Grund, warum solche Rechte, die ohne weiteres auch auf Tiere anwendbar sind, dort einen anderen Sinn haben sollten als beim Menschen. Wie im Zusammenhang der zwischenmenschlichen Moral angedeutet, entsprechen moralischen Rechten allerdings nicht immer individuelle Verpflichtungen. Um das Vorliegen von Verpflichtungen zu klären, müssen wir jetzt sehen, in welchen Beziehungen Menschen und Tiere stehen und welche Handlungsanforderungen an moralische Akteure darin impliziert sind.[20] Dabei beschränke ich mich in diesem Kapitel auf die Benennung von Typen von Rechten und Pflichten.

4. Die ethischen Dimensionen der Mensch-Tier-Beziehung

Wie am Anfang des Kapitels erläutert, gibt es verschiedene Grundmodelle, nach denen die Mensch-Tier-Beziehung konzeptualisiert wird. Die beiden wichtigsten waren die von der Verantwortung des Menschen für das Tier und die vom Mitgeschöpf oder Mitlebewesen. Diese werden im folgenden als Folie genommen, um Beziehungen zu charakterisieren. Man kann zunächst grob zwischen zwei Grundformen der Mensch-Tier-Beziehung unterscheiden, einerseits Tiere

20 Dass für die Bestimmung unserer Verpflichtungen nicht nur die Fähigkeiten von Tieren eine Rolle spielen, sondern ebenso die Art der Beziehung, in der wir zu ihnen stehen, betont auch Palmer 2011.

in der menschlichen Gemeinschaft, andererseits Mensch und Tier in der Natur.[21]

Tiere in der menschlichen Gemeinschaft

Da manchmal gesagt wird, das Leben im menschlichen Kontext entspreche nicht der »Natur« der Tiere oder sei nicht »artgerecht«, stellt sich hier die Vorfrage, ob unter ethischen Gesichtspunkten nicht die ganze Domestizierung von Tieren ein Irrweg war. Doch es gab Tiere wie den Wolf bzw. Hund, die sich in gewisser Weise freiwillig dem Menschen angeschlossen haben. Aber auch für die anderen Tiere gilt, dass das Leben in der menschlichen Gemeinschaft nicht unbedingt Leiden zu bedeuten braucht. Der Einwand, domestizierte Tiere könnten nicht »artgerecht« leben, krankt daran, dass der Begriff der »artgerechten« Haltung wenig präzisen Inhalt hat. Denn gerade die hoch entwickelten Tiere, welche die Mehrzahl unserer Nutztiere ausmachen, sind von Natur aus nicht auf genau eine Weise der Betätigung festgelegt. Sie sind vielmehr flexibel und lernfähig, verfügen über eine große Bandbreite von Verhaltensmöglichkeiten und können sich auch in der Natur an wechselnde Bedingungen anpassen. Für eine Nutzung, die nicht moralisch bedenklich ist, würde sich vielleicht folgendes Kriterium nahelegen: dass das, was die Tiere für oder mit uns tun, von ihnen nach einiger Zeit der Abrichtung aus Gewohnheit getan wird, ohne dass immer wieder neuer Zwang erforderlich ist. Natürlich wird im Training gewisses Leiden zugefügt, um bestimmte Verhaltensweisen zu bewirken. Aber wenn dieses Leiden geringfügig und zeitlich begrenzt ist, könnte man es für akzeptabel halten, denn schließlich werden auch Menschenkinder mittels negativer Reaktionen sozialisiert, und die Tiere würden in ihrer natürlichen Umgebung ebenfalls auf diese Weise lernen.

(a) Gefährten. Das erste Tier, das sich dem Menschen zugesellte und die Idee der Nutzung von Tieren aufkommen ließ, war vermutlich der Wolf bzw. Hund;[22] er gehört zu denjenigen Tieren, die als Ge-

21 Anders als Donaldson/Kymlicka 2011 behandle ich die sogenannten Kulturfolger nicht als dritte Klasse, sondern subsumiere sie unter die freilebenden Tiere.

22 Siehe Dinzelbacher 2000, I.

fährten oder als Helfer mit dem Menschen zusammenleben oder mit ihm zusammenarbeiten. Dabei liegt beim Zusammenleben mit Tiergefährten auf der menschlichen Seite kein Motiv eines Nutzens (über das Zusammensein selbst hinaus) vor, während gegenüber Helfer-Tieren (z.B. Diensthunden, Lawinenhunden) die Erwartung eines Nutzens eine Rolle spielt. Ich werde aber der Einfachheit halber »Tiergefährten« als Oberbegriff für beides verwenden.

Tiergefährten sind wie alle domestizierten Tiere nicht in der Lage, für sich selbst zu sorgen. Gegenüber diesen Tieren bzw. gegenüber ihren heutigen Nachkommen ist moralisch mehr gefordert als das, was die Moral der Beachtung des Wohlbefindens verlangt, die auf die Beziehungen zwischen erwachsenen selbständigen Wesen zugeschnitten ist und die negativen Pflichten betont. Diese Vorstellung greift schon im menschlichen Bereich zu kurz, wo es um das Verhalten zu Kindern und anderen Menschen geht, die nicht für sich selbst sorgen können. Schon dort muss die Moral der wechselseitigen Rücksicht ergänzt werden durch eine Moral der Fürsorge für abhängige bzw. unselbständige Menschen.[23] Entsprechend übernimmt, wer ein Tier anschafft, diesem Tier gegenüber eine Verpflichtung der Fürsorge.

Die Verpflichtungen gegenüber Tiergefährten gehen jedoch über die Pflicht der Gewährung einer Grundversorgung weit hinaus. Mit solchen Tieren ist in großem Maß eine Verständigung möglich, was damit zusammenhängt, dass der Mensch für sie offenbar als ein möglicher Sozialpartner in Frage kommt.[24] Hunde und Katzen können die Rolle von wenn auch ungleichen Lebensgefährten oder Freunden einnehmen. Die moralische Problematik gegenüber Tiergefährten ist insofern derjenigen gegenüber erwachsenen menschlichen Freunden und Partnern vergleichbar, mit dem Unterschied, dass zwischen letzteren, da sie für sich selbst sorgen können, Fürsorgepflichten nur bei Krankheit und in anderen Ausnahmesituationen eine Rolle spielen. Was hier die Moral ausmacht, sind sogenannte spezielle Verpflichtungen, die in persönlichen Bindungen als Folge einer engen Interaktion entstehen. Solche Interaktionen erzeugen berechtigte Erwartungen, die nicht durch Leistung und Gegenleistung entstehen, sondern aus einem geteilten Leben, aus Koopera-

23 Dazu MacIntyre 1999.

24 Darauf verweist auch Leist 2005, 179. Für eine gründliche Ausarbeitung unserer Beziehung zu Tiergefährten siehe Bok 2011.

tion und Interaktion hervor gehen. Zwar können Tiere nicht im menschlichen Sinn moralisch handeln, also nicht ihrerseits spezielle moralische Verpflichtungen gegen uns wahrnehmen. Aber Tiere haben ein geregeltes Sozialverhalten und erlernen im Zusammenleben mit Menschen bestimmte Spielregeln. Sie entwickeln so ein gewisses Verständnis davon, was sie dürfen und was sie nicht dürfen, und eine rudimentäre Vorstellung von Rechten und Pflichten.[25] So kann ein Tier aus Gewohnheit erwarten, dass man es beachtet und lobt, mit ihm spielt und es streichelt.

Im Fall der Tiergefährten, zu denen die stärkste Beziehung besteht, die zwischen Mensch und Tier vorkommt, ist somit die Vorstellung vom Tier als Mitlebewesen zu weit und unbestimmt. Natürlich gilt der Kern der Moral, der in den negativen Pflichten besteht, auch hier: das Wohlbefinden nicht durch Leidenszufügung und Einschränkung der Betätigungsmöglichkeiten zu verhindern. Zweitens bestehen die Fürsorgepflichten, die gegen alle abhängigen fühlenden Wesen gelten (füttern, Unterkunft gewähren usw.). Drittens aber müssen die speziellen Verpflichtungen beachtet werden, die aus den Erwartungen entstehen, die wir durch die Interaktion mit Tiergefährten erzeugen. Auf die naheliegende Frage nach dem Verhältnis von Fürsorgepflichten zu speziellen Verpflichtungen komme ich zurück (105).

(b) Nutztiere. Als Nutztiere werden insbesondere diejenigen Tiere gehalten, die zur Nahrungsgewinnung dienen, sowie die Versuchstiere. Für Nutztiere gelten ebenso wie für Tiergefährten erstens die grundlegenden moralischen Normen, die bezüglich aller fühlenden Wesen die Zufügung von Leiden (in allen Bereichen ihres Wohlbefindens) verbieten, und zweitens die Fürsorgepflichten, die der Halter diesen Tieren gegenüber als abhängigen Wesen hat. Allerdings besteht unter heutigen Bedingungen der Tierhaltung nicht im engeren Sinn eine Beziehung oder Interaktion zwischen individuellen Tieren und Menschen, so dass die weitergehenden speziellen Verpflichtungen, die gegenüber Tiergefährten vorliegen, nicht gegeben scheinen.

Nun könnte man denken, dass anders als bei abhängigen Menschen, die nicht für sich selbst sorgen können, die Beziehung zwischen Halter und Nutztieren wechselseitig ist: Die Tiere tun für ihren Besitzer bestimmte Dienste, und im Gegenzug ist er verpflichtet,

25 Siehe Anm. 18 zu Kap. II.

für ihre Ernährung, ihren Schutz, ihre Gesundheit zu sorgen.[26] Man könnte daher erwägen, statt von einer Fürsorgepflicht auch von einem Quasi-Vertrag zu reden, kraft dessen wir als Gegenleistung für den erhaltenen Nutzen den Lebensunterhalt der Tiere sichern. Das ist jedoch aus zwei Gründen unangemessen. Erstens ist der Halter eines Tiers auch unabhängig von der Nutzung verpflichtet, für das Tier zu sorgen. Zweitens ist die Vorstellung eines Vertrags *Nutzung gegen Versorgung* unsinnig, weil Tiere zwar – im Fall der Gefährten – ein implizites Verständnis einer *konkreten* Wechselbeziehung entwickeln können, nicht hingegen ein Verständnis einer *formalen* Vertragskonzeption des Nutzentauschs.[27] Ähnlich ist die Rede von einer Ausbeutung der Tiere zwar nachvollziehbar, aber begrifflich nicht passend, weil Tiere nicht wie Personen unter der Wahrnehmung von Ausbeutung leiden können, sondern nur unter den Bedingungen der Nutzung.

Ich halte fest: Gegen Tiere, die wir in der Gesellschaft nutzen, haben wir nicht nur negative Pflichten der Nicht-Zufügung von Leiden, sondern auch Fürsorgepflichten. Genauer hat der Halter eines Tiers die Verpflichtung, für es zu sorgen; er ist, wie man auch sagen könnte, für dieses Tier verantwortlich. Die Konzeption des Mitlebewesens ist daher auch hier zu allgemein. Hingegen passt die Vorstellung von einer Verantwortung für Tiere: Verantwortung haben wir für diejenigen fühlenden Lebewesen, die faktisch in unserer Obhut sind und die nicht in der Lage sind, für sich selbst zu sorgen.

Mensch und Tier in der Natur

Da die Menschheit eine Tierspezies neben anderen ist, gibt es in der Natur dieselben Beziehungsformen, die grundsätzlich zwischen zwei Spezies denkbar sind: (c) einseitige Beziehungen, in denen die eine Spezies die andere nutzt bzw. umgekehrt die eine für die andere eine Bedrohung darstellt; (d) wechselseitige Beziehungen der Konkurrenz oder Kooperation; (e) bloßes Zusammenexistieren auf der Erde ohne Berührung. Um jeweils Beispiele zu nennen:

26 Dieses Modell wird ausgearbeitet in Burgess-Jackson 1998.
27 Kritik an der Vertragskonzeption übt auch Palmer 2011, 710.

(c) Nutzung und Hilfe. Eine einseitige Beziehung besteht, wo Tiere der einen Spezies denen der anderen als Beute dienen oder auf andere Weise von ihnen genutzt werden; das heißt aus der anderen Richtung, dass Tiere der einen Spezies eine Bedrohung für die der anderen darstellen. Menschen haben schon früh Tiere anderer Spezies gejagt und gefangen und tun dies heute noch. Umgekehrt gibt es andere Arten, die den Menschen nutzen, z. B. Stechmücken; und es gibt Tiere, die im Einzelfall Menschen angreifen, auch wenn es offenbar keine Tierart gibt, die auf die Menschenjagd spezialisiert ist. Wo Tiere das Leben, die Gesundheit oder die Nahrung von Menschen bedrohen, bleibt, wo es nicht möglich ist, die bedrohenden Tiere fernzuhalten, nur das Töten. Dieser Fall ist, was die moralische Beurteilung angeht, einfach, denn Notwehr gilt sogar gegenüber menschlichen Angreifern als legitim.

Die Jagd, die genauer in Kap. IV, 148ff. erörtert wird, lässt sich als eine Art von Nutzung sehen, die jetzt aber keine besonderen Randbedingungen hat, sondern einfach der üblichen moralischen Forderung der Rücksicht auf alle leidensfähigen Wesen unterliegt. Gemäß den allgemeinen Überlegungen über Moral ist die Nutzung freilebender Tiere moralisch unbedenklich, sofern den Tieren dadurch kein Leiden zugefügt wird, keine Schmerzen, keine Angst usw. In den meisten Fällen wird solches Leiden entstehen. Nehmen wir an, dass dies in einigen Fällen vermeidbar ist, dann bleibt die bisher nicht erörterte Frage, ob das Töten von Tieren moralisch akzeptabel ist, wo kein Leiden damit verbunden ist.

Man könnte sich darüber hinaus überlegen, ob wir verpflichtet sind, freilebenden Tieren, die Not leiden, zu helfen. In diesem Punkt gehen die Überzeugungen stark auseinander (dazu Kap. V, 167).

(d) Konkurrenz oder Kooperation. Beziehungen zwischen Tieren kommen in der Natur insbesondere in der negativen Form vor, dass verschiedene Spezies um Raum oder Nahrung konkurrieren. Es gibt aber auch Beispiele für Kooperation zwischen Tieren verschiedener Spezies, etwa zwischen Arten größerer Raubfische und sogenannten Putzerfischen, die sich von dem ernähren, wovon sie erstere säubern. Was die Konkurrenz angeht, muss man wiederum zweierlei unterscheiden: Individuelle Tiere können um bestimmte Ressourcen konkurrieren (das tun nicht nur Individuen verschiedener Spezies mit ähnlichen Lebensgrundlagen, sondern auch Individuen derselben Spezies); und es können verschiedene Spezies im ganzen konkurrie-

ren. Dieser Bereich entspricht in der zwischenmenschlichen Moral dem von Interessenkonflikten, also von Gerechtigkeitsproblemen im engeren Sinn. Können Menschen in diesem Bereich überhaupt auf Tiere Rücksicht nehmen, wenn die Gegenseitigkeit fehlt?

In einem Interessenkonflikt zwischen Menschen würde es darum gehen, eine faire Lösung zu suchen, und das geschieht gewöhnlich in der Weise, dass die Betroffenen einen Kompromiss aushandeln, der für sie alle akzeptabel ist. Da wir mit Tieren nicht verhandeln können, bleibt nur die Möglichkeit, dass *wir* versuchen, die Interessen beider Seiten zu formulieren und fair abzuwägen, und dass wir das Ergebnis dann einfach durchsetzen. Betrachten wir z. B. den Konflikt zwischen einem Gartenbesitzer und einem Maulwurf, könnte man einerseits sagen, dass für den Maulwurf elementarere Bedürfnisse auf dem Spiel stehen. Andererseits könnte man darauf hinweisen, dass der Maulwurf seine Interessen ebensogut anderswo befriedigen kann und dass für ihn der Umzug in ein nicht von Menschen benutztes Grundstück weniger aufwendig ist; dann wäre es legitim, auf unseren Wünschen zu bestehen und das Tier zurückzudrängen.

Beachten muss man allerdings, dass auf der Seite der Tiere immer ein zusätzlicher Leidensfaktor steht, der bei einem Menschen, von dem die Einschränkung eines Interesses verlangt wird, nicht vorkommt. Denn da Tieren ein Verständnis der Konfliktsituation und unserer Absichten fehlt, leiden sie nicht nur darunter, dass sie ein Interesse einschränken oder anders verfolgen müssen als gewünscht, sondern sie leiden meistens zusätzlich an Angst, Panik oder Stress als Folge der Maßnahmen, mit denen wir das Ergebnis der Abwägung durchsetzen. Die bloße Gewichtung der Interessen muss also ergänzt werden durch die Frage, ob dieses zusätzliche Leiden zumutbar ist, also durch den Gesichtspunkt der Beachtung der Leidensfähigkeit. Vielleicht könnte man sagen, dass die Zumutbarkeit dort am ehesten gegeben ist, wo einmalige und kurzfristige Maßnahmen genügen.

Fragen wir wiederum, welche Art von ethischer Beziehung vorliegt, so ist das zunächst naheliegende Modell eines Vertrags oder Quasi-Vertrags auch hier nicht sinnvoll. Ein Tier kann nicht unter fehlender Anerkennung als Wesen mit gleichberechtigten Interessen leiden, auch nicht darunter, dass wir es nicht in den Diskurs zur Verständigung über das Gewicht von Bedürfnissen einbeziehen. Es kann nur unter den Folgen leiden, die eintreten, wenn wir seine Interessen nicht berücksichtigen. Daher genügt hier das Verbot der

Leidenszufügung, dessen Beachtung allerdings anders als in den in (a) und (b) behandelten Beziehungen mit Einschränkungen behaftet ist: Eine gewisse Leidenszufügung ist unvermeidlich, wenn wir nicht umgekehrt auf die Befriedigung der menschlichen Interessen verzichten wollen.

(e) Bloße Koexistenz. Die bloße Koexistenz ohne Berührung liegt vor, wo zwei Spezies vollkommen verschiedene Lebensräume und Bedürfnisse haben, wie Elefanten und Pinguine. Wo die eine der beiden Spezies die menschliche ist, kann allerdings aus einer solchen Nicht-Beziehung immer eine Beziehung werden. Nicht nur, weil es kaum etwas gibt, das zu nutzen Menschen nicht versuchen würden, sondern auch, weil die Menschheit die Erde so weit verändert hat und weiter verändern wird, dass es neben besiedelten und genutzten Flächen kaum noch bloße Natur gibt und wir so indirekt Tiere ihrer Lebensgrundlagen berauben und sie immer mehr zurückdrängen. An den Folgen wie Nahrungs- oder Raumknappheit leiden zunächst individuelle Tiere (wenn auch unbestimmte und unzählige), sie führen aber auch zum Aussterben von Arten. Da wir die Ausbreitung und Entwicklung der Menschheit nicht zurückdrehen können, führt uns diese Problematik vermutlich an die Grenzen der Moral, die in Kapitel V weiter erörtert werden sollen. Im Moment können wir uns daher auf die Frage beschränken, welche ethische Beziehung für diesen Zusammenhang passend ist, wobei es jetzt nur um individuelle Tiere, nicht um Spezies geht.

Das deutsche Tierschutzgesetz suggeriert, wir müssten das Leben und Wohlbefinden *aller* Tiere schützen, womit auch die freilebenden Tiere impliziert wären.[28] Das würde heißen, dass wir für das Schicksal jeder einzelnen Ameise im Wald, jedes Fisches im Meer verantwortlich sind. Mit Bezug auf die Wirklichkeit scheint diese Vorstellung, welche auf derjenigen von der verantwortlichen Herrschaft des Menschen über die Tiere basiert, ziemlich übertrieben und wenig praktikabel. Mit Bezug auf freilebende Tiere scheint vielmehr die andere Einstellung angemessen, Tiere als Mit-Lebewesen anzusehen, die auf die gleiche Weise wie wir unvermeidlichen Lei-

28 Dass § 1 TSchG *keine Einschränkung* enthält, vielmehr für alle Tiere »von den Protozoen bis zu den Primaten« gilt, für beliebte ebenso wie für unbeliebte Tiere, für wildlebende ebenso wie für die Tiere, die vom Menschen gehalten werden, betont Lorz, 1987, 82 f.

denserfahrungen ausgesetzt sind, und zugleich zu bedauern, dass für die anderen Tiere diese Erfahrungen teilweise durch uns verursacht sind.

5. Ordnung und Gewichtung der Bereiche der Moral

Es hat sich gezeigt, dass die Beziehungen zwischen Tieren und Menschen von vielfältiger Struktur sind und daher im Umgang mit Tieren verschiedenartige moralische Grundkonzeptionen und Handlungsprinzipien eine Rolle spielen. Die verbreitete Konzeptualisierung, die das Tier als Mitgeschöpf oder Mitlebewesen sieht, erwies sich als eher vage; sie ist am passendsten dort, wo wir gerade an die Grenzen der Moral stoßen und eine moralische Einstellung sich nur noch in Affekten des Bedauerns darüber äußern kann, dass wir nicht überall zur Rücksicht in der Lage sind. Wo die Vorstellung vom »Mitlebewesen« so präzisiert wird, dass im Prinzip alle Wesen, die im weiten Sinn leiden können und mit denen wir Mitleid empfinden können, Gegenstände der Beachtung sind, erweist sie sich als brauchbarer Kern des Verhaltens zu individuellen Tieren, mit denen wir konfrontiert sind. Dieser Kern ist ausreichend für die Regelung des Verhaltens zu freilebenden Tieren, die wir nutzen (z.B. durch Jagd). In allen anderen Formen der Beziehung sind zusätzliche moralische Konzepte erforderlich wie das der speziellen Verpflichtungen oder der Fürsorgepflicht oder der Freundschaft. Das aber erfordert die Beachtung der dargelegten inhaltlichen Bereiche des Wohlbefindens der Tiere, die wir nutzen oder mit denen wir leben, also etwas sehr viel Bestimmteres als die Idee einer Verantwortung des Menschen für die Tierheit auf der Erde.

Die Aspekte wurden jetzt durch Beachtung der Beziehungen zwischen Subjekten und Objekten der Moral gewonnen. In eins damit legen sich die Dimensionen des Wohlbefindens auseinander. In der Beschreibung der verschiedenartigen Mensch-Tier-Beziehungen sind uns verschiedene inhaltliche Bereiche der Grundkonzeption der Beachtung des Wohlbefindens begegnet: negative Beachtung des Wohlbefindens von Tieren oder kurz Beachtung von Tierrechten; Fürsorge für Tiere; spezielle Verpflichtungen gegenüber Tieren. Um ein vollständiges Bild des Inhalts der Moral zu erhalten, müssen wir noch diejenigen Aspekte hinzunehmen, die allein im Verhalten zwischen Subjekten der Moral vorkommen. Dazu gehört insbesondere die Achtung der moralischen Akteure für einander. Gibt es noch weitere Bereiche der Moral, und wie kann man diese auffinden?

Sehen wir zu, ob die bereits erwähnten multikriteriellen Ansätze, die in Absetzung von klassischen Moraltheorien nicht nur *ein* Grundprinzip ins Zentrum stellen, sondern mehrere Dimensionen der Moral annehmen, ein Instrumentarium an die Hand geben, um dieser Komplexität von Aspekten gerecht zu werden. Roger Scruton[29] nennt in der Reihenfolge ihres Gewichts das moralische Gesetz im Sinn Kants (oder das System von Rechten und Pflichten), Tugend, Mitgefühl und Pietät. Steve Sapontzis[30] unterscheidet zwischen moralischem Charakter, Leidensverminderung und Fairness. Mary Midgley[31] trennt Leidensverminderung und Mitgefühl auf der einen und spezielle Verpflichtungen auf der anderen Seite, Alasdair MacIntyre[32] unterscheidet zwischen der Moral der unabhängigen vernünftigen Akteure und der Moral der Fürsorge. Mary Anne Warren[33] stellt, orientiert am Begriff des moralischen Status, gleich sieben moralische Prinzipien auf, wozu auch ein Prinzip der Achtung vor dem Leben und ökologische Rücksichten gehören. Lassen sich diese teils ähnlichen, teils divergierenden Einteilungen in eine Ordnung bringen?

Moralisches Gesetz, Fairness und Moral vernünftiger Akteure können wir zu einem Punkt zusammenziehen. Dieser Punkt gehört einerseits zur Form der Moral, andererseits ergibt er auch einen Teil des Inhalts. Zur Form der Moral gehört, dass die Realisierung der moralischen Normen etwas ist, das die moralischen Akteure wechselseitig von einander fordern und worauf ihre Beziehung wechselseitiger Anerkennung gegründet ist. Für den Inhalt der Moral folgt daraus, dass der moralische Akteur alle anderen als moralische Subjekte anerkennen muss, sofern dies wesentlicher Bestandteil des guten Lebens derartiger Wesen ist. Dieser Teil des Inhalts ist auf Tiere nicht anwendbar.

Sodann können wir Tugend und moralischen Charakter gleichsetzen. Sie betreffen die moralische Motivation, die in Motiven wie

29 Das Moralgesetz, das Scruton ³2000 in Kapitel 6 als erste Quelle der Moral nennt, ersetzt er in dem Artikel von 2004 durch das Rechte-Pflichten-Kalkül.

30 Sapontzis 1987, Kap. 6.

31 Midgley 1983, Kap. 2.

32 MacIntyre 1999.

33 Warren 1997, Kap. 1–6.

Mitleid und Freundschaft liegt, welche zeigen, dass einem am Wohlbefinden anderer fühlender Wesen und an der guten Beschaffenheit der Gemeinschaft liegt. Die Seite der Motivation hat also zugleich Auswirkungen auf den Inhalt der Moral. Die moralischen Normen müssten inhaltlich so beschaffen sein, dass sie sicherstellen, dass das Wohlbefinden aller Wesen, die ein solches haben, Mensch wie Tier, beachtet wird. Wie ist das genau zu verstehen?

Der Grundbereich der Moral besteht nach üblicher Sicht in negativen Pflichten, in den Normen, die verbieten, das Wohlbefinden anderer zu verhindern oder zu verringern (durch das Verursachen von Schmerzen, Angst und Stress, durch Freiheitsentzug und die Beraubung sozialer Kontakte, und bei moralischen Akteuren auch Missachtung), und zusätzlich in Normen, die Hilfe im akuten Notfall und in der eigenen Umgebung verlangen. Das gilt für alle zentralen Hinsichten des Wohlbefindens. Die Befolgung dieser Normen ist gegenüber allen verpflichtend, ob nah oder fern, Mensch oder Tier. Sieht man von dem Bereich der Achtung oder Anerkennung ab, der auf moralische Akteure beschränkt ist, dann kommen die anderen Bereiche bei Tieren wie bei Menschen vor. Hinsichtlich *dieser* gemeinsamen Bereiche, z. B. des Verbots der Leidenszufügung, ist daher keinerlei Rechtfertigung für eine Abstufung zwischen Mensch und Tier ersichtlich.[34]

Die Beschränkung auf die Hilfe im Notfall setzt voraus, dass wir es mit Wesen zu tun haben, die für sich selbst sorgen und ihr eigenes Leben leben können. Viele, die diese Fähigkeiten grundsätzlich haben, leben allerdings unter Bedingungen, die die Aussicht auf ein gutes Leben durchkreuzen. Dann müsste es auch die positive Pflicht zur Schaffung von Minimalbedingungen geben, unter denen ein gutes Leben möglich ist. Diese Pflicht kann jedoch nur eingeschränkt Bestandteil der Forderungen an das Individuum sein. Nach gängiger Auffassung bestehen Hilfspflichten in der Umgebung, sind aber sonst schwächer als negative Pflichten und diesen nachgelagert. Denn wären sie stark, müsste das Individuum, das unter ihnen steht, auf die Realisierung seines eigenen guten Lebens verzichten. Nimmt man an, dass Hilfsbedürftige einen moralischen *Anspruch* auf minimale Bedingungen des Wohlbefindens haben, dann müsste der Adressat die Allgemeinheit sein. Das aber führt aus der Moral-

34 Vgl. dazu die im letzten Kapitel dargestellte Position von Korsgaard 1996. Ähnlich argumentiert Frey 2008, 238.

theorie heraus in Fragen der politischen Philosophie, welche hier nicht Thema sind, aber in Kapitel V wenigstens grob angesprochen werden sollen.

Den moralischen Rechten derjenigen Menschen und Tiere, die nicht in der Lage sind, für ihr Leben selbst zu sorgen, und die dennoch ein subjektives Wohlbefinden haben und dadurch Objekte der Moral sind, entsprechen dagegen häufig individuelle Pflichten der Fürsorge.[35] Nach üblicher Vorstellung sind z. B. die Eltern verpflichtet, für ihre neugeborenen Kinder zu sorgen, und dem Halter obliegt die Fürsorgepflicht für diejenigen Tiere, die in seinem Besitz sind. Was hier vorliegt, sind spezielle Verpflichtungen, die sich aus einer Beziehung zwischen Individuen ergeben.

Spezielle Verpflichtungen beschränken sich allerdings nicht auf den Bereich der Fürsorge. Was sie sind und wie man sie begründet, ist strittig.[36] Sie entstehen offenbar, wo zwei (oder mehr) Individuen eine Beziehung eingehen, wobei dies explizit oder implizit geschehen kann. Wo die eine Person der anderen ein Versprechen gibt, erzeugt sie eine Verpflichtung, das Versprechen einzuhalten. Wo zwei Personen sich anfreunden und kooperieren, entstehen wechselseitige Erwartungen künftiger Kooperation. Wenn jemand ein Kind zeugt, geht er die spezielle Verpflichtung ein, es großzuziehen. Wie der letzte Fall zeigt, braucht das Wesen, gegen das man die Verpflichtung übernimmt, kein Verständnis seines Rechts zu haben; spezielle Verpflichtungen kann es daher ebenso gegen Tiere geben. Durch das Eingehen bestimmter Beziehungen werden offenbar positive Verpflichtungen zur Förderung des Wohlbefindens, die man einfachhin nicht hätte, gegenüber ausgewählten Anderen erzeugt.

Während es ohne weiteres möglich ist, die negativen Normen gegenüber allen Beliebigen zu erfüllen, wäre eine Moral, die von allen die positive Förderung des Wohlbefindens aller fordert, nicht praktikabel, erstens weil die Individuen überfordert würden, zweitens weil sie ohne Kenntnis der subjektiven Interessen das Wohlbefinden

35 Bei abhängigen Wesen, zu denen niemand in einer solchen Beziehung steht, etwa behinderten Menschen, die keine näheren Angehörigen haben, müsste der Anspruch auf Fürsorge an die Allgemeinheit bestehen, also wiederum ein Problem der politischen Gerechtigkeit darstellen. Dieses kann hier beiseite bleiben, da mit Bezug auf die Fürsorge für Nutztiere und Tiergefährten gilt, dass diese Tiere in einer Beziehung zu bestimmten Menschen stehen, die sie besitzen.

36 Einen Überblick über die Debatte gibt Jeske 2002.

der anderen nur unter Verletzung von deren Wollen fördern könnten. Diese Lücke wird ein Stück weit kompensiert durch ein *Netz* spezieller Verpflichtungen: Diese haben nicht alle gegen alle, aber jeder gegen einige in der Nähe, und durch diese Nähe, durch die Beziehung der Kommunikation oder Interaktion, ist eine gegenseitige Unterstützung bei der Erlangung des guten Lebens möglich.[37]

Von den oben aufgezählten Aspekten der Moral bleiben jetzt noch Gesichtspunkte übrig wie Achtung vor dem Leben, Rücksicht auf Ökosysteme, Pietät. Auch diese lassen sich wiederum unter einem Punkt zusammenfassen. Orientieren wir uns an dem Begriff der Pietät, so ist diese so etwas wie Ehrfurcht vor dem, woraus wir hervorgegangen sind, der Natur und dem Reich der Lebewesen.[38] Diese Ehrfurcht scheint in einem Zusammenhang mit der Moral zu stehen oder gewisse moralische Rand- oder Grenzphänomene zu betreffen. Sie scheint jedoch primär eine Einstellung zu sein, in der man sich das Eingebettetsein in das Ganze bewusst macht, und nicht mit klar fassbaren inhaltlichen Normen verbunden, über die weitgehend Einigkeit bestünde.[39] Eine wörtliche Umsetzung dieser Einstellung in Normeninhalte würde bedeuten, dass wir uns aller Handlungsmöglichkeiten berauben. Und darüber, wie weit man sich von dieser Einstellung konkret leiten lassen sollte, gehen die Meinungen weit auseinander. Es scheint daher wenig sinnvoll, sie zur Moral im engeren Sinn zu rechnen, wo wir gemeinsame Handlungsregeln etablieren wollen. Im Zusammenhang der Tiere heißt das, dass Fragen, welche ganze Tierspezies betreffen, nicht im engeren Sinn moralische, sondern ökologische sind, also im jetzigen Kontext, wo es um Tierethik geht, ausgeklammert werden können.

Es bleiben für die Moral die Gesichtspunkte der Leidensvermeidung, der Fürsorge und der speziellen Verpflichtungen. Diese sind systematisch so verbunden, dass sie alle in verschiedener Perspektive auf das Wohlbefinden oder gute Leben der Wesen bezogen sind, die ein solches haben können. Der Inhalt der Moral besteht

37 Einen ähnlichen Vorschlag macht Kraut 2007, 55 f.

38 Man könnte auch von einer Einstellung der Demut reden, so Cooper 1998.

39 Wenn man absieht von Regeln wie denen bezüglich des Umgangs mit toten Menschen, die man als eine Art Nachklang der Anerkennung der Lebenden betrachten könnte. Wie Scruton ([3]2000, 65) sagt, ist diese Einstellung nicht der Vernunft zugänglich und gehört in eine Schicht unterhalb der Moral, die schwer fassbar ist.

durchweg darin, das individuelle Wohlbefinden nicht zu verhindern, bzw. teilweise auch darin, dieses zu ermöglichen. Unterschiede ergeben sich aus der Verschiedenheit der Fähigkeiten, der Lebensbedingungen und der Beziehungen der Individuen. Insofern dies keine Werteigenschaften, sondern gewöhnliche empirische Eigenschaften und Relationen sind, erscheint es nicht sinnvoll, einen unterschiedlichen moralischen Status, und das heißt Unterschiede in Wert oder Rang oder Würde, verschieden ausgestatteter Wesen anzunehmen. Objekte der Moral sind alle Wesen, die überhaupt ein subjektives Wohlbefinden haben, und sie sind das alle gleichermaßen. Unterschiede ergeben sich durch die genannten Eigenschaften, weil ein Wesen nur dort, wo es eine relevante Eigenschaft hat, unter die passende Norm fällt. Dass ein Kind ein Recht auf Schulbildung hat, ein Tier nicht, dass ein Haustier ein Recht auf Fütterung hat, ein Wildtier nicht, liegt nicht daran, dass sie einen unterschiedlichen moralischen Wert oder Status haben, sondern daran, dass sie unterschiedliche Fähigkeiten haben oder in unterschiedlichen Beziehungen zu uns stehen.

Nun ist zwar eine Rangordnung unpassend im Vergleich der moralischen *Objekte* untereinander, hingegen spielt sie eine Rolle bei der Beurteilung moralischer *Handlungen*. Denn die Aspekte der Moral können in komplexen konkreten Situationen miteinander in Konflikt geraten, und ebenso können die verschiedenen inhaltlichen Seiten des Wohlbefindens Ansprüche enthalten, die sich nicht miteinander vereinbaren lassen. Ein Beispiel für letzteres ist die in der Medizinethik diskutierte Frage, ob man einen Patienten vor einer schlimmen Information über seinen Gesundheitszustand bewahren oder ihn in seiner Autonomie respektieren muss. Einen Konflikt zwischen den Ansprüchen verschiedener Individuen konstatieren viele Autoren bei der Beurteilung von Tierversuchen. So soll das Verbot, Tieren Leiden zuzufügen, mit unseren speziellen Hilfsverpflichtungen gegenüber Mitgliedern der eigenen Spezies kollidieren. In solchen Entscheidungssituationen ist jeweils die Frage, welche Handlung die bestmögliche bzw. das kleinste Übel ist.

Welche Kriterien haben wir, hier eine Gewichtung vorzunehmen? Scruton sieht im Konfliktfall generell (also auch innerhalb der Menschen) eine Priorität der Forderungen des Moralgesetzes, gefolgt von Forderungen der Tugend, dann des Mitgefühls und schließlich der Pietät. Andere Autoren ziehen andere Linien, indem für sie Menschen immer mehr zählen als Tiere, und zwar deswegen, weil wir angeblich spezielle Verpflichtungen gegen Menschen als Mitglieder der eigenen Spezies haben (z. B. Becker, s. o. 66).[40] Wenn es in der Moral um die Beachtung des subjektiven Wohlbefindens von fühlenden Individuen geht, gibt es jedoch außerhalb von Konfliktsituationen in denjenigen Bereichen des Wohlbefindens, die Tiere mit uns teilen, keinen Grund, unterschiedlich zu urteilen.[41] Wenn wir ihnen insbesondere mit Bezug auf das Verbot der Leidenszufügung einen schwächeren Status zuweisen, dann betrachten wir sie nicht im vollen Sinn als Objekte der Moral. Der Ausweg, im Bedarfsfall einen Konflikt anzunehmen, der zugunsten der menschlichen Seite zu entscheiden ist, lässt sich, wie Midgley klar sieht, nicht immer verfolgen, weil wir mit Bezug auf Tiere nur selten in der Situation des überfüllten Rettungsboots sind, auf dem wir uns nur in Sicherheit bringen können, wenn wir die Tiere bzw. ihre Interessen über Bord werfen.

Doch wie verhält es sich dort, wo in der Tat ein Konflikt besteht? Könnte man hier argumentieren, dass tierliche Interessen *grundsätzlich* hinter menschlichen Ansprüchen zurücktreten müssen, weil zwischen Menschen das moralische Gesetz gilt oder weil wir innerhalb der eigenen Spezies nähere Verpflichtungen haben? Auch hiergegen hat Midgley überzeugende Einwände. So weist sie darauf hin, dass es Situationen gibt, in denen wir trotz der größeren Nähe zu den Mitgliedern der eigenen Spezies die Pflicht, einem Tier kein Leiden zuzufügen oder ihm in einem Notfall zu helfen, ohne Zögern höher gewichten würden als eine Verpflichtung gegenüber einem Menschen. Man wird Verständnis dafür aufbringen, wenn eine Person auf dem Weg an einem angefahrenen schwer verletzten Hund vorbeikommt und diesem hilft, obwohl sie so zu spät oder gar nicht zur Geburtstagsfeier ihres Onkels kommt, dem sie ihren Besuch versprochen hatte. Eine Pflicht, die die Hilfe im Notfall betrifft, kann also eine spezielle Verpflichtung und zugleich eine Forderung des moralischen Gesetzes zwischen Menschen überwiegen.[42] Das Bei-

40 Dem Vorschlag, das Moralgesetz, die wechselseitigen Anerkennungsbeziehungen und Verpflichtungen zwischen Moralsubjekten, nach dem Modell spezieller Verpflichtungen zwischen Wesen der eigenen Spezies zu verstehen, müsste man genauer nachgehen. Das wäre ein Thema der Moralphilosophie allgemein, das ich hier nicht aufnehmen kann.

41 Siehe oben 94.

42 Siehe Midgley 1983, 31.

spiel zeigt auch klar, woran das liegt, nämlich an der Schwere des Leidens gegenüber der Geringfügigkeit des Versprechensinhalts in diesem Fall, oder genauer: am Gewicht des Leidens des Hundes mit Bezug auf sein Wohlbefinden gegenüber dem Gewicht der Enttäuschung des Onkels für dessen Wohlbefinden.

Ein objektives Urteil ist daher nur über den Aspekt des moralischen Inhalts möglich. Die Form allein liefert keinen Inhalt, und die Auskunft der Motivation erfolgt aus eingefahrenen affektiven Mustern und kann daher z. B. neuartigen Fallkonstellationen nicht gerecht werden. Der Bezugspunkt der Abwägung im Fall moralischer Konflikte kann also nur das Wohlbefinden der von einer Situation oder Handlung betroffenen Wesen sein, und die Frage muss lauten, wie groß jeweils die Bedeutung des Leidens, der Kränkung oder der Freiheitseinschränkung für das Wohlbefinden der verschiedenen Beteiligten ist. Wo ein Leiden im grundlegenden physischen Sinn das Wohlbefinden eines Wesens schwer und lange vermindert, müsste die Forderung, dieses Leiden nicht zuzufügen (bzw. – wo wir konkret mit seinem Vorliegen konfrontiert sind – Nothilfe zu leisten), andere Ansprüche, sollten sie in Konflikt damit stehen, überwiegen. Insbesondere darf diese Forderung nicht von einem utilitaristischen Nutzenkalkül überwogen werden, wie das z. B. bei der Verteidigung von Tierversuchen häufig der Fall ist. In diesem Zusammenhang, also um sichtbar zu machen, dass Individuen gerade Grenzen der Kalkulation sind, bietet sich der Begriff eines moralischen Rechts an. Denn die Abwesenheit unerträglicher Leiden und schwerer Schäden, die die Ausübung des eigenen Lebens verhindern, ist die Vorbedingung jeder Art von Wohlbefinden.

Allgemein gefasst könnte man somit folgendes Kriterium der Abwägung formulieren: Wenn der Inhalt der Moral, der Bezugspunkt der moralischen Beachtung das gute Leben / Wohlbefinden von Individuen ist, dann ist eine punktuelle und vorübergehende Beeinträchtigung des Wohlbefindens weniger schlimm als eine vollständige Verhinderung des Wohlbefindens. Ebenso ist eine Minderung des Wohlbefindens in einer der zentralen Lebensdimensionen weniger schlimm, wenn es innerhalb derselben Dimension für das Wesen alternative Wege der Befriedigung gibt; und zwar ist sie auch dann, wenn sie durchgängig besteht, weniger schwerwiegend als die schlichte Verunmöglichung einer solchen Dimension im ganzen.

6. Folgerungen für die Wertmoral

Meine Hoffnung wäre nun, dass diese Sicht konsequenterweise auch diejenigen teilen müssten, die im Sinn des jüdisch-christlichen Hintergrunds oder aus anderen Vorstellungen an einen besonderen Wert des Menschen glauben. Bleiben wir bei der Idee, die hinter dem Tierschutzgesetz steht: Wenn Gott den Menschen zum Herrn über die Tiere gemacht hat, müsste das heißen, dass der Mensch die Tiere als solche Geschöpfe beherrschen soll, zu denen Gott sie gemacht hat. Gemacht aber hat er sie als Wesen, die leiden und wollen können. Mit dieser Beschaffenheit ist eine Benutzung des Tiers für menschliche Zwecke nur dann vereinbar, wenn beachtet wird, dass Tiere so beschaffene Wesen sind. Von vielen Praktiken, denen die Tiere heute ausgesetzt sind, wie von Massentierhaltung und Tierversuch, werden sie aber auf eine Art benutzt, die jedes befriedigende Leben gemäß ihren Anlagen unmöglich macht. Dass der Mensch einen höheren Wert haben könnte als das Tier, spielt dort keine Rolle mehr, wo einem Tier zum menschlichen Nutzen schweres Leiden zugefügt wird.

Autoren, die eine Vorstellung vom besonderen Wert des Menschen aus religiöser oder metaphysischer Überzeugung teilen, aber sich gleichzeitig ernsthaft um die Tiere bemühen, sehen das selbst mit aller wünschenswerten Klarheit. Im Zusammenhang der philosophischen Theorien ist hier die oben (45 ff.) behandelte Position der Kantianerin Christine Korsgaard zu nennen. Der englische Theologe und Tierschützer Andrew Linzey sieht im christlichen Weltbild Vorstellungen angelegt, wonach sich das Leiden der Tiere (ähnlich wie das von Kindern) mit dem Leiden Christi vergleichen lässt,[43] wenn wir an die Unschuld, Schutzlosigkeit und Verletzlichkeit dieser Wesen denken.

Andere wie die oben referierte Philosophin Cora Diamond allerdings halten trotz der Überzeugung von der Mitgeschöpflichkeit des Tiers daran fest, dass unsere Einstellung zu Menschen sehr verschieden von der zu Tieren ist und gegenüber Menschen weitaus höhere Rücksichten fordert. So verweist die Autorin etwa darauf, dass es selbstverständlich sei, Tiere zu essen, während klar ist, dass wir unsere Toten nicht essen.[44] Als Wittgensteinianerin und Tugend-

43 Linzey 2009, 39 f.
44 Diamond 2008, 320–322.

ethikerin beschreibt sie zwar die Vorstellungen unserer Kultur sehr eindrucksvoll, ohne jedoch nach einer Erklärung zu suchen.[45] Die Erklärung könnte aber letztlich wieder nur in der Annahme einer besonderen Würde des Menschen liegen, die sich dann im Sinn der Pietät auf seine Verfallsformen ausdehnt. Gerade wenn man sich auf bloße Kulturbeschreibung beschränkt, wäre aber eine gewisse Selbstdistanz zur Überzeugung vom besonderen Wert des Menschen wünschenswert, zumal wenn man sich die Relativität dieser Vorstellung vor Augen führt. Schließlich gibt es in anderen Religionen wie im Buddhismus und im Hinduismus völlig andere Sichtweisen der Beziehung zwischen Mensch und Tier, die keine Auffassung der menschlichen Besonderheit und Herrschaft kennen. Und es gibt tatsächlich Völker, die zwar ebenso wie wir ihre Toten nicht essen, aber diese in der sogenannten Luft- oder Himmelsbestattung den Geiern und anderen Aasfressern zur Nahrung übergeben.

Aber enthält nicht auch die hier entwickelte Position einen Rest, der auf eine unausgewiesene Wertsetzung hinausläuft, wenn auch auf eine, welche die Tiere einbezieht? Das Ausgangskriterium für die Zugehörigkeit zu den Objekten der Moral war die Leidensfähigkeit. Diese Position wurde nach und nach so präzisiert, dass ihr inhaltlicher Kern in der Beachtung des Wohlbefindens von Wesen besteht, die ein solches subjektives Wohl haben. Nun haben Tiere kein explizites Bewusstsein von ihrem Wohlbefinden über die Zeit hinweg. Wie lässt sich der moralische Inhalt der Beachtung des Wohlbefindens dann als plausibel auszeichnen, ohne der Existenz von Wesen mit einem langfristigen Wohlbefinden einen Wert zuzuschreiben? Bedeutet das nicht erneut eine Setzung?

Die Anwort lautet: Ja, jedoch nicht eine Setzung im Sinn einer metaphysischen Annahme. Dass wir Personen ein bewusstes Streben nach einem über die Zeit hinweg insgesamt guten (glücklichen) Leben und Tieren ein faktisches Streben nach einem zeitübergreifenden Wohlbefinden zuschreiben, ist eine notwendige Bedingung des Verstehens unserer selbst und der anderen fühlenden Wesen. Hingegen sind Annahmen, wie sie uns im letzten Kapitel begegnet sind, wonach wir als Wesen mit Vernunft oder moralischer Autonomie einen besonderen Wert haben, nicht auf ähnliche Weise zwingend. Zwar ist auch das Wohlbefinden ein Wert, aber nur *subjektiv* für

45 Vermutlich hält sie das – ebenso wie Singers und Regans Argumente für die Tiere, welche sie im gleichen Sinn kritisiert – für zu rationalistisch.

jedes Wesen, das nach ihm strebt. Behauptet wird also, dass wir das Leben fühlender Wesen nur als eines auffassen können, das auf sein Gut oder Telos, auf sein überzeitliches Wohlbefinden ausgerichtet ist, und weiter, dass wir und die anderen fühlenden Wesen folglich als das, was sie sind, nur angemessen behandelt werden, wenn man diese ihre Verfasstheit in allen Dimensionen beachtet.

7. Zusammenfassung

Die Vorstellung vom Wert des Menschen ist hartnäckig. Nehmen wir an, dass viele an ihr festhalten werden, dann kann gleichwohl die Position, dass der Mensch einen höheren Wert hat als die Tiere oder nur er einen absoluten Wert hat, ein Argument erst dort sein, wo zwei gleich große Übel gegeneinander stehen. Hier werden dann zusätzliche Kriterien relevant. In solchen Konfliktsituationen würde der Hinweis auf den besonderen Wert des Menschen aber zu kaum anderen Ergebnissen führen wie das nicht-religiöse Kriterium der Nähe. Der prominenteste angebliche moralische Konflikt liegt bei Tierversuchen vor. Auf solche Anwendungsfragen wird das nächste Kapitel eingehen. Absicht dieses Kapitels sollte nur die grundsätzliche Erläuterung der Moral mit Bezug auf Tiere sein.

Dabei hat sich gezeigt, dass die Komplexität und Multikriterialität der Moral, wie sie inzwischen von immer mehr Autoren angenommen wird, nicht daher rührt, dass es verschiedene heterogene Quellen für den Inhalt der Moral gibt,[46] sondern auf dreierlei zurückzuführen ist: Erstens ist das Phänomen der Moral komplex, indem es die verschiedenen Aspekte der Form, des Inhalts und der Motivation aufweist. Zweitens ist der Inhalt der Moral, das subjektive Wohlbefinden der Individuen, komplex; es umfasst die Bereiche des Leidens, der Betätigung und der Sozialität. Drittens haben die Beziehungen, in denen Individuen im Hinblick auf ihr Wohlbefinden zueinander stehen können, je nach Fähigkeiten, Lebenssituation und Nähe unterschiedliche Implikationen.

46 Wie ich angenommen habe in Wolf, U. 2006.

IV. Tierrechte und Menschenpflichten in der Anwendung

Im letzten Kapitel wurden die Typen moralischer Rechte und Verpflichtungen herausgearbeitet, die in der Konzeption der Beachtung aller fühlenden Wesen im Hinblick auf ihr Wohlbefinden angelegt sind. Diese sollen jetzt anhand der wichtigsten Anwendungsprobleme betrachtet werden. Die umfangreichste Tiernutzung geschieht in der Massentierhaltung und in Tierversuchen. Beide Praktiken dienen nicht irgendwelchen, sondern wichtigen menschlichen Zwecken, die eine der Ernährung, die andere zum großen Teil der Erforschung und Abwehr von Krankheiten. Im Zusammenhang beider Praktiken stellt sich nicht nur die Frage, ob den Tieren zugunsten dieser Zwecke Leiden zugemutet werden kann, sondern es ist auch strittig, ob das Töten von Tieren moralisch zulässig ist. Das führt dazu, dass sich die Anwendungsfragen teilweise überschneiden und eine trennscharfe Einteilung schwierig ist. Ich beginne mit einer Differenzierung der Leidensfähigkeit von Tieren (1.) und behandle danach die Tötungsfrage zunächst unabhängig von den Anwendungsfragen (2.). Sodann werde ich auf die Nutzung von Tieren zu Nahrungszwecken (3.) und auf Tierversuche (4.) eingehen. Schließlich werde ich kurz auf einige weitere umstrittene Praktiken wie Stierkampf und Jagd, Zirkus und Zoo zu sprechen kommen (5.).

1. Stufen der Leidensfähigkeit von Tieren

Der moralische Standpunkt der Beachtung des Wohlbefindens eines jeden fühlenden Wesens bezieht diejenigen Tiere mit ein, bei denen wir von einem solchen Wohlbefinden reden können. Es muss daher zunächst geklärt werden, ob das für alle empfindungsfähigen Tiere zutrifft oder nur für einige. Vorab will ich zwei Argumente ausräumen, mit denen man, wenn sie zuträfen, den Tierschutz praktisch desavouieren könnte. Das erste besagt, dass Tiere überhaupt nicht in einem irgendwie relevanten Sinn leiden. Das zweite lautet, dass auch Pflanzen leiden und wir es daher mit einem völlig unpraktikablen Standpunkt zu tun haben. Ich denke, dass diese Argumente oft nicht aus echter Überzeugung vertreten werden, sondern zu dem Zweck, sich vor den Konsequenzen, die eine Einbeziehung der Tiere in die Moral hätte, zu drücken. Die Frage, wie und wie sehr Tiere leiden, gibt jedoch auch Anlass zu Differenzierungen, die für die Beantwortung der Anwendungsfragen wichtig sein werden.

Zunächst zum zweiten Punkt, der Frage der Pflanzen: Man kann sicher vom Wohl oder Gedeihen von Pflanzen in einem objektiven Sinn reden. Aber was Wesen zu Gegenständen der Moral macht, war, dass es ihnen *subjektiv* gut oder schlecht gehen kann, dass sie leiden und wollen können. Pflanzen können das nicht, denn sie haben keine Nerven und keine Muskeln.[1]

Zum ersten Einwand, dass Tiere nicht in einem ernstzunehmenden oder mit Menschen vergleichbaren Sinn leiden können, oder, wie die vorsichtigere Fassung lautet, dass wir das jedenfalls nicht wissen können, lässt sich umgekehrt sagen: Die physiologische Ausstattung von Menschen und anderen Tieren weist weitgehende Ähnlichkeiten auf, so dass man annehmen kann, dass auch die zugehörigen Bewusstseinsphänomene, z. B. Leidenszustände, beim Tier ähnlich sind und eine ähnliche Rolle im Lebensganzen spielen. Der strikte Behaviorismus, der mentale Phänomene entweder methodisch ausklammert oder ganz bestreitet, hat auch unter Physiologen längst seine Attraktivität verloren. Denn unser heutiges Wissen über die evolutionäre Kontinuität macht die Leugnung tierlicher Formen von Bewusstsein unwahrscheinlich, und insbesondere Verhaltensweisen höher entwickelter Tiere lassen sich nur dann mit einer sparsamen Theorie erklären, wenn wir Tieren Absichten und sonstige Bewusstseinszustände zuschreiben.[2]

Die Rede von »höher entwickelten« Tieren weist allerdings auf eine echte Komplikation hin, der wir uns jetzt stellen müssen. Solange es um die Grundsatzfrage geht, ob Tiere überhaupt Gegenstände der Moral sind, genügt es zu wissen, dass es überhaupt Tiere gibt, die leidens- und wollensfähig sind, denen es subjektiv gut oder schlecht gehen kann. Wenn wir jedoch nach der *Anwendung* des

1 Die angeblichen Belege für das Fühlen von Pflanzen können inzwischen als widerlegt gelten. Vgl. Dawkins 1982, 104 f.

2 Siehe dazu Griffin 1981, 124–129, 165–170; Midgley 1983, 129.

moralischen Standpunkts fragen, genügt es nicht mehr, wie bisher einfach von *den Tieren* zu reden. Während wir uns selbst als eine Spezies herausheben, bezieht sich der Ausdruck »die Tiere« auf die Gesamtheit vieler verschiedener Spezies mit ganz verschiedener Ausstattung. Die Rede von »Mensch und Tier« täuscht darüber hinweg, dass die Abstände zwischen der menschlichen und einer nichtmenschlichen Spezies (z. B. Mensch und Gorilla) sehr viel geringer sein können als die zwischen zwei nicht-menschlichen Spezies (z. B. Gorilla und Schnecke). Wir können daher nicht einfach pauschal fragen, welche der oben aufgeführten moralischen Verpflichtungen auch gegenüber *den* Tieren bestehen. Vielmehr ist damit zu rechnen, dass einige dieser Verpflichtungen überhaupt nur gegenüber hoch entwickelten Tieren möglich sind, während andere vielleicht allgemein bestehen.

Die elementarste Form moralischen Unrechts, das Personen verursachen können, ist die Zufügung von physischen Schmerzen. Man könnte vermuten, dass dies gegenüber allen Tieren möglich ist und dass es daher mindestens *eine* moralische Verpflichtung gibt, die sich auf alle Tiere erstreckt, nämlich ihnen kein physisches Leiden zuzufügen. Es gibt jedoch Tiere, die so wenig differenziert sind, dass man sogar hierüber unsicher sein kann. So weisen die Einzeller (Bakterien usw.), wie der Name sagt, noch keine Differenzierung auf; sie haben keine Nervenzellen, und daher gibt es keinen Grund, bei ihnen Leidensfähigkeit zu vermuten. Aber auch einige Vielzeller besitzen keine Nervenzellen, so die Schwämme, deren Zellen nur einen sehr losen Zusammenhang bilden. Auf diese primitivsten Formen tierlichen Lebens ist daher eine Moral der Beachtung des Wohlbefindens noch nicht anwendbar. Die übrigen Tierarten besitzen zumindest Nerven- und Sinneszellen, jedoch im einfachsten Fall noch ohne ein ausgebildetes Nervensystem (so Hohltiere wie Polypen und Quallen; ferner die niedrigsten Formen der Mollusken, z. B. Muscheln).[3] Kann man sagen, dass alle diese Tiere, die Nerven und Sinne haben, Schmerzen empfinden können?

In diesem Zusammenhang muss man die Ausstattung von Lebewesen mit Nozizeptoren von der Fähigkeit zur Schmerzempfindung und zu anderen Bewusstseinszuständen unterscheiden.[4] Nozi-

3 Diese Informationen finden sich in dtv-Atlas zur Biologie 1984, Bd. 1, 75, 125 ff.; Barnett 1971, III.

4 Zum Folgenden genauer DeGrazia 1996, Kap. V.

zeptoren sind Nervenenden, die auf Stimuli reagieren, welche auf eine drohende oder eingetretene Verletzung des Körpergewebes hinweisen. Das können verschiedene Arten von Reizen sein, z.B. Wärmereize auf der Haut oder Geräuschwahrnehmungen; es gibt also verschiedene Nozizeptoren und verschiedene Typen körperlicher Schmerzen.[5] Die Nozizeptoren bilden die Voraussetzung dafür, Schmerzgefühle haben zu können, jedoch braucht eine physische noxische Reaktion nicht automatisch mit einem unangenehmen *subjektiven* Erlebnis, einem bewussten Schmerzgefühl einherzugehen.[6] Was den Zusammenhang von Nozizeption und Schmerzempfindung betrifft, so lautet die derzeitige Auffassung der Physiologie, Schmerz sei keine eigenständige Art von Empfindung, die darin besteht, eine unangenehme Qualität zu haben; vielmehr trete Schmerz auf, wenn Reize, welche auf die Nozizeptoren einwirken, einen bestimmten Schwellenwert übersteigen. Das hat man empirisch u.a. durch unerfreuliche Experimente mit höheren Tieren belegt. Wenn man einem Tier an einem seiner Gliedmaßen Hitze verursacht, zuckt das Glied zurück. Diese rein reflexhafte motorische Reaktion tritt auch bei Tieren auf, deren Sinnesorgane und Hirnrinde ausgeschaltet sind. Können die Reize jedoch zur Hirnrinde gelangen, dann lösen sie affektive Reaktionen, gesteigerte Aufmerksamkeit und gezielte und flexible Versuche der Beseitigung der Schmerzursache aus.[7]

Damit ergibt sich jetzt ein negatives Kriterium für das Vorliegen von subjektiven Schmerzgefühlen. Man braucht sie dort nicht anzunehmen, wo ein Tier so organisiert ist, dass Nervenreize direkt in Muskelbewegungen übergehen, ohne dass sie über ein Zentrum vermittelt werden. Das minimale positive Kriterium auf der physiologischen Ebene wäre daher, dass subjektives Leiden auftreten kann, sobald Tiere ein Nervensystem besitzen, das gewisse Konzentrationen aufweist. Parallel dazu könnte man auf der Verhaltensebene sagen, dass alle Tiere, die auf Reize hin ihr Verhalten ändern können, die anpassungsfähig bzw. lernfähig sind, subjektive Erfahrungen machen.[8] Dazu braucht man nicht Lernfähigkeit im engeren Sinn vorauszusetzen, die ein Hinausgehen über angeborenes Verhalten

5 Siehe dazu z.B. Weddell 1962, 47ff.

6 Vgl. Hardy 1962, 197ff.

7 Vgl. Bowsher/Albe-Fessard 1962, 107ff.; Kitchell 1962, 244ff.; Charpentier 1972, 32f.

8 Vgl. Bowsher/Albe-Fessard 1962, 108.

ermöglicht. Auch genetisch vorprogrammiertes Verhalten wird von Tieren oft so ausgeführt, dass es sich an die jeweiligen Umstände anpasst, weshalb man annehmen kann, dass es absichtlich oder bewusst vollzogen wird.[9] Beide Kriterien, das physiologische ebenso wie das der Anpassungsfähigkeit, werden von allen Wirbeltieren und einer Reihe von Kopffüßern (Kephalopoden) erfüllt.[10] Bei Insekten, die 80 % aller Tierspezies ausmachen, ist die Lage weniger klar.[11] Jedenfalls muss man bei vielen Tierarten Leidensfähigkeit unterstellen.

Für die Frage, *welche* Hinsichten der moralischen Rücksicht auf Tiere anwendbar sind, ist jedoch das Ergebnis, dass sicher die Tiere vieler Spezies subjektive Schmerzempfindungen haben können, noch zu unbestimmt. Hier ist es wichtig, auch zwischen verschiedenen Tierspezies Unterscheidungen vorzunehmen. Der für den Umfang der Leidensfähigkeit entscheidende Schnitt dürfte der zwischen höher entwickelten und weniger entwickelten Tieren sein. Bei ersteren denkt man gewöhnlich an die Säugetiere. Diese Vorstellung, dass nur die Säugetiere hoch entwickelt sind, ist jedoch inzwischen veraltet. Die Spezies der Tiere haben sich in verschiedenen Stämmen in unabhängigen Linien entwickelt, und dabei haben sich in mehreren Linien hoch differenzierte, komplexe Organismen herausgebildet. So weisen viele Vögel eine hohe Lernfähigkeit auf.[12] Auch weiß man, dass z. B. Tintenfische ein stark zentralisiertes Nervensystem und eine hohe Lern- und Gedächtnisfähigkeit haben.[13]

Wenn sich die höheren Tiere nicht einfach mit den Säugetieren gleichsetzen lassen, dann könnte man vielleicht einen wichtigen Einschnitt zwischen höheren und niedrigeren Tieren mit folgendem Verhaltenskriterium festlegen: Fast alle Tiere können Teile ihres Verhaltens anpassen, was bedeutet, dass sie sich bewusst verhalten und subjektive Erlebnisse haben. Die höher entwickelten Tiere können jedoch nicht nur lernen, sondern sie können auch das Lernen lernen. Das heißt, sie können das für ein bestimmtes Problem Gelernte auf andersartige Aufgaben übertragen.[14] Auf der Seite des subjektiven

9 Vgl. Griffin 1990, 55 f., 64 ff.

10 So kann die Leidensfähigkeit von Fischen inzwischen als biologisch plausibel nachgewiesen gelten, vgl. Würbel 2007. Siehe auch Beitrag Nr. 12 in Armstrong / Botzler (Hrsg.) 2003.

11 Vgl. Barnett 1971, 58, 62 f., 70 f. DeGrazia 1996, 111.

12 Zu den Fähigkeiten der Vögel Birmelin 2011, 169 ff., 191 ff., 210 ff.

13 Siehe hierzu Dawkins 1982, 105 f.

14 Diesen Vorschlag macht Barnett 1971, 23.

Erlebens hängt damit zusammen, dass sie nicht nur Schmerzempfindungen haben, sondern z. B. auch Affekte wie Freude oder Angst fühlen können.[15]

Schmerz und andere negative Erlebnisse haben, wo sie mit höheren kognitiven Fähigkeiten, z. B. der Fähigkeit zur Identifikation schädlicher Faktoren einhergehen, einen affektiven Aspekt, eine Erfahrung der Aversion gegen etwas, die sich in einem Verhalten der Flucht und Vermeidung nicht nur der gegenwärtigen Situationen äußert, sondern, da diese Tiere über ein langfristiges Gedächtnis verfügen und zweckgerichtet handeln können, auch in der Entwicklung künftiger Verhaltensmuster.[16]

Dieser Schnitt zwischen zwei Entwicklungsstufen von Tieren ist sicher nicht eindeutig. Da man Leidensfähigkeit auf beiden Ebenen unterstellen muss, spielt er für viele Anwendungsfragen auch keine große Rolle. Praktisch sind die meisten Opfer der schlimmsten Formen der Tierquälerei durch industrielle Haltung und Tierversuche ohnehin hoch entwickelte Säugetiere und Vögel.

2. Dürfen wir Tiere töten?

Die Tötungsfrage stellt sich in verschiedenen praktischen Kontexten. So muss überlegt werden, ob sich solche Tierversuche rechtfertigen lassen, die unter Betäubung stattfinden und mit schmerzloser Tötung enden. Die Entscheidung über die moralische Zulässigkeit des Tötens von Tieren ist aber auch für andere praktische Fragen wichtig, insbesondere dafür, ob wir aus moralischen Gründen vegetarisch leben sollten.[17] Zunächst werde ich jedoch die grundsätzliche Frage des schmerzlosen Tötens von Tieren behandeln.

Ziehen wir die erörterten Moraltheorien heran, dann geben sie unterschiedliche Antworten auf die Tötungsfrage. Für den Utilitarismus, für den es nicht um Individuen, sondern um Lust und Leiden

15 Zu Gefühlen bei Tieren Bekoff 2007 und Balcombe 2010, außerdem die Aufsätze 13–16 in Armstrong / Botzler (Hrsg.) 2003.

16 Genaueres in Dawkins 1982, 23 ff.; Griffin 1981, 36, 109, 122; dtv-Atlas zur Biologie 1984, Bd. 2, 423.

17 Allerdings würde aus der Begründung eines Tötungsverbots mit Bezug auf Tiere kein strikter Vegetarismus folgen, weil man das Fleisch von Tieren, die nicht von Menschen getötet wurden, sondern auf andere Weise ums Leben gekommen sind, trotzdem essen könnte.

als solches geht, ist das einzige Übel Leid oder Unglück; dementsprechend kann das Töten als solches, wenn es ohne Leidensverursachung geschieht, zulässig sein. Töten wir ein Wesen, das in seinem weiteren Leben mehr Lust als Leiden zu erwarten hat, müssen wir es allerdings durch ein anderes Wesen ersetzen, das eine mindestens ebenso gute Nutzenbilanz aufweist, damit die Summe des Gesamtglücks nicht reduziert wird. Die Mitleidsmoral kann aus sich heraus ebenfalls keine Einwände gegen das Töten von Tieren erheben, solange dieses ohne Verursachung von Leiden geschieht. Sowohl beim Utilitarismus wie bei der Mitleidsmoral kann allerdings auch Leiden indirekter Art eine Rolle spielen, das Leiden derer, die unter dem Verlust eines Wesens leiden. Eine klare Ausdehnung des Tötungsverbots auf Tiere ergibt sich aus der Tierrechte-Position von Tom Regan. Denn wenn man Tieren als Subjekten-eines-Lebens einen absoluten Wert zuspricht, dann wird dieser durch die Tötung vernichtet. Das Problem war, dass sich ein solcher höherer Wert weder nachweisen noch rechtfertigen lässt.

Vertritt man, wie im letzten Kapitel vorgeschlagen, eine Position der Tierrechte ohne metaphysische Basis, dann hat der Rechtsbegriff nur eine funktionalistische Bedeutung (Kap. III 1., oben 82f.) und muss daher in jedem Handlungsbereich neu überdacht werden. Haben Tiere unter Voraussetzung dieses funktionalistischen Rechtsbegriffs ein Recht auf Leben? Ich betrachte im folgenden diese Frage nur im Hinblick auf die Tiere selbst, klammere also sekundäre Gründe, etwa die Rücksicht auf Menschen, denen am Leben bestimmter Tiere liegt, ein.

Nehmen wir wieder eine rechtliche Regelung zum Ausgang, dann dürfen laut deutschem Tierschutzgesetz Wirbeltiere »nicht ohne vernünftigen Grund« getötet werden (§ 17). Welche Gründe als »vernünftig« akzeptiert werden, kann man daraus entnehmen, welche Tötungsarten im Gesetz geregelt werden, nämlich u. a. Schlachten, Jagen, Angeln und Töten nach Tierversuchen. Das scheint schwer zu verstehen. Denn *entweder* gilt: Tiere, oder jedenfalls Wirbeltiere, *fallen* unter das Tötungsverbot, das heißt, sie zu töten ist ein moralisches Unrecht; dann müssen Ausnahmen von diesem Gebot nicht nur vernünftig, d. h. zweckrational, sondern auf *moralisch* relevante Weise begründet sein (wo es um das Verbot zu töten geht, wäre ein moralisch relevanter Grund insbesondere Notwehr). *Oder* es müsste gelten, dass Tiere zu töten nicht unter die Moral fällt. In der Tat ist weder in dem erwähnten Gesetz noch in den alltäglichen Moralvorstellungen besonders klar, *warum* man Tiere nicht grundlos töten sollte. Es ist leicht zu verstehen, warum man Tiere nicht quälen sollte. Die Erklärung lautet, dass Tiere (im weitesten, alle Aspekte des Wohlbefindens umfassenden Sinn) leiden können. Aber warum soll man Tiere nicht töten, angenommen das sei ohne Verursachung von Leiden möglich?

Die Frage, ob das schmerzlose Töten von Tieren moralisch zulässig ist, stellt sich auch dann, wenn man Menschen und Tieren prinzipiell den gleichen moralischen Status zuspricht. Wie erläutert (107), heißt gleiche Rücksicht nicht gleiche Behandlung. Denn bei Anwendungsfragen geht es jeweils darum, welche Aspekte des Wohlbefindens bei den betroffenen Wesen gegeben sind. Und wir haben gesehen, dass bei Tieren nicht alle Dimensionen des Lebens vorliegen, wie sie beim Menschen gegeben sein können. Um die Frage zu entscheiden, sollten wir zunächst überlegen, was überhaupt die Grundlage des Tötungsverbots ist. Das lässt sich am besten dort klären, wo es eindeutig anwendbar ist, nämlich gegenüber Personen. Das Argument der unterschiedlichen Fähigkeiten, das oft angeführt wird, um die moralische Zulässigkeit der Tötung von Tieren zu rechtfertigen, legt nahe, dass die Grundlage darin besteht, dass Personen Selbstbewusstsein und einen Zeitbezug haben und reflektiert ihr Leben im ganzen planen. Der entscheidende Punkt wäre dann, dass diese Lebenspläne durchkreuzt werden, wenn man eine Person vorzeitig tötet.

Diese Erklärung ist in zwei Hinsichten problematisch. Erstens. Nach der Moralkonzeption, die ich zugrunde lege, sollte der Bezugspunkt von moralischem Unrecht ein subjektives Leiden sein. Wenn jedoch eine Person überraschend getötet wird, dann gibt es hier kein Wesen mehr, das darunter leidet, dass es seine künftigen Lebenspläne nicht realisieren kann. Zweitens. Personen können sicher ihr Leben reflektiert planen, aber nicht alle Personen tun das; viele gehen im gegenwärtigen Alltagsleben auf und reflektieren nur dort, wo akute Probleme auftreten. Wenn die genannte Erklärung richtig wäre, dann müsste das Töten solcher Personen weniger schlimm sein als das von Personen, die Zukunftspläne verfolgen.

Das erste Problem könnte man durch folgende Argumentation zu beheben versuchen: Sobald das überraschende Töten von Personen zulässig wäre, würden alle Personen mit einem Gefühl ständiger Bedrohtheit und Angst davor leben, dass sie das nächste Opfer dieser Praxis sein könnten. Damit verschiebt sich zunächst die Basis der Erklärung. Das Tötungsverbot würde jetzt nicht mehr darauf beruhen, dass Personen ihr im ganzen geplantes Leben realisieren wollen, sondern darauf, dass sie ein Sicherheitsbedürfnis haben. Aber dann liegt es natürlich nahe zu fragen, *warum* sie Angst davor haben, überraschend getötet zu werden. Und das scheint uns wieder zurückzuführen auf den vorherigen Punkt, dass Personen Zukunftspläne haben, die für die Erreichung eines im ganzen sinnvollen Lebens wesentlich sind. Doch in Wahrheit ergibt sich jetzt eine allgemeinere Erklärung: Auch diejenigen Personen, die mehr in der Gegenwart als auf die Zukunft gerichtet leben, wollen nicht unter Verhältnissen leben, unter denen sie jeden Moment damit rechnen müssen, getötet zu werden. Und zwar wollen sie das deswegen nicht, weil sie den Wunsch haben weiterzuleben. Sicher kommt bei Personen hinzu, dass sie auch dann, wenn sie nicht weiterleben wollen, über Zeitpunkt und Art ihres Todes selbst bestimmen wollen. Aber das bedeutet ebenfalls, dass sie noch manches wollen und anderes nicht wollen. Ohne ein solches Wollen, gegen das verstoßen wird, wäre nicht zu verstehen, weshalb überraschendes und schmerzloses Töten die Rücksicht auf Personen verletzt.

Doch damit sind wir zurück bei dem Problem, dass bei der überraschenden Tötung einer Person diese kein Bewusstsein vom Getötetwerden hat und somit kein Wesen vorhanden ist, das subjektiv darunter leidet. Wie im letzten Kapitel erläutert (87), braucht die Rückbindung an das subjektive Leiden jedoch nicht auf diese Weise punktuell zu sein. Es gehört zu unserer Selbstkonzeption, dass wir uns als Wesen verstehen, die zeitlich existieren, die auf ihre Zukunft gerichtet sind und ein gutes Leben über die Dauer der Existenz hinweg anstreben. Darin liegt, dass Personen grundsätzlich leben und selbst über ihr Leben oder die Art ihres Sterbens verfügen wollen, wo das möglich ist. Das setzt im übrigen nicht voraus, dass *faktisch* alle Personen ihr Leben als Sinnganzes in die Zukunft hinein entwerfen. Es setzt nur die Fähigkeit zu einer solchen Planung voraus, und alle, die über diese Fähigkeit verfügen, haben das Recht, nicht getötet zu werden. Dieses Recht nach Grad der Ausübung der Fähigkeit oder nach Alter abzustufen, scheint wenig sinnvoll, da seine Basis nicht die faktischen subjektiven Wünsche sind, sondern die erläuterte Anlage.[18]

18 Ich folge darin McMahan 2002, 3.3, wonach das Töten von Personen grundsätzlich gleich schlimm ist (wenn auch aus anderen Gründen). Für ein

Viele Autoren sind der Meinung, dass diese Grundlage des Tötungsverbots bei Tieren nicht gegeben ist. Tiere, so heißt es manchmal, seien Gegenwartsgeschöpfe, die im Augenblick leben.[19] Doch das darf inzwischen für viele Tierarten als widerlegt gelten. Sehr hoch entwickelte Tiere, insbesondere Primaten, aber auch Delphine, zeigen nach Ansicht der Verhaltensforschung eine Art von Selbstbewusstsein.[20] Ihnen wird daher in der Tierethik allgemein ein Lebensrecht im gleichen Sinn zugesprochen, wie Menschen es haben.[21]

Unterhalb dieser Stufe gibt es eine große Anzahl höher entwickelter Tiere. Wie bereits im Zusammenhang der Leidensfähigkeit ausgeführt, können diese planvoll und zweckgerichtet handeln und besitzen eine Art Zeitbewusstsein (zum Teil ein Gedächtnis für Erlerntes über mehrere Jahre hinweg). Dann bleibt aber immer noch ein Unterschied. Personen *wissen* von Leben und Tod, während, so wieder die übliche Auffassung, Tiere kein Bewusstsein des Todes haben. Sie können daher zwar Angst vor irgendwelchen Gefahren und Bedrohungen empfinden, aber keine Todesangst.[22] Es könnte somit der Grund, nicht unter Bedingungen der Unsicherheit des Lebens existieren zu wollen, in ihrem Fall nicht vorliegen. Wenn, wie Verhaltensforscher sagen, der Mensch der Universalfeind der Tiere ist, vor dem alle freilebenden Tiere fliehen, dann sollte man sich darüber nicht allzu sicher sein.[23] Was das Todesbewusstsein selbst angeht, so bezeugen Beobachter, dass Schweine, wenn sie im Schlachthof das Blut ihrer Artgenossen riechen, mit panischer Angst reagieren.

abgestuftes Tötungsverbot auch bei Personen plädiert Schälike 2010, 376. Ich denke, dass der Begriff der Gleichheit beim Töten zunächst irrelevant ist. Wenn Töten moralisch falsch ist, dann gibt es keine Grade dieser Falschheit. Sollten allerdings Situationen auftreten, in denen wir nur die eine oder die andere Person retten können oder nur das Leben der einen oder das der anderen Person verlängern können (etwa bei der Zuteilung von Ressourcen im Gesundheitswesen), brauchen wir Kriterien der Abwägung. Das bedeutet aber keine Abschwächung des Tötungsverbots, sondern heißt nur, dass wir in Dilemma-Situationen aus der Moral allein heraus keine Entscheidung finden können, sondern zu anderen Kriterien greifen müssen.

19 So Spaemann, zitiert in Teutsch 1987, 120.

20 Zu den intellektuellen Fähigkeiten von Primaten siehe z. B. Call/Tomasello 1997.

21 Vgl. Armstrong/Botzler (Hrsg.) 2003, Teil III; Cavalieri/Singer (Hrsg.) 1993.

22 So Singer [2]1994, 129.

23 Siehe dazu auch Höffe 1984b, 130.

Diese Angst lässt sich kaum anders denn als Todesangst interpretieren, auch wenn diese anders als bei Personen nicht eine reflektierte, sondern nur eine faktische ist.[24]

Dass zumindest höhere Tiere eine Bedrohung ihres Lebens durch Menschen erfahren können und dass sie Todesgefahren von trivialen Gefahren unterscheiden können, scheint daher empirisch gut belegt zu sein. Nun könnte man sagen, dass eine überraschende und schmerzlose Tötung dieses Leiden unter der Erfahrung einer Lebensbedrohung auch bei höheren Tieren vermeidet. Die Vorstellung von einem Töten ohne Leidenszufügung enthält jedoch zum einen eine Idealisierung, die nur selten der Realität entspricht; die Umstände des Jagens oder Fangens, die Transportbedingungen, die Zustände auf dem Schlachthof, die oft ungenügende Betäubung machen Angst, Stress und Schmerzen kaum vermeidlich (hinzu kommt oft Leiden für andere Tiere, z. B. zurückbleibende Junge). Zum anderen gilt auch bei Personen, dass sie nicht leiden würden, wenn man sie überraschend und schmerzlos tötet. Daher erwies sich als die einzige für alle Phänomene brauchbare Grundlage des Tötungsverbots das Weiterlebenwollen bzw. ein gewisser Zukunftsbezug des Lebens. Die Fähigkeiten, die Voraussetzung für dieses Wollen sind, besitzen aber alle höher entwickelten Tiere.

Wie ist nun das Töten von Tieren einer weniger komplexen Organisationsform moralisch zu beurteilen? Z. B. das Töten von Fischen, die in vielen Kulturen eine Hauptrolle in der Ernährung spielen? Oder das Töten von Insekten, die viele Menschen bedenkenlos schon dann totschlagen, wenn sie nur ihre Anwesenheit stört? Bei Fischen steht fest, dass sie leidensfähig im starken Sinn der Beeinträchtigung des subjektiven Wohlbefindens sind, so dass das Töten auf jeden Fall mit vorheriger Betäubung stattfinden müsste. Da niedere Tiere nicht über die Fähigkeiten verfügen, aufgrund derer Säugetiere und vermutlich ebenso die anderen hoch entwickelten Tiere ein faktisches Todesbewusstsein haben, kann man ihnen vielleicht in der Tat nicht den Wunsch zum Weiterleben zuschreiben. Das schmerzfreie Töten dieser Tiere wäre dann unproblematisch, weil sie offenbar nicht über diese komplizierten Fähigkeiten verfügen. Ich rede im Irrealis, weil ich mich in dieser Frage nicht festlegen möchte, solange wir zu wenig über die Fähigkeiten dieser Tiere wissen.

24 Siehe Hablützel 1985, 111.

Um die Unsicherheit noch zu vergrößern: Es wäre denkbar, das Tötungsverbot bereits auf einer schwächeren Grundlage einzuführen. Leben ist ja keine klar definierte, einfache Handlung, die man sich vornehmen kann. Es besteht vielmehr im Vollziehen der verschiedenen Aktivitäten, in denen ein Wesen sein Leben realisiert. Mit dieser Überlegung könnte man das *Weitermachenwollen* jeder Handlung als Indiz für das *Weiterlebenwollen* auslegen. Die Folge wäre, dass man allen Tieren, die sich bewusst-absichtlich verhalten können, ein moralisches Lebensrecht zusprechen müsste. Das aber können alle Tiere mit Ausnahme der primitiven Formen, so dass das Töten so gut wie aller Tiere ein moralisches Unrecht wäre.[25] Das *könnte* man so sehen, aber die Argumente scheinen mir nicht zwingend, so dass ich diese Frage unentschieden lasse.

Dennoch scheint die Tötung von Tieren ohne Grund irgendwie nicht zum Tierschutzgedanken zu passen. Trifft es zu, dass den weniger differenzierten Tieren kein Unrecht geschieht, wenn wir sie ohne Verursachung von Angst und Schmerzen töten, dann muss die Unvereinbarkeit eher motivational sein. Wenn eine Person eine Haltung moralischer Achtung gegenüber Tieren hat, Mitleid mit ihnen empfindet und wünscht, dass ihnen kein unnötiges Leiden zugefügt wird, dann ist darin impliziert, dass ihr am Wohlbefinden der Tiere liegt, und dieses Interesse am *guten Leben* der Tiere impliziert ein Interesse an ihrem *Leben*. Wer eine psychische Einstellung zugunsten des Wohlbefindens der Tiere hat, hat damit implizit auch eine Motivation zur Bewahrung des Lebens von Tieren.

Es ist wichtig zu sehen, dass dieser motivationale Überschuss keine moralischen Rechte und Pflichten konstituiert. Ein solches Recht ergibt sich nur dort, wo es sich auch inhaltlich um eine Konsequenz aus der Konzeption des angemessenen Umgangs mit allen fühlenden Wesen handelt, was hier nicht der Fall ist. Unsere Abneigung gegen das zweck- und bedenkenlose Töten von weniger differenzierten Tieren könnte man dadurch erläutern, dass wir hier ein Gefühl der Pietät haben, das allerdings, wie im letzten Kapitel erläutert, ein Randbereich der Moral ist und nicht im engeren Sinn *in* die Moral gehört.

25 Diese Position vertritt z. B. Wolf, J.-C 1995.

3. Tiere und Ernährung

Mit Bezug auf die Ernährung spielen verschiedene Fragen eine Rolle. Erstens die Tötungsfrage, die sich im Zusammenhang mit dem Konsum von Fleisch und Fisch stellt und die allgemein schon behandelt wurde. Zweitens die Probleme, welche der Konsum von Tierprodukten aufwirft, die von lebenden Tieren stammen, wie Milch oder Eier, wobei hier zwischen Massentierhaltung und traditioneller Tierhaltung zu unterscheiden sein wird.

Fleisch und Tierprodukte aus der Massentierhaltung

Die intensive Tierhaltung betrifft in großem Umfang Säugetiere und Geflügel; aber auch die meisten Fische, die wir heute essen, stammen aus Massenzuchten. Zur Verteidigung der Intensivtierhaltung sind eine Reihe von Scheinargumenten im Umlauf. Die wichtigsten sollen im folgenden erörtert werden, nämlich der Hinweis auf: (i) die gute Versorgung der Tiere, (ii) den Umfang des Bedarfs, (iii) die Ökonomie der Methode und (iv) die kulturelle Bedeutung des Fleischessens.

(i) Der amerikanische Landwirtschaftsverband *Animal Agriculture Alliance* argumentiert, in den Großbetrieben gehe es den Tieren besonders gut, sie seien, vor den Unbilden des Wetters geschützt, warm und trocken untergebracht und keiner Gefahr durch natürliche Feinde ausgesetzt. Für ihre Nahrung sei gesorgt, ohne dass sie sie mühsam suchen müssten. Sie hätten es gut und gediehen, und sollten sie einmal krank sein, würde man sich ebenfalls um sie kümmern.[26]

Dieses Argument enthält mehrere falsche Annahmen. Zum einen unterschlägt es die Deformationen und Krankheiten, unter denen die intensiv gehaltenen Tiere häufig leiden. Sodann suggeriert es ein völlig verkehrtes Bild vom Wohlbefinden der Tiere. Niemand würde behaupten, dass das menschliche Wohlbefinden darin besteht, nur träge dazuliegen und Unmengen zu essen, so dass man so viel an Gewicht zunimmt wie möglich. Dass das tierliche Wohlbefinden gerade hierin liegen sollte, ist nicht plausibler und lässt sich durch empirische Beobachtungen widerlegen. Tiere haben einen starken

26 Siehe Armstrong/Botzler (Hrsg.) 2003, Aufsatz 30.

Drang nach Bewegung und Aktivität. Hühner z. B., die die Wahl haben, sich in einem Stall aufzuhalten oder im Freien herumzustreifen, ziehen selbst bei Regen und Kälte den Aufenthalt draußen vor.[27] Dieses Präferenzverhalten zeigen schon nach ein paar Tagen auch Tiere, die das Leben im Freien vorher nicht kannten. Die natürlichen Bewegungstriebe sind auch bei diesen Tieren noch vorhanden. Wenn man z. B. intensiv gehaltenen, zu schweren Fleischkolossen gezüchteten Schweinen Bewegungsmöglichkeiten gibt, betätigen sie sich, indem sie wühlen, scheuern und Gruppenverhalten entwickeln. Dass Tiere auch dann unter dem Fehlen von Betätigungen leiden, wenn sie diese nie ausüben konnten, lässt sich daran sehen, dass sie ohne Aktivität an Langeweile leiden. Hierfür gibt es beobachtbare Indizien, wie z. B. stereotypes Verhalten, bei dem Bewegungsmuster zwanghaft wiederholt werden, oder Leerlaufhandlungen, die mangels geeigneter Stimuli ausgeführt werden.[28] Auch Fische, die als Wirbeltiere leidensfähig sind, haben in den intensiven Zuchten kaum Bewegungsmöglichkeit, so dass unter moralischen Gesichtspunkten nur der Konsum von Fisch akzeptabel ist, der im Freien gefangen (was oft ökologisch bedenklich ist) oder in Biokulturen gezüchtet wurde. Allerdings sind auch hier die Tötungsmethoden mit Leiden verbunden.[29]

(ii) Selbst wenn den Tieren durch die intensive Haltung Leiden entsteht, so ist das unvermeidlich, denn mit traditioneller Tierhaltung könnten wir nicht genug produzieren, um alle menschlichen Bedürfnisse zu befriedigen.

Dieses Argument enthält erstens die falsche Voraussetzung, dass der Mensch für sein Leben und seine Gesundheit so viel Fleisch und andere tierische Produkte braucht, wie sie heute in den westlichen Industriegesellschaften konsumiert werden. Das trifft sicherlich nicht zu. Wir können sogar ganz ohne Fleisch existieren.[30] Tatsäch-

27 Siehe Harrison 1965, 47f.

28 Vgl. Wemelsfelder 1986.

29 Die einzige Ausnahme scheint vorläufig die schweizer Institution *fair-fish* darzustellen, die sich nicht nur um nachhaltigen Fang, sondern auch um möglichst schmerzfreies Töten der Fische bemüht. Aber das reicht natürlich nicht aus, den aktuellen Bedarf zu decken.

30 Dazu ausführlich Leitzmann/Keller 2010. Siehe im übrigen auch schon die von Wilhelm Brockhaus herausgegebene Sammlung *Das Recht der Tiere in der Zivilisation. Einführung in Naturwissenschaft, Philosophie und Ein-*

lich ist es auch möglich, sich nicht nur ohne Fleisch, sondern ohne jegliche Tierprodukte wie Eier und Milcherzeugnisse zu ernähren. Während dieser völlige Verzicht relativ kompliziert und aufwendig ist, könnte eine Reduktion des Konsums durchaus im Sinn der menschlichen Gesundheit sein, und bei einer solchen Reduktion würde vielleicht eine tierfreundlichere Nutzung anstelle der intensiven Tierhaltung möglich.

(iii) Solche tierfreundlichen Methoden sind unökonomisch bzw. ungerecht. Sie hätten zur Folge, dass viele Leute sich keine Tierprodukte mehr leisten könnten.

Das mag unter faktischen Bedingungen zutreffen. Aber diese Bedingungen enthalten eine Reihe von Absurditäten und sind nicht unveränderlich. Derzeit wird sehr viel mehr produziert, als verbraucht wird. Die EU wendet jährlich hohe Geldbeträge auf, um die Überproduktion und ihren Abbau zu subventionieren. Mit diesen Summen könnte man statt dessen Betriebe fördern, die tierfreundlich arbeiten. Es spricht sogar manches für Berechnungen, wonach eine nicht-intensive Produktion grundsätzlich kaum erheblich teurer wäre.[31] Denn die intensive Haltung muss mit einem hohen Verlust an Tieren rechnen, die die rohen Bedingungen nicht überstehen, sowie hohen Aufwendungen für Medikamente. Der ökonomische Unterschied kann schon deswegen nicht sehr groß sein, weil auch in der nicht-intensiven Haltung der weitaus größte Posten die Ausgabe für Futter ist; Ausgaben für Stallungen und Arbeitskräfte betragen hingegen nur je 3,5 % der Gesamtinvestition.[32] Und es gibt Großbetriebe, die mit alternativen Methoden arbeiten und ökonomisch erfolgreich sind.[33]

Was die Ernährung der Menschheit im ganzen betrifft, so geht zweitens durch die Verfütterung von Pflanzen an Tiere eine große Menge an Eiweiß verloren, die sonst direkt der menschlichen Ernährung zugute kommen könnte. Man kann pro Fläche ca. 5–10mal mehr pflanzliches als tierisches Eiweiß erzeugen.[34]

zelfragen des Vegetarismus, die im Jahr 1975, also gleichzeitig mit Peter Singers Buch *Animal Liberation*, erschienen ist, aber im Unterschied zu diesem nicht beachtet wurde.

31 Eine solche Berechnung findet sich in Sommer 1984.

32 Vgl. Harrison 1965, 217ff.

33 Ein Beispiel wird angeführt in Eimler/Kleinschmidt 1987, 129.

34 Siehe Harrison 1965, 225.

Die Argumente (ii) und (iii) sind in einem Punkt aufschlussreich. Sie behaupten die grundsätzliche oder ökonomische *Unvermeidbarkeit* der Massentierhaltung. Dass dieser Begriff der Unvermeidbarkeit in Rechtfertigungen der schlechten Behandlung von Tieren ständig auftaucht, zeigt, dass die Vorstellung besteht, dass hier eine moralisch relevante Begründung erforderlich ist. Denn wo die Zufügung von Leiden wirklich unvermeidlich ist, gilt das schon in Handlungen gegenüber Menschen als moralischer Rechtfertigungsgrund. Aber in den bisherigen Argumenten bleibt dieser Begriff bloße Rhetorik. Es besteht keine strikte Unvermeidbarkeit in dem Sinn, dass jemand oder etwas uns zwingen würde, so zu handeln. Es besteht auch keine Unvermeidbarkeit in dem ebenfalls noch verständlichen Sinn, dass wir unser Leben nicht erhalten könnten, wenn wir diese Praktiken aufgeben. Die sogenannten ökonomischen Zwänge sind ebenfalls keine echten Zwänge, sondern bestehen nur relativ zu den derzeitigen Strukturen, die veränderbar sind. Selbst wenn wir annehmen, dass die intensive Produktion billiger ist und bleibt, wäre das, wenn wir die Moral gegenüber Menschen zum Modell nehmen, kein moralisch relevantes Argument. Es ließe sich auch vieles billiger produzieren, wenn Menschen ausgebeutet würden; das aber ist keine moralisch akzeptable Rechtfertigung von Ausbeutung.

(iv) Die intensive Tierhaltung dient nicht einfach der Befriedigung irgendwelcher Vorlieben. Das Essen und gemeinsame Essen hat eine große Bedeutung im menschlichen Leben, die gefährdet wird, wenn Einschränkungen eingeführt werden.[35]

Hier geht es um die Unvermeidbarkeit von menschlichen Zwecken in dem Sinn, dass sie wesentlicher Bestandteil einer kulturellen Identität oder des menschlichen Selbstverständnisses überhaupt sind. Das Argument der Gefährdung der Esskultur kann allerdings kaum überzeugen. Die Gewohnheiten des gemeinsamen Speisens würden nicht zusammenbrechen, wenn wir wenig oder kein Fleisch und weniger andere tierische Erzeugnisse essen würden; und das ist vorläufig alles, was die Beachtung des Verbots der Leidenszufügung gegenüber Tieren verlangen würde. Moralische Ansprüche lassen sich nicht durch beliebige Dinge außer Kraft setzen, sofern diese nur zur persönlichen oder kulturellen Identität gehören. Moralprinzipien hätten sonst nur noch Ausnahmen und ließen sich dann auch

[35] Diese Argumentation findet sich z. B. bei Devine 1978, 493.

gleich ganz streichen. Denn fast alles, was Menschen tun, entspringt nicht einer einmaligen Laune, sondern einer Gewohnheit, die in der Identität verankert ist.

Der Hinweis auf die Identität enthält gleichwohl eine zutreffende Einsicht. Ein Moralprinzip wie das Verbot der Leidenszufügung steht in der Tat nicht für sich, sondern ist in den umfassenderen Kontext einer Identität oder eines Selbstverständnisses eingebettet. Die Moral ist selbst ein Bestandteil der Identität, und die Frage wäre, *welchen* Status sie hier einnimmt. Typisch scheint zu sein, dass moralische Vorschriften häufig negativ, also Verbote sind, die gerade Grenzen für Handlungsweisen definieren. So wäre unsere Ernährungsweise, wie sehr sie auch kulturell verankert sein mag, durch das Verbot der Leidenszufügung begrenzt. Es gibt allerdings religiöse Moralen, die hier positive Vorschriften enthalten, z. B. Rituale der Opferung und des gemeinsamen Verzehrs von Tieren festlegen. Religiöse Moralen können außerdem Verbote enthalten, die mit dem Verbot der Leidenszufügung in Konflikt geraten können; so wird im deutschen Tierschutzgesetz noch heute das religiöse Verbot anerkannt, Fleisch von Tieren zu essen, die nicht durch das Verfahren des Schächtens getötet wurden, das nicht leidfrei ist. Das wirft die Frage auf, wie wir uns überhaupt zu der Verschiedenheit von Moralen verhalten wollen und ob und wie wir bei der Frage nach einem heute angemessenen moralischen Standpunkt auf solche religiösen Vorstellungen Rücksicht nehmen müssen. Diese Frage verschiebe ich auf das Kapitel V.

Keines der geprüften Argumente erweist sich als geeignet, die Methoden der industriellen Tierhaltung moralisch zu rechtfertigen. Folgt dann, dass wir uns vegetarisch oder sogar vegan ernähren müssen?

Vegetarismus

Faktisch stammen nicht nur das Fleisch und der Fisch zum größten Teil aus der Massentierhaltung, sondern auch die anderen Tierprodukte, die wir essen, werden auf diese Weise erzeugt. Aber selbst bei Tieren im ökologischen Landbau kann man nicht sicher sein, dass sie nicht beim Transport oder bei der Schlachtung leiden. In Deutschland sind daher viele jüngere Menschen, denen am Wohlbefinden der Tiere liegt, zunehmend nicht nur Vegetarier, sondern auch Veganer. Sind wir moralisch verpflichtet, so zu leben? Wie die richtige Entscheidung lautet, ist strittig. So vertritt z. B. Bart Gruzalski einen weitgehenden Vegetarismus mit utilitaristischen Argumenten.[36] Dabei spielt die Tötungsfrage in seiner Argumentation eine Nebenrolle. Er bezieht sich einerseits auf die Frage des Leidens, andererseits auf den menschlichen Nutzen. Was das Leiden der Tiere betrifft, so ist ja die Position verbreitet, wir könnten Tiere, die nicht unter Bedingungen der Massentierhaltung, sondern auf konventionellen Bauernhöfen leben, nutzen und essen. In diesem Zusammenhang bezweifelt Gruzalski, dass die Tiere wirklich ein gutes Leben haben und angst- und schmerzfrei getötet werden. Zweitens weist er darauf hin, dass es für die menschliche Ernährungssituation von großem Vorteil wäre, die Nahrungskette nicht durch zwischengeschaltete Tiernutzung zu unterbrechen. Dadurch nämlich geht ein großer Prozentsatz an Nahrungsenergie verloren, der, würden wir statt dessen direkt Pflanzen nutzen, der Reduktion des Hungers in der Welt dienen könnte.

Da mein Thema die Tierethik ist, beschränke ich mich auf die erste Überlegung. Gruzalski argumentiert nicht für einen strikten Vegetarismus. Nichts spricht seiner Auffassung nach gegen den Verzehr von Tieren, die zufällig gestorben sind oder überraschend bei der Jagd getötet wurden. Dann scheint es allerdings nicht sehr plausibel, wenn der Autor den Verzehr von Tieren, die auf Bauernhöfen getötet wurden, *prinzipiell* verurteilt. Dass sie faktisch oft nicht angst- und schmerzfrei getötet werden, heißt ja nicht, dass das notwendigerweise so sein muss.

Evelyn Pluhar tritt von einer starken Auffassung der Tierrechte her für den Vegetarismus ein, insofern sie jedem Wesen, das Ziele verfolgt, ein Lebensrecht zuspricht.[37] Sie hält jedoch im Gegensatz zu Gruzalski die konventionelle Tiernutzung für möglich, und zwar nach dem Modell eines Nutzenaustauschs, bei dem Milch und Eier gegen Nahrung, Schutz und Fürsorge eingetauscht werden. Da die Tiere, die wir nutzen, hoch entwickelt und flexibel sind, so dass sie unter Bedingungen einer tierfreundlichen Haltung vermutlich ein befriedigendes Leben haben könnten, würde ich dem zustimmen. Allerdings scheint mir das Modell des Austauschs, wie oben erläu-

36 Gruzalski 2004.

37 Pluhar 2004. Für ihre zugrundeliegende Theorie der Tierrechte siehe Pluhar 1995.

tert (98), unpassend, da Tiere keine Tauschbeziehungen eingehen können.

Mary Anne Warren verweist im Sinn der Tugendethik auf die Bedeutung bestimmter Formen der Praxis des Jagens und Fleischverzehrs für das menschliche Zusammenleben.[38] So kann man nach ihrer Auffassung z. B. von Volksstämmen, für welche die Jagd Bestandteil ihrer Tradition ist, nicht verlangen, diese Praxis aufzugeben. Sie erkennt auf der anderen Seite an, dass wir die moralische Verpflichtung haben, Tieren keine Leiden zuzufügen und sie nicht zu töten. Wer Alternativen habe, sei daher zum Vegetarismus verpflichtet. Das scheint mir keine sehr klare Position zu sein. Erstens war ja das Tötungsverbot offen, und solange es offen ist, gibt es keine strikte Verpflichtung zum Vegetarismus. Zweitens erzeugt im allgemeinen auch das Töten im Rahmen der Jagd Angst und Stress und verstößt daher gegen das Verbot der Leidenszufügung. Ein solches Verbot kann nach unseren gewöhnlichen Regeln der moralischen Argumentation nicht einfach durch den Hinweis auf eine kulturelle Praxis oder Tradition außer Kraft gesetzt werden.

Halten wir fest: Nach den bisherigen Überlegungen gibt es keine Gründe, Tiernutzung prinzipiell abzulehnen. Abzulehnen sind Fleisch und andere Tierprodukte, die aus der Massentierhaltung stammen, weil diese Haltungsform immer mit erheblichem Leiden für die Tiere verbunden ist. Eine traditionelle Tiernutzung hingegen kann, wenn sie den Tieren genügend Spielräume für ein Leben in der Entfaltung ihrer Fähigkeiten lässt, unbedenklich sein, wobei allerdings auch hier Bedenken bezüglich der Leidfreiheit des Tötens bestehen. Eine vegane oder auch schon eine vegetarische Lebensweise sind, wie in Kapitel V noch genauer zu erläutern sein wird, lobenswert und haben Signalwirkung auch auf andere, sind aber nicht im strengen Sinn moralisch geboten. Moralisch geboten scheint allerdings ein eingeschränker Konsum, weil auf alternative Weise nicht so viel produziert werden kann, dass eine Ernährung mit Tierprodukten im bisherigen Umfang möglich ist.

38 Warren 1997, 229–231. Die relevanten Passagen finden sich in dt. Übersetzung in Wolf, U. (Hrsg.) 2008, 314–317.

4. Tierversuche

Tierversuche werfen schwierige Fragen auf. Diese sollen in vier Schritten behandelt werden. Zunächst kläre ich einige Vorfragen, welche die Empirie und die Gesetzeslage betreffen. Sodann erläutere ich die moralische Problematik und erörtere die wichtigsten Argumentationsstrategien zugunsten von Tierversuchen. Schließlich versuche ich Kriterien der ethischen Vertretbarkeit im konkreten Fall zu bestimmen.

Vorfragen

Da die moralische Bewertung des Tötens von Tieren nicht ganz eindeutig war, klammere ich diejenigen Tierversuche aus, die tatsächlich unter Betäubung geschehen und mit schmerzloser Tötung enden.[39] Das Tötungsverbot, welches das Tierschutzgesetz in diesem Zusammenhang ausspricht, muss eher seltsam wirken in einer Gesellschaft, die in unvergleichlich höherer Zahl Tiere zum Konsum tötet.[40] Aber konzentrieren wir uns jetzt auf die Problematik derjenigen Versuche, die mit Leiden verbunden sind.

Das deutsche Tierschutzgesetz erlaubt unter bestimmten Bedingungen Versuche, die Leiden verursachen. Solche Versuche sind, wo sie an Wirbeltieren vorgenommen werden, anzeige- oder genehmigungspflichtig. Nur anzeigepflichtig sind sie, wenn ein Versuchsziel generell als gerechtfertigt gilt. In den anderen Fällen sind sie genehmigungspflichtig, d. h. die Wissenschaftler müssen die Unerlässlichkeit der Belastungen der Tiere begründen. Die Verursachung von Schmerzen und Leiden von Tieren kann nur dann genehmigt werden, wenn sie zum Erreichen des Zwecks unverzichtbar ist. Es muss also insbesondere nachgewiesen werden, dass der Zweck nicht auch auf anderem Weg erreicht werden kann.[41] In vielen Fällen aber sind andere Methoden möglich. Das gilt insbesondere in der Arz-

39 Allerdings ist zu vermuten, dass hier in der Phase, die dem Versuch vorhergeht, den Tieren im allgemeinen Stress, Angst, Einschränkung der Betätigungsmöglichkeiten und andere Minderungen des Wohlbefindens entstehen. Siehe zu diesen Versuchen auch Binder 2009.

40 Laut DFG sollen von der Gesamtzahl der jährlich getöteten Tiere nur 0,5 Prozent auf Tierversuche entfallen, siehe DFG 2004, 7.

41 Siehe die Skizze bei Borchers/Luy (Hrsg.) 2009, Einleitung.

neimittelforschung, die die größte Zahl von Versuchen durchführt. Toxizitätsprüfungen von Stoffen sind gesetzlich vorgeschrieben, wobei die Behörden oft noch Versuche fordern, die nach Meinung der Fachleute überholt sind,[42] und Wiederholungsversuche bei bereits bewährten Grundstoffen verlangen.[43] Das Tierschutzgesetz enthält keine Verpflichtung zur Einrichtung einer Datenbank, wo vorhandene Ergebnisse abgefragt werden könnten, statt durch Doppelversuche neues Leiden zu erzeugen.[44] Außerdem werden Versuche mit unklarer Zielsetzung durchgeführt; trotz der inzwischen strengen Anforderungen an die Genehmigung von Tierversuchen sind auch heute noch die Ziele in den Versuchsplänen oft nicht eindeutig benannt.[45] Doch auch die Aussage der Pharma-Industrie, dass sie im eigenen Interesse die Zahl von Versuchen so gering wie möglich halte, weil sie das teuerste Verfahren darstellten,[46] ist mit Vorsicht zu genießen. Denn die Pharma-Industrie ist mit anderen Unternehmen wie der Versuchstierzucht und der Zulieferindustrie verflochten, was sicher nicht die Reduktion von Tierversuchen fördert.[47]

Dennoch hat sich, auch wenn die Praxis davon häufig weit entfernt ist, wenigstens im Prinzip in der internationalen Forschung die Forderung der drei R's durchgesetzt, das Achten auf *replacement*, *reduction*, *refinement*, d.h.: Tierversuche nach Möglichkeit durch andere Verfahren zu ersetzen, durch die Kombination mit Alternativmethoden und Verbesserungen des Versuchsaufbaus Tierversuche einzusparen und Tierversuche zu verfeinern, z.B. verfeinerte Methoden der Schmerztherapie oder verbesserte Haltungsbedingungen einzuführen.[48]

Die für die Tiere beste Strategie, diejenige der Ersetzung der Tierversuche, erfordert zunächst die Klärung zweier empirischer Fragen. Die eine Frage lautet, ob die Versuche wirklich für die Zwecke notwendig sind oder ob es nicht alternative Verfahren gibt, mit denen sie sich erreichen lassen. Die zweite Frage ist, ob Tierversuche über-

42 Tierversuche in der Forschung 1981, 16.
43 Vgl. Gerold 1987, 311, Punkt 7.
44 Gerold 1987, 141, 295.
45 Borchers/Luy (Hrsg.) 2009, 215
46 Diese Aussage findet sich in: Tiere in der Arzneimittelforschung 1981, 20.
47 Vgl. Händel, 1984, 20; Hume, C. W. 1962, 311.
48 Zur Lage bezüglich der drei R's siehe die Beiträge im Teil 2 von Borchers/Luy (Hrsg.) 2009.

haupt geeignete Mittel für diese Zwecke sind oder ob nicht vielmehr die Gefahr besteht, dass sie zu falschen und daher für uns gefährlichen Ergebnissen führen.

Obwohl man denken würde, dass sich über empirische Fragen am ehesten Einigkeit erzielen lässt, besteht hier gegenwärtig keine Übereinstimmung. Was die zweite Frage betrifft, so scheint es jedenfalls schwer vorstellbar, dass die Praxis des Tierversuchs überhaupt in diesem Umfang betrieben würde, wenn sie tatsächlich nie zu brauchbaren Ergebnissen führen würde. Auch wenn sich die Organismen der verschiedenen Spezies in ihrem Aufbau unterscheiden, gibt es doch weitgehende Ähnlichkeiten, und man weiß inzwischen relativ gut, in welchen Bereichen welche Tierart den menschlichen Reaktionen am ähnlichsten ist.[49] Auf Gegenbeispiele wie die Contergan-Katastrophe kann die Pharma-Industrie mit Recht antworten, dass es sich hier nicht um eine Folge mangelnder Übertragbarkeit handelte, sondern dass man nach keimschädigenden Auswirkungen des Mittels im Tierversuch gar nicht gefragt hatte, weil mit dieser Möglichkeit nicht gerechnet worden war.[50] All das heißt nicht, dass Tierversuche immer zu verlässlichen Ergebnissen führen; man kann nur nicht behaupten, dass sie grundsätzlich nutzlos und irrefürend sind.

Schwieriger ist die Frage, ob Tierversuche für die genannten Zwecke unvermeidbar, also die einzigen Mittel sind oder ob sie sich im Prinzip durch andere Verfahren ersetzen lassen. Eine Umfrage unter Experimentatoren zeigt, dass für die toxikologische Prüfung ca. ein Drittel der Befragten die Bedeutung von Tierversuchen gering einschätzt.[51] Ein Drittel ist keine verschwindende Minderheit, so dass sich die Behauptung, Tierversuche seien für diesen Zweck unverzichtbar, bezweifeln lässt. Alternative Methoden wurden immer schon nebenher verwendet, und sie werden immer weiter ausgearbeitet und verfeinert.[52] Zu erwähnen ist hier insbesondere die Verwendung von Gewebekulturen. Das Hauptargument gegen eine vollständige Ersetzung des Tierexperiments durch solche Verfahren lautet, dass sich so die Wirkung von Mitteln auf den Gesamtorga-

49 Siehe Tiere in der Arzneimittelforschung 1981, 7.

50 So z. B. Tierversuche. Experten sagen ihre Meinung 1984, 31 f.

51 Fiebelkorn/Lagoni 1981.

52 Siehe z. B. Russell/Burch 1959; Smith 1982; Gelbe Liste: Tierversuche – Alternativen, 1. und 2. Teil, 1987/88; Gruber/Spielmann 1996.

nismus nicht feststellen lasse; Phänomene wie Blutdruck oder Stress gibt es bei Zellkulturen nicht, sondern nur am »Ganztier«, wie man das zu nennen pflegt.[53] Doch inzwischen lässt sich auch die Ganzheit weitgehend auf andere Art studieren, etwa durch apparative Modelle von Organismen oder durch die Kombination von Beobachtung an Gewebekulturen mit der Computersimulation größerer Zusammenhänge. Hier scheint also eine zumindest weitgehende Ersetzung von Tierversuchen denkbar.

Die Suche nach alternativen Methoden konzentriert sich primär auf Tierversuche in der Arzneimittelforschung. Was die medizinische Forschung, z. B. das Ausprobieren neuer Operationsmethoden angeht, sind Hinweise auf andere Verfahren selten. Um ein Beispiel zu nennen: Die Technik der Zertrümmerung von Nierensteinen als Alternative zur operativen Entfernung ließ sich, wenn nicht sofort am Menschen, dann offenbar nur am Tier auf eine mögliche schädigende Wirkung auf umliegende Organe testen.[54] In diesem Fall wurden allerdings die Tiere nach dem Versuch getötet; aber wenn wir statt dessen an Organtransplantationen oder Krebsoperationen denken, dann lässt sich hier das Versuchsziel nur gewinnen, wenn man beobachtet, wie das Leben des Tiers nach dem Eingriff verläuft. Es scheint also, dass die Unverzichtbarkeit von Tierversuchen für die Zwecke der Pharma-Forschung zumindest zweifelhaft ist, dass es jedoch in der medizinischen Forschung Fälle gibt, in denen man sich weniger leicht Alternativen denken kann.

Nun ist die Unerlässlichkeit relativ zu einem gesetzten Zweck nur der erste Schritt. Da man Zwecke hinterfragen kann, müsste man in einem zweiten Schritt prüfen, ob die Unvermeidbarkeit auch in einem stärkeren Sinn gegeben ist. Unvermeidbar in diesem Sinn sind Versuche, sofern auch die Zwecke selbst, relativ zu denen sie notwendig sind, wichtig oder unaufgebbar sind. Im deutschen Tierschutzgesetz werden als solche Zwecke genannt: die Bekämpfung von Krankheiten und Prüfung der Unbedenklichkeit von Stoffen und Umwelteinflüssen, daneben aber auch das Erkennen physiologischer Zustände und Funktionen sowie die Grundlagenforschung (§ 7 (2) 1.4.). Ingesamt geht es um Versuche, deren Ergebnisse »für

53 Z. B. Tierversuche. Experten sagen ihre Meinung 1984, 39 f.; Tierversuche in der Forschung 1981, 13 f.; DFG 2004, 23.

54 Ein Experiment, von dessen gutem Sinn laut Bericht der taz vom 16.9.1985 sogar Tierschützerinnen beeindruckt waren.

wesentliche Bedürfnisse von Mensch und Tier von hervorragender Bedeutung sein werden« (§ 7 (3)). Doch auch wenn manche Tierversuche unverzichtbar für bestimmte sinnvolle medizinische Ziele sein sollten, heißt das allein noch nicht, dass ihre Durchführung gerechtfertigt wäre. Der Zweck heiligt bekanntlich nicht die Mittel, wie es die Rede von der Unerlässlichkeit zu suggerieren versucht. In der Tat verlangt das Gesetz bei der Prüfung der Zulässigkeit eines Versuchs auch den Nachweis, dass die Leiden der Versuchstiere, wo sie unvermeidlich sind, im Hinblick auf den Zweck »ethisch vertretbar« sind. Während die bisherigen Kriterien empirisch waren, haben wir es bei Begriffen wie »Bedeutung (Wichtigkeit)« oder »ethisch vertretbar« mit unbestimmten Rechtsbegriffen zu tun, die der Interpretation bedürfen und normative Entscheidungen verlangen. Seit der Aufnahme des Tierschutzes in das Grundgesetz besteht hier vermehrt die Aufforderung, ein gewisses Maß an Rücksicht auf die Tiere nicht zu unterschreiten.

Moralische Fragen

Wie also können Tierversuche ethisch vertretbar sein? Tiere sind fühlende Wesen, und wir haben gesehen, dass ihr Streben nach Wohlbefinden zu beachten ist und ihr Wohl nicht gemindert werden darf. Mit Menschen, die in ihren geistigen Fähigkeiten auf einer Ebene mit den Versuchstieren stehen, lehnen wir Versuche aus moralischen Gründen ab. Wenn wir die Einbeziehung der Tiere in die Moral ernstnehmen, wie lässt sich diese unterschiedliche Behandlung begründen?

Die gängigen Rechtfertigungen von Tierversuchen gehen in der einen oder anderen Weise davon aus, dass wir es mit einer *Güterabwägung* zwischen menschlichen und tierlichen Interessen zu tun haben. Die Möglichkeit moralischer Konflikte habe ich im letzten Kapitel erwähnt und darauf hingewiesen, dass hier Gewichtungsfragen auftreten, für deren Entscheidung sich aus der Konzeption der Beachtung des Wohlbefindens aller fühlenden Wesen folgende Kriterien ergeben: Eine punktuelle und vorübergehende Beeinträchtigung des Wohlbefindens ist weniger schlimm als eine vollständige Verhinderung des Wohlbefindens. Ebenso ist eine Minderung des Wohlbefindens in einem der zentralen Lebensbereiche weniger schlimm, wenn es innerhalb desselben Bereichs für das Wesen alternative Wege der Befriedigung gibt, wenn also die Realisierung dieses Bereichs nicht gänzlich verunmöglicht wird.

Schon mit dieser Überlegung lässt sich das meiste, was wir Tieren zu unseren Zwecken antun, als moralisch unzulässig erweisen. Nehmen wir an, eine Person verteidigt das Essen von Gänsestopfleber damit, dass der entstehende Genuss ein für sie wichtiger Bestandteil ihres subjektiven Wohlbefindens sei. Die einfache Antwort lautet, dass einer Person, selbst wenn sie (was ihr unbenommen ist) den Genuss zu ihrem wichtigsten Lebensziel erhebt, unzählige andere Quellen von Genuss offenstehen, während die Tiere zur Herstellung dieses Produkts auf grauenvolle Weise gequält werden.

Aber sind im Gegensatz zum Genuss Forschungsfreiheit oder Erkenntnisgewinn nicht bedeutende und hochrangige Ziele für die Menschheit und insofern auch moralisch gewichtig, so dass sich bei einer Güterabwägung Tierversuche etwa in der Grundlagenforschung durchaus rechtfertigen lassen?[55] Doch einem Ziel wie Erkenntnis einen *moralischen* Wert zuzuschreiben, führt in die Irre. Wenn wir alle wichtigen menschlichen Belange moralisieren, verliert der Moralbegriff seine übliche Bedeutung. Vielmehr gibt es in der Tat *verschiedene* gewichtige menschliche Projekte wie Wissenschaft, Kunst oder Gerechtigkeit. Das moralische Handeln im Sinn der individuellen Verpflichtungen, welche zu einem großen Teil negativ sind, lässt sich nicht als ein solches Projekt interpretieren (im Gegensatz zum Projekt der Förderung der Moral oder Gerechtigkeit auf der Welt; Kap. V, 169f.). Vielmehr bestehen moralische Verpflichtungen gerade darin, die Verfolgung beliebiger eigener Interessen *ebenso wie* das Engagement für übergreifende Ziele der Gesellschaft oder Menschheit, wie wichtig diese uns auch sein mögen, mit Blick darauf einzuschränken, dass kein anderes fühlendes Wesen, das auf seine Weise sein Leben vollzieht, um sein Wohlbefinden gebracht wird.

Aber muss nicht der individuelle Forscher, der die Erkenntnissuche zum Kern seines Lebens gewählt hat, einen wichtigen Bestandteil seines guten Lebens opfern, wenn er auf Tierversuche in der Forschung verzichten soll, und wird nicht sein Recht auf Erkenntnis und auf Freiheit in Wissenschaft und Forschung verletzt? Das scheint nicht besonders plausibel. Niemand hat das Recht auf genau eine bestimmte Betätigung, auf genau eine Art der Erkenntnissuche.

55 Die Stellungnahme der DFG 2004 schreibt dem Erkenntnisgewinn »einen hohen sittlichen Stellenwert« zu (28).

Das halten wir für selbstverständlich, wenn die Forschungsobjekte Menschen sind, und es gibt keinen Grund, dies bei der Forschung anhand von Tierversuchen anders zu sehen.[56] Den Versuchstieren wird jede Möglichkeit eines ihnen gemäßen aktiven Lebens genommen, und es werden ihnen außerdem Schmerz und Angst zugefügt. Dass eine solche weitgehende Verhinderung des Wohlbefindens schwerer wiegt als der Verzicht auf eine Tätigkeit, zu der es zahlreiche Alternativen gibt, ist eindeutig, wenn wir uns auf ethische Gesichtspunkte beziehen.

Ein schwieriges Abwägungsproblem kommt erst dort zum Vorschein, wo auf beiden Seiten etwa gleich große Übel für die betroffenen Wesen stehen. Kommen wir also zum einzigen Konflikt, der zumindest beim ersten Hinsehen einer sein könnte, zu Tierversuchen im Dienste des Lebens und der Gesundheit von Menschen. Die erste Frage ist, wie dieser Konflikt genau zu formulieren ist. Die gängige Formulierung lautet, dass wir es mit einer Abwägung zwischen menschlichem und tierlichem Leiden zu tun haben. Mit dieser Beschreibung ließe sich vielleicht innerhalb einer utilitaristischen Moralkonzeption arbeiten; für die hier entwickelte Konzeption ist die Formulierung zu unspezifisch. Die Vorstellung war, dass jedes Individuum ein Recht auf Bedingungen seines Wohlbefindens hat, soweit sie im Bereich menschlicher Wirkungsmöglichkeiten liegen, wobei bisher offen war, wer genau sie gegen wen hat; ferner, dass diesem Recht vielleicht generell Verpflichtungen der Allgemeinheit oder politische Verpflichtungen entsprechen; und schließlich, dass ihm persönliche Verpflichtungen so weit entsprechen, wie ihre Erfüllung für den moralischen Akteur ohne Verzicht auf sein eigenes Leben zumutbar ist, was auf negative Verpflichtungen ergänzt durch eine Verpflichtung zur Hilfe in Notfällen in der eigenen Umgebung hinausläuft. Nach diesem Modell kann ein moralischer Konflikt nur ein Konflikt zwischen kollidierenden Rechten oder Verpflichtungen sein. Wenn es im Fall der Tierversuche einen Konflikt gibt, dann müsste es der Konflikt sein zwischen dem Recht der Tiere auf Bedingungen, unter denen sie sich wohlbefinden können, und dem

56 Wie Shaw 1947 (§ *Limitations of the Right to Knowledge*) es ausdrückt: Just as even the stupidest people say, in effect, »If you cannot attain to knowledge without burning your mother you must do without knowledge,« so the wisest people say, »If you cannot attain to knowledge without torturing a dog, you must do without knowledge.«

Recht der Menschen auf ebensolche Bedingungen, speziell die der Gesundheit; oder, auf der Ebene der Normen formuliert, zwischen der Pflicht, Tieren kein Leiden zuzufügen, und der Pflicht, kranken Menschen zu helfen bzw. menschliches Leiden zu verringern.[57]

Betrachten wir zunächst die erste Formulierung: Es gibt sicherlich kein Recht auf Gesundheit oder Freiheit von Krankheiten.[58] Wer es postuliert, übersieht, dass diese Dinge ohnehin nur zum Teil im Einflussbereich menschlichen Handelns liegen. Hinter der Praxis der Tierversuche steht hier gewiss auch eine überzogene Vorstellung menschlichen Könnens. Auf der Grundlage der zutreffenden und bescheidenen Einstellung, dass es Krankheiten, unbehebbare Schädigungen des Organismus und frühen Tod immer gegeben hat und geben wird, hätte man kaum sehr starke Motive, unter Inkaufnahme beliebiger Mittel den medizinischen Fortschritt zu forcieren. Was es geben könnte, ist ein Recht gegen den Staat auf gesunde Lebensbedingungen, soweit ihr Bestehen durch uns zu beeinflussen ist. Das dürfte in der Tat das angemessene Recht im Zusammenhang mit der Gesundheit sein, dessen Sicherung allerdings primär nicht Aufgabe der Medizin und Pharmazie wäre, sondern von Hygienemaßnahmen, Umweltschutz oder Arbeitsplatzsicherheit.

Wenden wir uns jetzt der zweiten Formulierung zu, so ist zunächst anzumerken, dass Tierversuche nicht der direkten medizinischen oder pharmazeutischen Hilfe dienen, sondern der langfristigen Ausweitung ihrer Möglichkeiten, wobei der Erfolg eine unbekannte Wahrscheinlichkeit aufweist.[59] Sie gehören, wie schon angedeutet, in eine langfristige Strategie der Entwicklung von Mitteln zur Beseitigung von Krankheiten und Ermöglichung längeren Lebens,[60] wobei in der Grundlagenforschung ebenso wie in der Innovationsforschung der Pharmaindustrie ausgehend von Hypothesen mit einer gewissen Wahrscheinlichkeit experimentiert wird, in der Hoffnung, irgendwann zu für die Gesundheit brauchbaren Ergebnissen zu kommen. Auf die beliebige Ausdehnung solchen Ex-

57 Im Sinn der zweiten Formulierung wird das Dilemma in DFG 2004, 29, dargestellt.

58 Das betont Clark 1987, 128.

59 Wie in DFG 2004, 28 zugegeben, wird das Ziel des Erkenntnisgewinns, der am Ende der Gesundheit zugute kommen soll, nicht mit jedem Versuch erreicht.

60 Darauf weist mit Entschiedenheit bereits Bregenzer 1894, 399ff. hin. Ähnlich Jonas 1989, 237f., 253.

perimentierens hat sicher niemand ein Recht gegen irgendjemanden, denn Krankheiten und die Begrenztheit des Lebens sind normale Existenzbedingungen, natürliche Gegebenheiten, die wir so und so nicht vollständig beseitigen können. Es gibt eine – berufliche – Verpflichtung des Arztes, konkreten Kranken, die sich an ihn wenden, zu helfen – dies aber mit den verfügbaren Mitteln und sicherlich nicht so, dass der Arzt zu diesem Zweck das Recht hätte, Dritte in ihren moralischen Rechten zu verletzen. Es existiert aber keine Verpflichtung eines Forschers, die Gesundheit der Gesellschaft zu fördern, vielmehr handelt es sich hier um ein gesellschaftliches Ziel oder Projekt. Es hat die typische Struktur einer Strategie, und wir verleihen Wesen gerade moralische Rechte, um sie vor solchen Strategien zu schützen.

Wir können also festhalten, dass sich die Durchführung von Tierversuchen grundsätzlich nicht als Antwort auf einen moralischen Konflikt interpretieren lässt, sondern nur als Ergebnis einer Güterabwägung[61] zwischen moralischen Verpflichtungen und bestimmten Zielen, einer Abwägung, die sich zur Verletzung moralischer Rechte zugunsten von Nutzenstrategien entscheidet. Welche Möglichkeiten bleiben dann noch, Tierversuche moralisch zu rechtfertigen?

Argumentationsstrategien

Die schwer zu übersehende Inkonsistenz, die in der unterschiedlichen Behandlung von Tieren und Menschen mit gleichen oder geringeren Fähigkeiten liegt, lässt sich am einfachsten dadurch beseitigen, dass man sie zugibt und statt dessen *indirekte* Gründe für die Unterschiede im Urteil anführt. Man sagt dann etwa: Versuche an geistig behinderten Menschen sind in der Tat ebenfalls an und für sich moralisch zulässig. Man sollte sie aber deswegen nicht vornehmen, weil, wie die Geschichte zeigt, die Gefahr des Missbrauchs besteht, etwa indem politische Dissidenten als Geisteskranke eingestuft werden.[62] Überzeugend wäre dieses Argument jedoch nur, wenn wir es auch sonst vertreten würden. Missbrauchen lassen sich

61 Die Debatte über Tierversuche gerade anhand des Begriffs der Güterabwägung zu führen, wie es in Sigg/Folkers (Hrsg.) 2011 geschieht, erscheint mir daher wenig hilfreich.

62 So argumentiert Patzig 1986, 81.

viele andere Praktiken, etwa die Unterbringung psychisch Kranker in Kliniken oder das Einsperren von Straftätern in Gefängnisse. Solange diejenigen, die Versuche an geistig behinderten Menschen mit dem indirekten Argument des möglichen Missbrauchs ablehnen, sich nicht ebenso für die Auflösung psychiatrischer Kliniken, Gefängnisse usw. einsetzen, ist das indirekte Argument ein bloßes *ad hoc*-Argument und wenig glaubwürdig.

Hinzu kommt, dass die Gefahr des Missbrauchs sicher dort am größten ist, wo die Versuchsobjekte Tiere sind, weil hier die Öffentlichkeit sehr viel weniger Kontrolle ausübt, als das im Fall von menschlichen Versuchsobjekten welcher Art auch immer zu erwarten wäre. Schließlich aber hilft das indirekte Argument einfach deswegen nicht, weil es in die falsche Richtung geht. Wenn eine von Inkonsistenzen gereinigte Moral die Tiere einbezieht, dann sind Tierversuche moralisch unzulässig, und ebenso sind Versuche mit leidensfähigen Menschen, die keine Personen sind, unzulässig.[63] Selbst wenn es daher so wäre, dass Tierversuche weniger leicht missbraucht werden könnten: Dass eine moralisch falsche Praxis nicht die Gefahr einer Ausweitung in sich birgt, macht sie nicht moralisch richtig.

Die Gegenseite müsste also ein Argument liefern, das zeigt, warum der moralische Status von Tieren doch schwächer ist als der von Personen oder von Menschen, obwohl er nach einer Moral der Beachtung aller fühlenden Wesen zunächst einfach gleich ist. Ein solches Argument kann nur darin bestehen, dass ein relevanter Unterschied angeführt wird, und ein solcher Unterschied kann nur (i) in den Fähigkeiten oder (ii) in der Art der Beziehung liegen. Obwohl diese Argumente im letzten Kapitel bereits berücksichtigt wurden, erscheint es ratsam, sie im jetzigen Kontext noch einmal zu bedenken.

63 Die einzigen Versuche, die in der Tat grundsätzlich moralisch legitim sind, sind solche an Personen, die sich freiwillig zur Verfügung stellen. Hier ist sicher Vorsicht geboten, weil die Freiwilligkeit keine echte ist, wenn die Zustimmung durch eine Notlage erzwungen ist, was bei Bedürftigen oder Gefängnisinsassen zu vermuten ist. Das bemerkt bereits Bregenzer 1894, 402, der jedoch ebenfalls den Fall nennt, in dem Versuche an Personen sicher kein Problem sind: »Sittlich zu rechtfertigen ist nur das Selbstopfer begeisterter Freunde und Jünger der Wissenschaft«. Dass hier alle moralischen Bedenken entfallen, sagt auch Jonas 1989, 242. Jonas führt darüber hinaus eine Reihe abgestufter Kriterien an, die den Bereich relativ unproblematischer Versuche erheblich erweitern.

(i) Das häufigste Argument für die moralische Ungleichheit von Mensch und Tier ist das der Verschiedenheit der Fähigkeiten. Dieses Argument kann allerdings von vornherein nicht zeigen, dass Tiere einen schwächeren moralischen Status haben als Menschen mit vergleichbaren Fähigkeiten. Vielmehr würde folgen, dass letzteren dann ebenfalls schwächere moralische Rücksicht zukommt als Personen. Das Fähigkeitsargument tritt in verschiedenen Spielarten auf. Nicht sehr plausibel ist die Variante, dass die Schmerzen von Tieren grundsätzlich von geringerer Intensität seien als die von Menschen.[64] Im übrigen würde hieraus noch keine Rechtfertigung von Tierversuchen folgen. Denn auch die Zufügung weniger intensiver Schmerzen verstößt gegen die Moral der Beachtung des Wohlbefindens, es sei denn, wir wären in einer echten Konfliktsituation, in der wir nicht vermeiden können, entweder einer Person oder einem Tier Schmerzen zuzufügen. Das aber ist bei Tierversuchen nicht der Fall.

Die häufigere Variante des Arguments beruft sich nicht auf einen Unterschied in der Intensität oder Quantität des Leidens, sondern auf einen Unterschied in der Qualität: Für Menschen stehe das Leiden im Kontext ihres Wunsches nach einem im ganzen sinnvollen Leben, das sie reflektiert suchen, und dadurch gewinne Schmerz und Leiden eine neue Qualität.[65] Dass es hier im Leben von *Personen* eine zusätzliche Dimension gibt, die auch die Rolle des Leidens bestimmt, ist zutreffend. Moralisch relevant wäre dieser Hinweis jedoch nur, wenn er bedeuten würde, für Personen seien Schmerzen unvergleichlich viel schlimmer als für Tiere. Das lässt sich bezweifeln, und man könnte sogar zu der entgegengesetzten Konsequenz kommen. Denn während das Tier dem Schmerz direkt ausgeliefert ist, hat die Person die Möglichkeit, z. B. ein Ende des Schmerzes abzusehen oder, wo er nicht behebbar ist, sich abzulenken oder der Erfahrung im Kontext ihres Lebens einen Sinn abzugewinnen.[66] Dass auch diese Einschätzung möglich ist, genügt, um zu zeigen, dass es jedenfalls keine klaren Gründe für die Annahme gibt, das Leiden habe für die Tiere selbst so wenig Gewicht, dass seine Zufügung unproblematisch wäre. Dies wird außerdem auch nicht behauptet, sondern nur, dass es im besonderen Fall der Tierversuche zulässig sei.

64 So Devine 1978, 486.
65 So Patzig 1986, 80.
66 Darauf weist Höffe 1984a, 85 f. hin; ähnlich Rodd 1990, 73 sowie Akhtar 2011.

Schon das ist merkwürdig, denn entweder das Leiden der Tiere zählt, dann kann die Verursachung nur in Konfliktsituationen berechtigt sein, worunter Tierversuche nicht fallen; oder es zählt eben nicht wirklich, dann fragt man sich, warum eigentlich nur Tierversuche und nicht auch andere Formen der Tierquälerei akzeptiert werden.

(ii) Ein weiteres Argument, mit dem Tierversuche im Gegensatz zu Versuchen an Menschen derselben Entwicklungsstufe verteidigt werden, beruft sich auf das Phänomen der speziellen Verpflichtungen. Diese Vorstellung ist, wie wir im letzten Kapitel gesehen haben, sinnvoll und erklärbar, denn zwischen Verwandten, Freunden, Nachbarn, Bekannten bestehen engere Handlungsverflechtungen als unter Fremden, und durch solche näheren Zusammenhänge entstehen Erwartungen und Verpflichtungen.[67] Ebenso verständlich ist es zu sagen, dass uns generell Mitglieder der eigenen Spezies näherstehen als solche anderer Spezies und dass auch hier bei größerer Nähe mehr Verpflichtungen bestehen. Die Frage ist aber, was daraus konkret folgt.

Nehmen wir an, eine Person habe ein schwerkrankes Kind. Den eigenen Kindern gegenüber hat man besondere Verpflichtungen zu helfen, und die Person versucht daher jetzt, durch Experimente an fremden Kindern möglichst schnell ein Heilmittel gegen die Krankheit zu finden. Das ist natürlich nicht der Sinn der Rede von speziellen Verpflichtungen. Gegen massive Eingriffe in das eigene Wohlbefinden sind alle Wesen gleichermaßen geschützt, ob nah oder fern, und man kann nicht einfach fremde Menschen opfern, um bekannten zu helfen. Das Kriterium der Nähe ist vielmehr ein Zusatzkriterium, an das man bei der Entscheidung zwischen zwei gleich großen Übeln appellieren kann. Wenn das Beispiel lauten würde, dass die Person in einer bestimmten Situation nur entweder dem eigenen oder einem fremden Kind helfen kann, dann ist es legitim, wenn nicht sogar gefordert, das eigene Kind zu bevorzugen. Analog kann man dann auch sagen: Wenn eine Person in einer bestimmten Situation nur entweder einem Menschen oder einem Tier helfen kann, ist es prinzipiell legitim, dass sie den Menschen bevorzugt (prinzipiell, d.h. wenn beides fremde Wesen sind; wenn das Tier ein bekanntes Tier ist, wäre ebenso die umgekehrte Entscheidung verständlich). Zu sagen, dass man, um Wesen der eigenen Spezies zu helfen, leidvolle

67 Vgl. Becker 1983.

Versuche mit Wesen anderer Spezies anstellen kann, wäre hingegen analog zu dem unsinnigen ersten Beispiel. Das Argument der Nähe könnte Tierversuche nur rechtfertigen, wenn sie einen moralischen Konflikt im engeren Sinn enthalten würden, und das ist, wie erläutert, nicht der Fall.

Es gibt ein damit zusammenhängendes Argument, das die Sorge um die Lage der Tiere vorläufig insgesamt abtun will und das an dieser Stelle kurz erwähnt sei. Es ist das Argument der Dringlichkeit, welches besagt, dass wir, solange noch so viele Menschen hungern und leiden, uns nur um das menschliche Leiden als das uns nähere kümmern sollten und die Tiere vorläufig vernachlässigen können. Dieses Argument ist in mehrfacher Hinsicht konfus.[68] Es konstruiert eine Konfliktsituation, in der wir entweder nur Menschen oder nur Tieren helfen können und daher den Menschen als den näherstehenden Wesen helfen sollten. Aber zum einen geht es nicht darum, Tieren zu helfen, sondern ihnen bestimmte Dinge *nicht* anzutun. Solche Unterlassungen würden uns nichts von unserer Zeit rauben, in der wir Menschen helfen könnten. Zum anderen ist das Argument nicht glaubwürdig, weil wir auch mit Bezug auf Menschen nicht in seinem Sinn verfahren. Denn dann müsste man z. B. die Konsequenz ziehen, dass Ärzte, solange es schwerkranke Menschen gibt, nur noch diesen helfen dürfen. Man müsste weiterhin annehmen, dass es starke positive Pflichten gibt, dass wir also in der Tat im Sinn der Dringlichkeit ständig anderen Menschen helfen müssten, was in Wirklichkeit nicht zu den üblichen moralischen Forderungen gehört.

In verallgemeinerter Variante findet sich die Argumentation der Nähe auch in der Form, dass Menschen bestimmte Beziehungen zu anderen Menschen haben, die sie zu Tieren nicht haben. Das gilt auch für Menschen, die keine Personen sind. Kleinkinder und geistig Behinderte sind Wesen, zu denen andere Menschen verwandtschaftliche, soziale und emotionale Beziehungen haben. Durch diese Beziehungen sind sie, auch wenn sie selbst nicht die entsprechenden Fähigkeiten haben, Mitglieder der moralischen Gemeinschaft, die durch reziproke Beziehungen bestimmt ist.[69] Das ist zwar richtig, jedoch ebenfalls kein relevantes Argument. Denn emotionale Beziehungen gibt es ebenso zwischen Menschen und Tieren; vielen Menschen fällt eine Beziehung zu einer Katze oder einem Hund sogar

68 Zur Kritik siehe auch Höffe 1984b, 139.

69 So Francis/Norman 1978; ähnlich Kopelman 1984, 77.

leichter als die zu einem geistig behinderten Kind. Hier liegt also kein klarer Unterschied vor. Und wenn man Menschen, die keine entsprechenden Fähigkeiten haben, die durchweg abhängig sind und selbst nichts zur Gemeinschaft beitragen können, lose in die moralische Gemeinschaft einbezieht, warum dann nicht erst recht Tiere, denen wir zumuten, in dieser Gemeinschaft bestimmte Funktionen zu erfüllen?[70] Die Beschwörung eines Wir[71] ist interpretationsabhängig, denn faktisch bildet die Menschheit kein Wir, weder die moralische Gemeinschaft noch die Menschheit im ganzen, und Wir-Gefühle kann man, wie wir gesehen haben (Kap. II, oben 65), auch mit allen leidensfähigen Wesen haben. Aber auch wenn man an das Wir der Menschheit glaubt, folgt nur, dass ein bestimmter Teilbereich der Moral, nämlich der Bereich der reziproken Anerkennung von Personen, auf Tiere nicht anwendbar ist. Das heißt nicht, dass Tiere einen anderen oder schwächeren moralischen Status haben als Menschen, sondern nur, dass sie andere Interessen und Bedürfnisse haben. Und es heißt nicht, dass wir keine moralisch relevanten Beziehungen zu Tieren haben, sondern nur, dass sie andere sind als diejenigen, die zwischen Personen bestehen.

Was die Rechtfertigung von Tierversuchen angeht, die mit Leiden verbunden sind, so bleibt als Ergebnis: Die bekannten Argumente weisen zwar auf diese oder jene Unterschiede zwischen Menschen und anderen Tieren hin; aber nicht jede empirische Ungleichheit begründet eine Ungleichheit im moralischen Status, und alle geprüften Unterschiede waren *ohne* moralische Relevanz. Da sich empirische Argumente aber entweder an der Ausstattung der Wesen oder an den Beziehungen zu ihnen festmachen müssen, sind hier völlig neuartige Argumente schwer denkbar, so dass wir getrost die Konsequenz ziehen können, dass es gute empirische Gründe, die eine grundsätzlich schwächere Rücksicht auf Tiere rechtfertigen, nicht gibt. Es bleibt also auch hier als Grundlage der entgegengesetzten Meinung nur die Wertmoral, die Berufung auf die Sonderstellung des Menschen.[72]

70 Darauf, dass Tiere Leistungen innerhalb der menschlichen Gesellschaft erbringen und daher in die Gerechtigkeitsgemeinschaft mit einzubeziehen wären, verweist Sitter 1990, 178f. Ausführlicher und grundsätzlicher Donaldson/Kymlicka 2011.

71 So nimmt Williams 2006, 148 an, es gebe ein Wir-Gefühl innerhalb der Menschheit insgesamt.

72 Darauf zieht sich dann schließlich auch die Stellungnahme der DFG 2004, 28 zurück, während durchaus gesehen wird, dass Wirbeltiere ein dem Men-

Doch wie ich im vorigen Kapitel zu argumentieren versuchte, kann diese in denjenigen Bereichen, in denen es um die direkte Zufügung elementaren Leidens geht, das die Bedingungen des Wohlbefindens durchkreuzt, nicht greifen.

Kriterien der ethischen Vertretbarkeit

Für die Frage der ethischen Vertretbarkeit von Tierversuchen folgt: Tierversuche sind nur dann vertretbar, wenn sie kein nennenswertes Leiden verursachen. Konkret heißt das, dass erstens das Tier so gehalten werden muss, dass die oben erläuterten Grundbedingungen seines Wohlbefindens erfüllt sind. Da zu diesen Bedingungen gehört, dass das Tier ohne dauernde Angst leben kann, gelten zweitens für Versuche folgende Einschränkungen: Ein schmerzhafter Versuch darf nur unter Narkose stattfinden. Führt er zu Schmerzen oder weiteren Beeinträchtigungen nach dem Erwachen, die nicht behandelt und rasch behoben werden können, darf das Tier nicht mehr aus der Narkose erwachen. Wo die Folgen behandelt und gelindert werden, sollte der Versuch nicht wiederholt werden, weil sonst bei Tieren mit Erinnerungsvermögen eine dauerhafte Verängstigung die Folge sein wird. Weniger bedenklich sind vielleicht Versuche, die nur kleinere Störungen bedeuten. Dabei müsste man aber erläutern, was damit gemeint ist. Sinnvoll scheint hier die englische Einteilung von Tierversuchen in *unclassified, mild, moderate, substantial.*[73] Diese Richtlinien nennen als »mild«: gelegentliche Blutabnahme, Hauttests mit vermutlich nicht-reizenden Substanzen, minimale chirurgische Eingriffe unter Anästhesie, die keine schmerzhaften Nachwirkungen haben. Gleichzeitig fügen sie mit Recht hinzu, dass diese Versuche nur dann unbedenklich bleiben, wenn sie nicht oft wiederholt werden.

Andere verwenden dagegen folgende vierstufige Skala:[74] 1. little or no pain or distress, 2. minor pain or distress of short duration, 3. significant but unavoidable pain or distress, 4. severe pain or dis-

schen vergleichbares Schmerzempfinden haben und subjektiv leiden können, und zwar nicht nur unter Schmerzen, sondern auch unter Affekten wie Angst (36).

73 Ryder 2006, 99.

74 Birnbacher 2009.

tress or chronic unrelieved pain. Nach meiner Vorstellung wären allenfalls die Punkte 1. und 2. zulässig, wobei bei Punkt 2. die Bedingung »short duration« durch den in den englischen Richtlinien genannten Aspekt zu ergänzen wäre, dass keine häufige Wiederholung stattfinden darf. Hingegen sind nach meinen Überlegungen die Stufen 3. und 4. eindeutig unzulässig. Schon Versuche der 2. Stufe sind nicht völlig unbedenklich, weil sie wohl in Wirklichkeit meistens zu einer Verängstigung der Tiere führen und aus Kostengründen kaum damit zu rechnen ist, dass jedes Tier nur einmal im Jahr oder überhaupt nur einmal verwendet wird. Wirklich unbedenklich sind auf den Stufen 1. und 2. nur solche Versuche, in denen die Tiere selbst eine Störung auf sich nehmen, etwa um eine Belohnung zu erhalten, wie es in der Verhaltensforschung praktiziert wird. So könnte man z. B. (im Rahmen eines Experiments) Affen, die ein genügend großes Gelände haben und die wissen, dass sie normalerweise ausreichend Nahrung bekommen, eine Banane zeigen, die sie aber nur auf kompliziertem Weg erreichen können, so dass sie sich ärgern, wenn das misslingt. Wenn sie unter diesen Umständen trotzdem die Banane zu erreichen versuchen, dann haben sie sich sozusagen selbst dafür entschieden und die Versuchsleiter haben ihnen die Anstrengung nicht aufgezwungen (was anders wäre, wenn man die Tiere nicht nur zu diesem Zeitpunkt noch nicht gefüttert hätte, sondern sie generell häufigem Hunger aussetzen würde). Bei solchen Versuchen in der Verhaltensforschung kann man also die Tiere gewissermaßen selbst fragen, was sie auf sich nehmen wollen und was nicht.[75]

Nachdem ich schon für die angewandte Forschung Versuche ausgeschlossen habe, die ernsthaftes Leiden bedeuten, gilt das a fortiori auch für die Grundlagenforschung. Die *Leidensobergrenze* fällt nach meiner Sicht wie erläutert für alle Versuche mit der Leidensgrenze zusammen, wenn man »Leiden« im hier definierten Sinn als subjektives Leiden unter einer Beeinträchtigung des Wohlbefindens versteht. Hingegen ist damit noch nichts über zwei andere Begrenzungen gesagt, die das Tierschutzgesetz enthält, nämlich dass Tieren keine Schäden zuzufügen sind und dass sie nicht ohne vernünftigen Grund getötet werden dürfen.

In Bezug auf Schädigungen kann ich mich kurz fassen. Mit »Schäden« ist z. B. an Amputationen gedacht. Die Frage ist, ob es Schäden gibt, die nicht mit Schmerzen oder mit anderen Leiden für das Tier

75 Vgl. Dawkins 2006.

verbunden sind, etwa einer Minderung seines subjektiven Wohlbefindens durch Reduktion der Beweglichkeit. Sollte es minimale Schäden geben, die unter Narkose ohne spätere Schmerzen und Beeinträchtigungen zustande kommen, scheinen sie unbedenklich zu sein. Alle anderen Schäden wären ebenso zu beurteilen wie zuvor das Leiden.

5. Andere Anwendungsfragen

Stierkampf und Jagd

Tierschützer reden gern von »Menschen und anderen Tieren«. Damit ist gerade nicht gemeint, dass das Tier das Andere gegenüber dem Menschen ist. Vielmehr wird damit im Gegenteil ausgedrückt, dass wir Menschen letztlich auch nichts anderes sind als *eine* natürliche Spezies unter *anderen*, dass wir selbst zu den Naturwesen gehören und innerhalb dieser gemeinsamen Zugehörigkeit nur graduelle Unterschiede bestehen. Diese Formulierung ist eine Provokation für alle diejenigen, welche den Menschen für etwas Einzigartiges und von den anderen Spezies grundsätzlich Unterschiedenes halten (Brandt, Savater, Scruton).[76] Zwar können auch die Vertreter dieser Sichtweise kaum bestreiten, dass der Mensch aus der Natur hervorgeht und daher zu ihr gehört, sie behaupten aber, dass es eine unüberwindbare Kluft zwischen dem Menschen und der Natur gibt, die zu einem nie endenden Kampf zwischen beiden Seiten führt (Savater 56, Scruton 155).

Wie kann man diese Kontroverse entscheiden? Da sich nicht einzelne Argumente gegenüberstehen, sondern komplexe Sichtweisen der Moral und des Lebens, ist das vermutlich schwierig, und grundsätzlich soll dieses Problem erst im nächsten Kapitel behandelt werden. Zur Vorbereitung dafür empfiehlt es sich jedoch, anhand des konkreten Falls der Wettkämpfe die beiden Sichtweisen etwas auszubuchstabieren. Das geschieht weniger in der Hoffnung, die eine oder die andere widerlegen zu können, als in der Absicht, herauszuarbeiten, was sie implizieren und was nicht.

Hinter den heutigen Minimalkonsens, wonach Tieren als fühlenden Wesen um ihrer selbst willen Beachtung zukommen muss, gehen

76 Brandt 2009; Savater 2011; Scruton [3]2000.

auch diejenigen, die eine Kluft zwischen Mensch und Tier annehmen, nicht zurück (vgl. Savater 37–41). Weiterhin würde ich Savater darin zustimmen, dass erst durch unsere Freiheit Moral möglich wird. Einen moralischen Status *verleihen* wir den Tieren und möglichen anderen Wesen, die einen subjektiven Bezug auf ihr Wohlbefinden haben, erst dadurch, dass wir einen entsprechend allgemeinen moralischen Standpunkt vertreten. Dass ein Wesen einen moralischen Status hat, heißt, wie oben ausgeführt, nicht, dass es irgendeine obskure Werteigenschaft besitzt, sondern es heißt einfach, dass es unter bestimmte moralische Normen fällt. Dass auf verschiedenartige Wesen teilweise verschiedene Normen anwendbar sind, und nicht auf jedes alle, heißt nicht, dass diese Wesen in ihrem Status oder Wert verschieden sind, sondern ist einfach eine Folge ihrer unterschiedlichen Ausstattung bzw. der unterschiedlichen Beziehungen zwischen ihnen. Dass wir Personen nicht betrügen dürfen, während diese Norm auf Tiere nicht passt, heißt, wie wir gesehen haben, nicht, dass Tiere weniger zählen, sondern nur, dass sie die entsprechende Dimension des Lebens nicht haben. Hingegen gibt es so gesehen keinen Grund, Tiere in den Hinsichten, die sie mit uns teilen, schwächer zu gewichten.

Jemand, der das wie Savater mit Bezug auf den Stierkampf oder wie Scruton mit Bezug auf die Jagd anders sieht, muss erklären können, warum er das tut. Was bei beiden Autoren aber auffällt, ist, dass sie an den entscheidenden Passagen nicht mehr argumentieren, sondern in pathetische Formulierungen verfallen (was nicht gut dazu passt, dass beide gerade die Auszeichnung des Menschen durch Rationalität betonen).

Betrachten wir zunächst Savaters Überlegungen zum Stierkampf: Menschen stehen als freie, rationale moralische Akteure mit der Natur in einem ewigen Kampf, auch mit den Tieren, weil diese nicht ihrerseits dazu gebracht werden können, Rücksicht auf uns zu nehmen. Aufgrund von elementaren Gemeinsamkeiten sollten wir ihnen aber nicht unnötig Leiden zufügen, wie das in der Massentierhaltung und Tierversuchen geschieht (37–41). Andererseits existieren die Tiere, sofern sie in der Gesellschaft leben, nicht für sich, sondern für uns, sind durch Züchtung vom Menschen artifiziell erzeugt. Das gilt auch für die Kampfstiere, die im übrigen ein besonders gutes Leben haben. Ihnen im Stierkampf Schmerzen und Angst zuzufügen, lässt sich rechtfertigen, weil es dem Zweck dient, unseren ewigen Kampf mit der Natur zu inszenieren (56).

Kann man eine solche Auffassung angreifen, und wie? Mit Platons Methode kann man auf begriffliche Aspekte, fehlende argumentative Übergänge und Inkonsistenzen achten. So stimmt es zwar, dass die domestizierten Tiere faktisch nicht ohne uns überleben können, aber dass sie begrifflich oder ontologisch »für uns« sind, erscheint unsinnig. Ferner: Wenn man, wie Savater beansprucht, eine laizistische und rationalistische Ethik (32) vertritt, müsste man konsistent sein wollen. Da der Autor anerkennt, dass man Tieren kein Leiden zufügen sollte, müsste das auch für die Stiere gelten, es sei denn, man hat einen starken Rechtfertigungsgrund. Dass wir uns unseren Kampf mit der Natur vergegenwärtigen müssen, ist kein solcher Grund. Denn für dieses Ziel gibt es Alternativen, die kein Leiden erzeugen, wie das Bezwingen von Bergen, das Anlegen von Gärten oder vieles andere. Das absichtliche Zufügen schlimmen Leidens für verzichtbare Zwecke, wie es im Stierkampf vorkommt, kann nicht durch kulturelle oder sonstige Werte überwogen werden. Wie die Abschaffung des Stierkampfs in Katalonien zeigt, bricht eine Kultur nicht zusammen, wenn sie eine solche Praxis aufgibt. Allerdings bleibt diese Einstellung halbherzig, weil die sogenannten *correbous* (wörtlich: Bullenrennen, de facto: Stierhatz), die darin bestehen, dass auf Dorffesten Stiere – häufig mit Feuer an den Hörnern – durch die Straßen gejagt und dabei mit Knüppeln malträtiert werden, in Katalonien nach wie vor erlaubt sind. Das Argument ist offenbar, dass bei solchen Veranstaltungen die Stiere nicht getötet werden (so *El Pais* 27.07.2010). Nun trifft es sicher zu, dass diese katalonische Art des Stiertreibens weniger schlimm ist als ähnliche Praktiken in anderen Teilen Spaniens, bei denen die Stiere durch die Straßen gehetzt und dabei mit jeder Art von Waffen so lange verletzt werden, bis sie am Ende qualvoll sterben (von einer besonders grauenvollen Quälerei dieser Art in Tordesillas berichtet *Público* vom 14.09.2011 unter dem Titel »Treinta minutos de tortura«). Aber dass man Tiere noch mehr quälen kann, ist kein Grund, ihnen Angst und Schmerzen in geringerem Grad zuzufügen.

Wie bei Savater steht das Kampfmotiv auch bei Scruton im Zentrum, der die Treibjagd auf Füchse verteidigt. Scruton räumt allerdings ein, dass Jagd zum Zweck der Erholung oder zur Wiederbelebung veralteter Emotionen der Auseinandersetzung mit der Natur kein hinreichender Grund ist, Tieren Leiden zuzufügen (161). Vielmehr rechtfertigt er die Jagd gerade durch den Umstand, dass wir heute die Natur hegen müssen, z.B. indem wir die Überpopulation mit bestimmten Tierarten reduzieren. Warum dann nicht Verfahren, die kein Leiden bewirken, wie Auslegen von Futter mit empfängnisverhütenden Mitteln oder zumindest überraschendes Töten? Wie kann es besser sein, Tiere zu hetzen, sie in Angst und Stress zu versetzen, ehe sie getötet werden? Scrutons Antwort lautet, dass wir nur im Individuum die Spezies verkörpert sehen und so echte Sympathie und Achtung gegenüber dem Tier erneuern können (163), und dass wir so dem Tier eine Chance geben, sich zu retten, es quasi fair als Gegner behandeln (164).

Auch hier lässt sich leicht aufweisen, dass der Autor begrifflichen Verwirrungen aufsitzt und die Zusammenhänge unangemessen fasst. Natürlich trifft es zu, dass man in der Jagd mit einzelnen Tieren konfrontiert ist, aber es gibt genügend andere Möglichkeiten, diese Erfahrung zu machen und sich so der eigenen Sympathie zu den Tieren zu vergewissern. Vollends unsinnig ist die Idee der fairen Chance, denn das Tier hat gerade keinen Begriff von Achtung oder von fairer Chance im Kampf, sondern macht einfach nur die Erfahrung des Gehetztwerdens und der Todesangst. Wenn man, wie Scruton beansprucht, unnötiges Leiden von Tieren ablehnt, dann sind seine Rechtfertigungsversuche der Jagd nicht nachvollziehbar.

Das dürfte im übrigen nicht nur für die von Scruton selbst praktizierte Treibjagd auf Füchse mit Hunden und Pferden gelten, sondern für die Jagd allgemein. Selbst wenn es nötig sein sollte, Tiere zum Schutz der Landwirtschaft und der Wälder in manchen Fällen zu töten,[77] folgt daraus keine Rechtfertigung der Jagd als Tötungsmethode.[78] Denn Jagd ist meistens mit der Erzeugung von Angst und Leiden verbunden, und selbst beim Abschießen von Tieren aus

77 Laut Bundesjagdgesetz vom 29. September 1976 § 1 (2) ist Aufgabe der Jagd »die Erhaltung eines den landschaftlichen und landeskulturellen Verhältnissen angepaßten artenreichen und gesunden Wildbestandes sowie die Pflege und Sicherung seiner Lebensgrundlagen ... Die Hege muss so durchgeführt werden, dass Beeinträchtigungen einer ordnungsgemäßen land-, forst- und fischereiwirtschaftlichen Nutzung, insbesondere Wildschäden, möglichst vermieden werden.« In der englischsprachigen Literatur werden knapper und präziser genannt: Vermeidung von Wildschäden in der Landwirtschaft, Schutz gefährdeter Spezies durch überhand nehmende fremde Spezies, Rettung bedrohter Ökosysteme (vgl. die Beiträge Nr. 59 und 60 in Armstrong / Botzler (Hrsg.) 2003.

78 Dass dies nach der Aufnahme des Tierschutzes ins *Grundgesetz* auch unter juristischer Perspektive so gesehen werden müsste, zeigt Sailer 2006.

dem Hinterhalt kann nie ausgeschlossen werden, dass ein Tier sich plötzlich bewegt oder man es aus anderen Gründen nicht sofort tödlich trifft. Hier müssten also andere Methoden des Tötens verwendet werden, bei denen das Tier im Sinn des Tierschutzgesetzes zunächst betäubt wird, oder man müsste die Reduzierung des Wildbestands, falls wirklich nötig,[79] durch Geburtenkontrolle vornehmen.

Zirkus und Zoo

Es gibt weitere Institutionen, die oft gerade damit gerechtfertigt werden, dass wir uns Tiere vergegenwärtigen, z. B. Zoo und Zirkus. Der Zirkus ist inzwischen immer mehr in die Kritik geraten, insbesondere was die Haltungsbedingungen großer Säugetiere betrifft. Aber auch traditionelle Zoos können den meisten Tieren nicht die Bedingungen bieten, die ihnen hinreichende Ausübung ihres Lebens wie in der freien Natur ermöglichen. Andererseits hat sich in diesen Bereichen inzwischen viel getan. Wenn die Tiere nicht in traditionellen Zoos beengt gehalten werden, sondern in Naturparks, weiträumigen Wildgehegen oder Reservaten hinreichenden Auslauf, angemessene Betätigungsmöglichkeiten und soziale Kontakte haben, ist wenig dagegen einzuwenden.[80]

Auch der moderne Zirkus kann teilweise auf beeindruckende freiwillige Kooperation zwischen Mensch und Tier verweisen. Die Raubtiere, die dort auftreten, sind in der menschlichen Umgebung geboren. Hoch differenzierte Säugetiere aber haben ein breites Verhaltensrepertoire und können unter verschiedenen Bedingungen auf verschiedene Weise ihr subjektives Wohlbefinden realisieren. Offenkundig kann man sie spielerisch und einfühlsam zu schwierigen kooperativen Leistungen veranlassen, ohne Zwang und Strafe anzuwenden.[81] Das heißt allerdings nicht, dass es nicht immer noch Zirkusse gibt, deren Tiere in einem vernachlässigten und schlechten Zustand sind, auf zu engem Raum leben und beim Transport leiden.

79 Das ist durchaus strittig, denn das Überhandnehmen von Wildtieren ist häufig eine Folge der Anfütterung durch die Jäger, die auf diese Weise für einen ausreichenden Bestand für die nächste Jagdsaison sorgen, vgl. Sailer 2006, Teil 4.

80 Zur Problematik des Zoos siehe Nogge 1999.

81 Vgl. Birmelin 2011, 100ff.

Es können hier nicht alle Anwendungsfragen erörtert werden, und so sei nur noch eine bisher liegengebliebene Frage genannt (Kap. III, 101): Wenn Tiere moralisch zählen und ein Recht haben, in ihren Lebensbedingungen nicht verletzt zu werden, haben wir dann im Fall des Konflikts zwischen menschlichen und tierlichen Interessen, der ja angesichts der Ausdehnung der Menschheit laufend gegeben ist, die Pflicht, dafür Sorge zu tragen, dass alle, auch die freilebenden Tiere, unter angemessenen Bedingungen leben können? Und impliziert das nicht, dass wir auch die Tiere vor einander schützen müssen?

Das ist einer der losen Fäden, die im letzten Kapitel aufgegriffen werden sollen. Damit hängt die grundsätzliche Frage zusammen, wie sich inhaltliche Moralkonzeption und individuelle Motivation und Handlungsfähigkeit zueinander verhalten, anders gesagt, welche Forderungen aus einer Moralkonzeption an die moralischen Akteure folgen und welche nicht, und welche zwar folgen, aber nicht Forderungen an den moralischen Akteur sind, sondern Forderungen an eine – vorläufig nicht existierende – moralisch-politische Gemeinschaft.

V. Individuelle Moral und politische Gerechtigkeit

1. Die Reichweite individueller Pflichten

Unterscheidungen

Bisher wurde nach einer angemessenen *allgemeinen* Moralkonzeption (Kap. III) und den Normen auf der *mittleren* Ebene bzw. der Lösung von Anwendungsproblemen im allgemeinen (Kap. IV) gefragt, und es ist ein weiterer Schritt zu überlegen, was die praktischen Konsequenzen für die moralischen Akteure sind, was man also hier und jetzt in einer konkreten Situation tun sollte bzw. mindestens tun müsste, wenn man ein moralisch anständiger Mensch sein möchte. Anders gesagt, die Frage ist, in welcher Weise den moralischen Rechten der Tiere, welche durch moralische Normen konstituiert werden, individuelle Verpflichtungen entsprechen. Im Sinn des ersten Kapitels kommt es letztlich auf diesen Schritt an. Dabei sind beim Übergang zur Praxis in zwei Hinsichten Abschwächungen zu erwarten. Erstens sind die meisten Formen problematischer Tiernutzung lange und tief in der Gesellschaft verankert, und es scheint nicht in der Handlungsmacht des individuellen Akteurs zu liegen, eine solche Praxis zu ändern oder abzuschaffen. Zweitens lässt sich aus der konkreten Handlungsperspektive der moralische Standpunkt nicht mehr isoliert betrachten, sondern muss in seiner Einbettung in die Motivationsstruktur bzw. in die anderen Handlungsorientierungen der Person gesehen werden. Es geht also erstens um die objektiven Möglichkeiten individuellen Handelns, zweitens beim möglichen Handeln aber auch um seine motivationale Möglichkeit bzw. Zumutbarkeit.

Wir haben gesehen, dass es in der individuenbezogenen Moral darum geht, Tiere so zu behandeln, dass wir ihrer Eigenart als fühlende Wesen, die auf ihr Wohlbefinden ausgerichtet sind, Rechnung tragen. Was das erfordert, hängt von den Beziehungen ab, in denen wir zu Tieren stehen. Die Moral betrifft zunächst nicht die Frage, wie eine optimale Welt zu organisieren wäre, in der möglichst wenig moralisches Unrecht geschieht, noch weniger die Frage, wie wir die Welt einrichten müssten, damit alle relevanten Wesen Bedingungen haben, unter denen sie ihr subjektiv gutes Leben realisieren können. Die primäre Frage an die Person als moralischer Akteur ist vielmehr, wie sie sich innerhalb derjenigen Handlungsbereiche und Beziehungen, mit denen sie in ihrem Leben konfrontiert ist, verhalten sollte. Wie wir mit Tieren umgehen sollten, ist deswegen zu klären, weil wir mit Tieren zu tun haben, weil wir sie nutzen, mit ihnen zusammenleben, wobei sie, gerade auch weil sie nicht selbst Ansprüche geltend machen können, auf besondere Weise durch uns verletzbar sind.[1]

Direkte und indirekte Pflichten

Was folgt daraus für die Rechte und Pflichten? Wie in Kapitel III erläutert, haben Tiere, die in der menschlichen Gemeinschaft leben, das Recht auf Lebensbedingungen, die Voraussetzungen für ihr Wohlbefinden sind. Die entsprechende Fürsorgepflicht haben nicht alle und beliebige Personen, sondern die Besitzer oder Halter des Tiers, diejenigen, die es direkt nutzen oder mit ihm zusammenleben. Darin enthalten ist auch der Minimalbestand an Rechten, der allen Tieren zugeschrieben werden kann, nämlich vor Leidenszufügung (im weiten Sinn des Leidens), Freiheitsberaubung (Beschränkung der Betätigungsmöglichkeiten) usw. bewahrt zu bleiben. Dem entsprechen negative Pflichten, die alle moralischen Akteure haben, auch gegenüber frei lebenden Tieren, soweit sie mit ihnen konfrontiert sind.

Nun ist das Leiden, welches für die Tiere in der Intensivtierhaltung entsteht, Folge nicht nur eines individuellen Handelns, sondern Folge einer Praxis, die von den Interessen der Mehrheit der Bevölkerung getragen wird, und dasselbe gilt für Tierversuche. Dadurch, dass wir als Individuen keine Tiere quälen, wird sich an der Tierquälerei großen Stils, welche moderne Gesellschaften praktizieren, wenig ändern. Gehört dann die Problematik dieser Praxis nicht vielmehr in die politische Moral?

[1] Goodin 1985, 181.

Übergänge zu Fragen der politischen Moral sind uns schon mehrfach begegnet. Um die Grenzen individueller Verpflichtungen abzustecken, müssen wir an dieser Stelle Fragen der Moral und Fragen der politischen Gerechtigkeit genauer voneinander unterscheiden. Eingeführt habe ich die Unterscheidung (oben 104f.) anhand der Beobachtung, dass sich moralische Rechte und Pflichten nicht immer decken. Aus dem Recht z. B. auf hinreichende materielle Lebensbedingungen ergibt sich ein Anspruch an die Allgemeinheit, ohne dass deswegen eine bestimmte andere Person eine Verpflichtung hätte, Hungernde mit Nahrung zu versorgen. Es liegt nicht in der Reichweite des individuellen Handelns, den Anspruch aller Hungernden in der Welt oder auch nur innerhalb der eigenen Gemeinschaft zu befriedigen. Das braucht nicht zu heißen, dass ein Individuum in solchen Zusammenhängen keinerlei Verpflichtung hat, aber es handelt sich um eine verdienstliche Pflicht, deren Umfang offen ist. Es braucht auch nicht zu heißen, dass individuelle Hilfe gar nichts bewirkt. Für die wenigen, denen ein Individuum helfen kann, bedeutet es nicht nichts, sondern einen lebenswichtigen Unterschied, ob sie hungern oder nicht.

Dennoch trifft es zu, dass sich dauerhaft am Hunger in der Welt nichts ändern wird, wenn es bei der Hilfe zwischen Individuen bleibt. Dazu würde vielmehr erst eine grundlegende Veränderung der weltweiten ökonomischen Strukturen führen. Erst solche Änderungen sind im engeren Sinn eine Angelegenheit der politischen Gerechtigkeit, die prinzipiell nicht in der Reichweite individuellen Handelns liegen. Sie überschreiten die Handlungsmöglichkeiten der individuellen Person nicht deswegen, weil deren Einfluss zu begrenzt ist, sondern aus formalen Gründen: Sachverhalte, die eine Folge institutioneller, ökonomischer oder politischer *Strukturen* sind, sind schon als solche kein Gegenstand individuellen Handelns. Wessen Handelns aber dann? Beim Hunger könnten man denken: der Menschheit im allgemeinen. Die Menschheit ist jedoch keine reale Gemeinschaft, an die man Ansprüche stellen könnte. Der Adressat kann nur eine reale politische Einheit sein, ein jeweiliger Staat. Das Recht auf Nahrung müsste sich zunächst an denjenigen Staat richten, in dem die Hungernden leben. Wenn dieser nicht selbst Abhilfe schaffen kann, müsste er eine Bitte um Hilfe an reichere Staaten richten. Wenn das Individuum in diesem Kontext etwas tun kann, dann indirekt, durch politische Einflussnahme. Auch hier kann man Stufen der – jetzt wieder moralischen – individuellen Verpflichtung unterscheiden. Ohne weiteres zumutbar und daher verpflichtend ist das Wählen von Politikern, die sinnvolle Vorschläge für die Durchsetzung gerechterer Strukturen vertreten. Das eigene Berufsleben oder die eigene Freizeit in die Politik zu investieren, scheint dagegen keine zwingende Forderung.

Kehren wir zurück zu den Rechten der Tiere und der Frage, wie das Argument einzuschätzen ist, dass das Individuum an der Tierquälerei großen Stils etwa in der Massentierhaltung nichts ändern kann, weil es sich dabei um eine gesellschaftliche Praxis handelt. Aber liegt hier wirklich ein strukturelles Gerechtigkeitsproblem vor? Eher scheint es dabei um die Quantität und Qualität einer existierenden Nutzungspraxis zu gehen, und hierauf hat anders als auf Strukturen der Verteilung jede Person direkten Einfluss. Wie winzig dieser bei nur einer Person auch sein mag, jede Person, die mitwirkt, z. B. beim Boykott tierquälerisch erzeugter Produkte, erhöht den Druck auf die Produzenten um ein wenig. Und dieses Wenige wird immerhin dadurch vermehrt, dass die Person in der eigenen Umgebung vielleicht andere Personen auf das Problem aufmerksam macht und dazu bringt, sich anzuschließen. Dass sich in den letzten zwanzig Jahren viel geändert hat, was z. B. das Angebot an vegetarischen Gerichten in Kantinen und Restaurants, das Angebot an Eiern von Hühnern mit freiem Auslauf betrifft, verdankt sich letztlich der gesteigerten Nachfrage nach solchen tierfreundlichen Produkten bzw. der Abkehr vieler Verbraucher von Produkten, die für die Tiere oder (was hier nicht Thema ist) gesundheitlich oder ökologisch bedenklich sind.

Wie genau verhält es sich dann mit den individuellen Verpflichtungen gegenüber Tieren? Eindeutig ist, dass jeder Besitzer oder Halter moralisch verpflichtet ist, die Tiere in seiner Obhut zu versorgen und darauf zu achten, dass die Grundbedingungen ihres Wohlbefindens nicht durchkreuzt werden. Der Verbraucher, der die Produkte aus einer Haltung nutzt, die gegen diese Verpflichtung verstößt, scheint genauso gegen eine schlichte individuelle Verpflichtung zu verstoßen. Dass man das Quälen Dritten überlässt, scheint keinen großen Unterschied auszumachen. Unter wirklichen Bedingungen ist hier jedoch eine Qualifikation erforderlich. Verbraucher sind, so müsste man sagen, verpflichtet, durch ihr Kaufverhalten Druck auf die Produzenten auszuüben, soweit das ohne große Opfer an Zeit und Mühe möglich ist. Auf Eierpackungen nachzusehen, ob die Eier im Regal nicht aus der immer noch zulässigen Kleingruppenhaltung in Käfigen stammen, ist z. B. zumutbar. Zu prüfen, ob die Kekse, die bei einer Tagung auf dem Tisch stehen, Eier aus Käfighaltung enthalten, kann man hingegen kaum verlangen, weil durch solche Anforderungen das normale Leben massiv behindert würde. Auf das Problem des höheren Preises tierfreundlich erzeugter Produkte lässt sich im Sinn der Argumente in IV 2 (iii) entgegnen, dass bei geänderten politischen Rahmenbedingungen der Preis vielleicht nicht so viel höher sein müsste, dass er eventuell nach einer Übergangsphase der Umstellung sinken würde und dass man den Konsum von Tierprodukten reduzieren könnte.

In der Praxis scheint unter derzeitigen Bedingungen also die sinnvolle Forderung diejenige zu sein, die verlangt, den Konsum zu reduzieren, nach Möglichkeit und Zumutbarkeit industriell erzeugte Tierprodukte zu boykottieren und auf tierfreundlich erzeugte Alternativen umzusteigen. In der Tat muss aber diese Handlungsmöglichkeit des Individuums durch Organisationen verstärkt werden, die sich darauf verlegen, Aufklärungsarbeit zu leisten, Haltungs-, Transport- und Tötungsmethoden von Tieren zu überprüfen und öffentlich auf Missstände hinzuweisen, Vorschläge für alternative Verfahren zu entwickeln, politischen Druck auf die industriellen Halter auszuüben und zugunsten der Tiere auf die Politik einzuwirken. Die Mitarbeit in solchen Organisationen, also die Arbeit für die Förderung der Moral gegenüber Tieren, ist nicht mehr moralisch verpflichtend, sondern moralisch verdienstvoll (supererogatorisch) oder bewundernswert. Solche Organisationen wenigstens finanziell zu unterstützen, soweit das in der eigenen Möglichkeit steht, könnte ein Stück weit verpflichtend sein. Da es jedoch viele solche Organisationen gibt, die alle wichtige Zwecke (moralischer und anderer Art) verfolgen, z. B. Hunger und Unterdrückung von Menschen zu beseitigen versuchen, Bildung fördern oder sich für ökologische Belange einsetzen, hat man hier die Qual der Wahl. Zwischen diesen Zielen verbindliche Prioritäten aufzustellen, scheint wenig aussichtsreich. Es liegt nahe, dass jede Person sich für das engagiert, was ihr selbst am wichtigsten ist. Da verschiedenen Menschen Unterschiedliches wichtig ist, wird sich dann vermutlich der Einsatz ganz von alleine auf die verschiedenen Projekte verteilen.

Analoges lässt sich zu Tierversuchen sagen. Erstens müssten diejenigen, die Versuche durchführen, die moralischen Normen einhalten, d. h. den Tieren weder Schmerz noch Angst verursachen, sie nicht in ihrer Bewegung einschränken usw. Muss aber zweitens, wer

Tierversuche ablehnt, auf medizinische Behandlung und Medikamente verzichten, die durch Tierversuche etabliert wurden? Es gibt ganz konsequente Tierschützer, die wirklich so leben. Aber das ist schwer zu fordern. Denn natürlich gäbe es, wenn wir nicht die Praxis des Tierversuchs hätten, längst mehr Alternativverfahren, die zu ähnlichen medizinischen Ergebnissen geführt hätten, und dann stünden diese dem Tierschützer ja zur Verfügung. Hier scheint daher ein Verzicht schwer zumutbar bzw. nur in Fällen zumutbar, wo Alternativen existieren. Die dritte Ebene bezieht sich analog zur Intensivhaltung auf das politische Engagement, das Drängen auf die Entwicklung einer anderen Praxis.

Wir können jetzt, was die für unser Thema entscheidende Frage der individuellen Handlung angeht, drei Ebenen unterscheiden. Erstens Handlungen, die den direkten Umgang mit Tieren und die Beachtung der Dimensionen ihres Wohlbefindens betreffen. Zweitens Handlungen, die indirekt auf die Verbesserung der Lage der Tiere hinwirken, ohne vom Individuum große Opfer an Gesundheit, Zeit oder Lebensfreude zu verlangen, die man daher ebenfalls noch zu den engeren Pflichten rechnen könnte. Drittens der positive Einsatz für die Verbreitung der Moral gegenüber Tieren unter Einsatz von Lebenszeit, Energie und finanziellen Mitteln, was vielleicht ein kleines Stück weit verpflichtend sein könnte, aber dadurch, dass im Bereich der positiven Förderung der Tierschutz mit anderen Zielen konkurriert, letztlich supererogatorisch bleibt.

Während der erste Bereich eindeutig moralisch verpflichtend und der dritte eindeutig nur verdienstvoll ist, liegt die Schwierigkeit der Einschätzung im zweiten Bereich. Denn was ein großer Aufwand an Zeit und Mitteln, was ein zumutbarer Verzicht im Hinblick auf die Realisierung des eigenen Lebens ist, lässt sich nicht allgemein festlegen, sondern hängt davon ab, wie stark die jeweilige Person die anderen Dimensionen ihres guten Lebens gewichtet und welche Abwägung sie entsprechend vornimmt. Der Hinweis, die moralisch angemessene Gewichtung ergebe sich dadurch, dass natürlich auch der moralische Akteur selbst eines der Wesen ist, deren Wohlbefinden zählt, hilft unter realen Bedingungen nicht weiter. Dass Moralität allgemein realisiert wäre, wenn jede Person ihr eigenes gutes Leben so verfolgt, dass sie das Recht darauf auch allen anderen einräumt und zusätzlich im akuten Notfall zu helfen bereit ist, setzt ein kantisches Reich der Zwecke auch in dem Sinn voraus, dass es nur aus materiell, körperlich und seelisch hinreichend ausgestatteten, in diesen

Hinsichten ungefähr gleichen Bürgern besteht. Da wir von einem solchen Zustand weit entfernt sind, ist die Frage nach dem Gewicht, die eine Person der Moral im Unterschied zu anderen Lebenszielen wie materiellem Wohlstand oder Karriere beimessen sollte, offen.

Schutzaufgaben des Staates?

Hat aber nicht gerade dann, wenn die Beachtung moralischer Grundrechte unter realen Bedingungen gefährdet ist, doch der Staat die Aufgabe, zumindest eine minimale Garantie dieser Beachtung zu geben? In der Tat haben gerade dort, wo eine Praxis dem Markt folgt und sich allein durch Angebot und Nachfrage reguliert, juridische Rechte die Funktion, die Beteiligten vor Auswüchsen der Praxis zu schützen und zu verhindern, dass es zu einer Verletzung von Grundrechten kommt. Nun besitzen Tiere zwar keine Grundrechte. Aber nachdem der Tierschutz inzwischen Verfassungsrang hat, müsste der Staat dann nicht das Tierschutzgesetz stärker interpretieren und weitergehend durchsetzen, indem er landwirtschaftliche Produktion und Tierversuche so reguliert, dass die Verletzung des Wohlbefindens der Tiere vermieden wird? Das wäre wohl nur zu erreichen, wenn der Staat sowohl die intensive Tierzucht wie auch Tierversuche weitgehend verbieten würde. Wir fragen aber jetzt nach den konkreten Aussichten, und hier gibt es allenfalls sehr kleine Schritte in diese Richtung, etwa das Verbot der Käfighaltung von Legehennen, das aber bisher nicht wirklich konsequent ist.

Warum der Staat hier keine weitergehende Regulierung vornimmt, wie sie eigentlich aus dem Gesetz folgen müsste, ist leicht zu erklären. Vorschriften einzuführen, die von einer großen Mehrheit nicht akzeptiert werden und ihr gegenüber nicht durchsetzungsfähig sind, hilft nicht weiter. Diejenigen, die den Tierschutz wirklich ernst nehmen in dem Sinn, dass Tierleiden im vollen Sinn zählt und aus direkter moralischer Verpflichtung zu einer Konsumbeschränkung führen müsste, sind immer noch eine sehr kleine Minderheit. Die Mehrheitsauffassung ist wohl immer noch diejenige, dass das Wohlbefinden der Tiere zwar beachtet werden sollte, aber nur dort, wo dies für uns zu keinerlei Verzicht führt. Dass hier oft mehr Rationalisierungen vorliegen als eine reflektierte alternative Moralkonzeption, wurde schon in der Einleitung erläutert. Klar ist aufgrund des gerade Gesagten, dass eine Einführung von individuellen Grundrechten für

Tiere auf politischer Ebene, wie sie manche Autoren fordern, derzeit bei der großen Mehrheit der Bevölkerung auf wenig oder gar keine Akzeptanz stoßen würde. Dies gilt jedenfalls, was Nutztiere betrifft.

2. Interessenkonflikte zwischen Mensch und Tier

Leichter und motivational weniger anspruchsvoll scheint die Beachtung des Wohlbefindens solcher Tiere zu sein, die frei leben, da hier nach den Überlegungen im dritten Kapitel die individuellen Pflichten im wesentlichen negative sind. Einem freilebenden Tier, wenn man mit ihm konfrontiert ist, kein Leiden zuzufügen, kostet Menschen im allgemeinen nichts, es sei denn sie gehören zur kleinen Minderheit der Jäger, Angler usw., die hier auf etwas verzichten müssten. Wir haben aber im dritten Kapitel auch gesehen, dass die Ausbreitung der Menschheit für die Tierwelt insgesamt erhebliche Folgen hat, in Form des Leidens individueller Tiere ebenso wie des Aussterbens von Spezies. Diese Konstellation gleicht der von Interessenkonflikten im menschlichen Bereich, so dass wir hier über die Frage individueller moralischer Verpflichtungen hinaus auf strukturelle Verteilungsfragen, d.h. auf Fragen der politischen Gerechtigkeit stoßen.

Der Ausgangspunkt auch dieser Fragen liegt im inhaltlichen Kern der Moral, demzufolge im Prinzip alle Wesen, die als Objekte in die Moral gehören, gleichermaßen ein moralisches Recht auf eine Lebenssituation haben, welche die Grundbedingungen ihres Wohlbefindens garantiert. Dargelegt wurde, dass dieses Recht abstrakt bleibt und nur dort zu einem Anspruch des Rechtsträgers gegen einen *bestimmten* moralischen Akteur führt, wo dieser mit einem solchen Wesen konfrontiert ist. Klar war weiterhin, dass dieser Anspruch gegen individuelle Akteure, wo keine speziellen Pflichten der Fürsorge vorliegen, primär negativ ist und allenfalls dort die Pflicht zur Hilfe beinhalten könnte, wo diese ohne Aufwand für den Norm-Adressaten möglich ist. Wenn hier weitergehende Ansprüche bestehen, etwa weil ein Wesen unter Bedingungen lebt, unter denen es sein Wohlbefinden nicht realisieren kann, dann handelt es sich um Ansprüche gegen den Staat oder die Gemeinschaft.

Nun könnte man zum einen versuchen, das Argument, es lägen Fürsorgepflichten vor, stärker zu machen, indem man darauf hinweist, dass es heute kaum noch völlig wild lebende Tiere gibt. So sind beispielsweise Wildschweine, Füchse, Waschbären ebenso wie viele Vogelarten Kulturfolger, die aufgrund günstiger Lebensbedingungen die menschliche Umgebung bevorzugen. Sind wir dann nicht doch irgendwie auch für das Wohlbefinden dieser Tiere verantwortlich, wenn sie im weiten Sinn zur Gesellschaft gehören? Die Frage wäre dann, wer diese Pflichten hätte. Diejenigen, auf deren Grundstück die Tiere jeweils leben? Zum anderen könnte man überlegen, ob wir angesichts der immer breiteren Ausdehnung der Menschheit nicht nur zunehmend mit den erwähnten Kulturfolgern konfrontiert sind, sondern mit dem Schicksal der Tiere insgesamt.

Hier muss man zunächst Folgen auf zwei Ebenen unterscheiden, die man scharf trennen sollte. Die Ausbreitung führt einerseits dazu, dass ganze *Spezies* ausgerottet werden oder vom Aussterben bedroht sind und dass die natürliche Umwelt in ihrer Ursprünglichkeit verlorengeht oder ganz zerstört wird. Deren Rettung ist Ziel der *Öko-Bewegung*. Mit dieser ist z. B. die Jagd vereinbar, mit deren Hilfe Spezies, die andere zu verdrängen drohen, verringert werden können. Diese Ziele sind *nicht* identisch mit denen des *Tierschutzes*, der auf die andere Folge reagiert, dass durch menschliche Naturverdrängung die *einzelnen* Tiere unter Hunger, Stress durch Lärm, Fehlen von Behausungen oder anderen Minderungen ihres Wohlbefindens leiden.[2]

Da die Vermengung von moralischen Fragen und ökologischen Fragen häufig zu finden ist, soll der Unterschied noch weiter erläutert werden.

Auswirkungen der Zivilisation auf Tierindividuen und Tierarten

Auswirkungen auf individuelle Tiere. Letztlich sind es immer individuelle Tiere, die durch die Ausbreitung der Menschheit Schwierigkeiten mit der Nahrungsbeschaffung oder dem Finden geeigneter Lebensräume haben und je nach Situation unter Hunger, Angst vor ständigem Vertriebenwerden, Stress durch Straßenlärm und anderen Belastungen leiden. Da es sich nicht ändern lässt, dass die menschliche Lebensweise diese oder andere Auswirkungen hat, können wir hier im Prinzip wenig tun. Kleinigkeiten wie die Einrichtung von

2 Vgl. dazu den klärenden Aufsatz Sagoff 2001.

Schutzgebieten für Tiere, die Fütterung von Wildtieren, deren Nahrung knapp ist, oder ähnliche Maßnahmen sind möglich, ändern aber nicht viel an der Gesamtsituation. Wir sind hier an einer Grenze der Moral, die zeigt, wie unrealistisch die Vorstellung einer Verantwortung für *das* Tier als Mitlebewesen ist.

Auswirkungen auf Spezies. Die Verminderung der Lebensressourcen für die anderen Tiere kann sekundär dazu führen, dass eine Spezies sich weniger stark vermehrt als bisher und schließlich ausstirbt. Eine verbreitete Reaktion auf diese Tatsache ist die Annahme, dass die Reduktion der Artenvielfalt grundsätzlich unerwünscht sei und vermieden werden sollte. Fragen wir uns, was die Argumente sind, so spielen zunächst eine Reihe von Gründen eine Rolle, die nicht moralischer Art, sondern auf das menschliche Eigeninteresse bezogen sind. Das einfachste Argument lautet, es sei besser für uns, wenn keine Spezies ausstirbt, erstens weil man nie wissen kann, wozu wir eine Art einmal werden nutzen können, und zweitens weil sonst das ökologische Gleichgewicht gestört wird und diese Störung auf uns zurückschlagen, das Aussterben der Spezies uns also indirekt schaden kann. Das ist nicht unbedingt zwingend. Das Aussterben von manchen Spezies wie z. B. Krankheitserregern scheint durchaus wünschenswert und gut für die Menschheit zu sein. Außerdem bricht durch das Aussterben einer Spezies nicht unbedingt das ökologische Gleichgewicht zusammen, und wenn es dadurch gestört wird, dann sicher weniger als etwa durch Schadstoffe, die im Zuge der technischen Entwicklung entstehen. Und schließlich sterben auch ohne menschliche Einwirkung ständig Arten aus.

Ein weiteres an unseren Wünschen orientiertes Argument ist, dass wir uns an der Existenz vielfältiger Arten freuen, also eine Art betrachtendes ästhetisches Interesse haben. Doch dieses Interesse gilt meist eher individuellen Exemplaren als Arten, und es gilt meist nicht schädlichen oder hässlichen Tieren wie Kakerlaken oder Würmern, sondern klugen oder eleganten oder liebenswerten Tieren wie Orang Utans, Jaguaren oder Pandas.[3] Was die Ästhetik und das Betrachten angeht, würde es im übrigen genügen, wenige Exemplare der Spezies im Zoo zu bewahren.

[3] Diese Vermutung äußert der Sohn der tierschützenden Literaturprofessorin in Coetzee 1999, 93.

Die bisher angeführten Argumente können also höchstens erklären, warum es für uns wünschenswert ist, dass *manche* Spezies überleben. Die stärkere Position, dass die Artenvielfalt an sich zu erhalten sei, lässt sich nicht durch Verweis auf menschliche Wünsche stützen, vielmehr wären dafür moralische Gründe erforderlich. Es liegt nahe, die Position dadurch zu begründen, dass alles Natürliche einen moralischen Wert habe. Doch wie gezeigt ist diese Vorstellung in ihrem Sinn vage und in ihren praktischen Auswirkungen unklar. Einen moralischen »Wert« kann nur das individuelle Tier haben und nicht eine Spezies. Denn die Spezies ist keine identifizierbare Einheit und somit auch kein möglicher Gegenstand moralischer Verpflichtungen. Und wenn, wie erläutert, negative Auswirkungen unserer Lebensweise auf freilebende Tiere unvermeidlich sind, dann kann die Vorstellung eines solchen Werts in praktischer Hinsicht nur den Gehalt haben, unser Bedauern über diese Tatsache auszudrücken. Doch statt diesen Aspekt an einer Werteigenschaft der Tiere festzumachen, kann man ihn einfacher und verständlicher dadurch explizieren, dass man auf die Erfahrung des gemeinsamen Seins von Menschen und anderen Tieren auf der Erde verweist.

Im übrigen sind die negativen Auswirkungen der Entwicklung der Menschheit auf die Lage der Tiere keine beabsichtigte Folge, und die Frage der Verantwortlichkeit für sogenannte Nebenfolgen ist kontrovers. Nehmen wir an, dass die menschliche Spezies sich von Anfang an bemüht hätte, keine anderen Spezies zu verdrängen, sich die Erde nicht anzueignen, dann gäbe es weder Technik noch Wissenschaft, weder Kunst noch Kultur. Und die Frage nachträglich zu stellen, ist müßig. Auf dem jetzigen Stand der Dinge ist allerdings klar – und das betrifft jetzt auch die ökologische Ebene –, dass schon die Rücksicht auf künftige menschliche Generationen eine noch weitere Ausdehnung der Menschheit verbietet oder, im Sinn des Ceterum censeo von Bernhard Grzimek, die Verringerung ihrer Zahl verlangt.[4]

Nach dieser Klärung komme ich zurück zur Frage der Moral und Gerechtigkeit gegenüber individuellen Tieren.

4 Grzimek pflegte seine Briefe mit dem Satz zu beenden »Ceterum censeo progeniem hominum esse diminuendam.«

Das Problem der Kulturfolger

Die Koexistenz mit Kulturfolgern ist teils unproblematisch, teils wirft sie Schwierigkeiten auf. Letzteres z. B. dann, wenn es sich um größere, potentiell gefährliche Tiere wie Bären handelt, oder auch, wenn sich Tiere einer Art unter besonders günstigen Bedingungen so stark vermehren, dass sie hygienische oder andere Probleme verursachen, wie z. B. Ratten oder Tauben.

Wo diese Tiere eine ernsthafte Gefahr für Leben oder Gesundheit von Menschen darstellen, ist es sicher moralisch zulässig, sie – ohne Erzeugung von Schmerzen oder Angst – zu töten. Wo nicht, wo sie nur lästig sind, scheinen wir vor einem ähnlichen Motivationsproblem zu stehen wie im ersten Abschnitt dieses Kapitels bei der Bemühung um eine Ernährung mit tierfreundlich erzeugten Produkten; denn man muss teilweise Zeit und Mühe aufwenden, um sich mit diesen Tieren in der eigenen näheren Umgebung zu arrangieren. Aber vielleicht liegt hier letztlich doch ein strukturelles Problem vor, das auf der Ebene der Gemeinschaft in vielen Fällen mit tierfreundlichen Maßnahmen lösbar ist. Wenn *eine* Person Gitter über dem Balkon befestigt, um das Nisten von Tauben zu verhindern, führt das nur dazu, dass die Tauben zu benachbarten Häusern abwandern. Hingegen scheint es erfolgversprechend, wenn Städte spezielle Taubenhäuser einrichten und in diesen zeitweise Futter mit empfängnisverhütenden Mitteln auslegen.[5] Dieses Beispiel spricht dafür, hier ein strukturelles Problem zu sehen, das politisch geregelt werden muss.

Der Umgang mit solchen Tieren, sofern sie lästig sind, ist die eine Frage. Die andere Frage ist, ob sie, da sie sich nun einmal der menschlichen Gemeinschaft angeschlossen haben, ein Recht an die Gemeinschaft auf Unterstüzung haben, wenn ihre Lebensbedingungen nicht hinreichend für ihr Wohlbefinden sind. Was die Folgen für einzelne Tiere betrifft, so könnte man jetzt argumentieren, dass die moralische Beachtung der Tiere verlangt, dass wir diese z. B. füttern müssten, wenn wir selbst bewirkt haben, dass ihre Nahrungsquellen versiegen. Dagegen könnte man setzen, dass wir die Tiere nicht eingeladen haben, sondern sie selbst sich diese Bedingungen ausgesucht haben.

5 Donaldson/Kymlicka 2011, 255.

Wildtiere

Nimmt man an, dass wir Kulturfolger, wenn ihre Lebensbedingungen schwierig sind, unterstützen müssten, warum dann nicht auch Tiere, die außerhalb menschlicher Ansiedlungen leben? Zumindest wo eine Person mit einem leidenden Wildtier direkt konfrontiert ist, könnte man in der Tat im Sinn der Moral (wenn auch nicht im Sinn der Ökologie) die Annahme solcher Forderungen und dementsprechend die Existenz individueller Pflichten für sinnvoll halten. So ist etwa die Überzeugung verbreitet, dass man einem angefahrenen Tier, an dem man vorbeikommt, helfen muss, ganz genauso, wie man einem verletzten fremden Menschen helfen muss, wenn man faktisch auf ihn trifft. Für die Verpflichtung zur Hilfe in akuter schwerer Not brauchen keine speziellen Beziehungen vorzuliegen, vielmehr genügt dafür die bloße faktische räumliche Nähe. Hingegen sind wir mit den vielen unter der Verschlechterung ihrer Lebensbedingungen leidenden Tierindividuen nicht direkt konfrontiert, und die Behebung der Ursachen ist letztlich nicht möglich. Ob es wenn nicht individuelle Verpflichtungen, so doch solche der Gemeinschaft gibt, Reservate oder andere Schutzgebiete für wilde Tiere einzurichten, wäre zu überlegen.

3. Tiere untereinander

Martha Nussbaum, deren Position in Kapitel II erörtert wurde, setzt sich mit der Frage auseinander, ob wir, wenn alle Tiere ein moralisches Recht auf Beachtung der Grundbedingungen ihres Wohlbefindens haben, nicht eigentlich dafür sorgen müssten, das Leiden und die Angst, welche Raubtiere den anderen Tieren zufügen, zu beenden.[6] Nach einer langwierigen Erörterung von Argumenten und Gegenargumenten tendiert die Autorin schließlich zu einem Ideal des Paradieses, dem wir uns annähern könnten, wenn wir das Natürliche schrittweise durch das Gerechte zu ersetzen versuchen.[7]

Müssen wir also, wie Nussbaum in Erwägung zieht, einschreiten, wenn wir beobachten, wie das eine Tier dem anderen Schrecken und Schmerzen zufügt, wenn also ein Löwe eine Gazelle reißt

6 Nussbaum 2006, 356, 369–400.
7 Nussbaum 2006, 400.

(angenommen wir leben in Afrika) oder eine Katze einen Vogel jagt oder ein Marder eine Maus? Wir müssten, um Nussbaums Paradies auszumalen, hungernde Tiere unserer Umgebung adoptieren, ihnen beheizte Ställe bauen, sie vor Raubtieren schützen, die Raubtiere ebenfalls, aber getrennt, in Parks unterbringen, mit Fleischersatz ernähren und ihren Jagdtrieb durch geeignete Spielzeuge befriedigen.[8] Diese Karikatur ergibt sich, wenn man Nussbaums Stoßrichtung ernstnimmt. In Wahrheit folgt aber nichts Derartiges, wenn man die verschiedenen Aspekte der Moral beachtet, wie sie hier auseinandergelegt wurden.

Die Grenzen der Praktikabilität bzw. Zumutbarkeit für die menschlichen Akteure sind hier schnell erreicht. Denn im allgemeinen sind wir mit diesen Problemen zwischen den Tieren *nicht* konfrontiert. Das gilt nicht nur für individuelle Akteure. Es scheint auch nicht besonders sinnvoll, als Ziel der politischen Gerechtigkeit einer Gesellschaft die Bemühung zu formulieren, dass alle Beutetiere vor dem Nachstellen durch Raubtiere geschützt werden (im übrigen mit der Folge, dass sie ohne diese Feinde überhand nehmen würden) und auf der anderen Seite *alle* Raubtiere von uns gefüttert und mit beweglichem Spielzeug unterhalten werden müssen, um so den Jagdtrieb zu befriedigen. Die Idee eines solchen paradiesischen Naturparks mag noch vorstellbar sein für die großen Räuber, verallgemeinert aber nimmt dieses Ideal absurde Züge an und wäre weit von aller Praktikabilität entfernt.

Wie kommt es zu dieser Vorstellung? Wie bereits (oben 85ff.) erläutert, besteht auf der inhaltlichen Seite der Moral die Hintergrundidee darin, dass Tiere im Prinzip das moralische *Recht* auf die Grundbedingungen ihres Wohlbefindens haben. Darin ist impliziert, dass höhere Tiere das Recht haben, nicht getötet zu werden, und andere leidensfähige Tiere das Recht haben, dass ihnen weder Schmerz noch anderes Leiden zugefügt wird. Was die Form der Moral angeht, ergeben sich individuelle *Pflichten* daraus nur, wo *wir* es sind, die ihr Wohlbefinden beeinträchtigen. Deswegen macht z. B. die Frage der Fütterung im Winter gerade noch Sinn (auch wenn ihre Beantwortung schwierig ist), weil wir hier teilweise indirekt Nahrungsquellen genommen haben. Hingegen macht die Rettung vor Raubtieren keinen Sinn, weil die Raubtiere keine moralischen

8 So formuliert bei Sagoff 2001, der meint, ein Tierschützer wie Singer müsse das in der Tat so sehen.

Akteure sind und wir für ihr Verhalten weder direkt noch indirekt verantwortlich sind.[9] Moralische Ansprüche aber kann man nur gegen moralische Akteure haben. Es gibt kein Recht einfachhin, nicht zu leiden. Alle Lebewesen leiden ab und zu, auch wenn ihnen kein Leiden von einem moralischen Akteur zugefügt wird.

4. Grenzen der Gerechtigkeit

Das ist eindeutig. Schwierig bleibt das Faktum, dass wir direkt oder indirekt die Lebensbedingungen der Tiere durchkreuzen. Hier stoßen wir an eine Grenze nicht der Moral, sondern der Gerechtigkeit. Die individuellen moralischen Verpflichtungen sind sehr viel enger begrenzt, einfach dadurch, dass jeder Akteur nur ein Leben hat, in dem er sein Wohlbefinden zu realisieren versuchen kann. Das scheint die eigentliche Erklärung dafür, warum wir der individuellen Person im wesentlichen negative und nur eng begrenzte positive Pflichten zuweisen. *Diese* Pflichten allerdings muss, so habe ich argumentiert, eine Person unabhängig von ihrer sonstigen Lebensausrichtung erfüllen, um als minimal moralisch anständig zu gelten. Wieviel Gewicht man der Moral über die negativen Pflichten hinaus einräumt, d. h. wie weit man sich positiv für die Förderung moralischer Verhältnisse einsetzt, was in die Politik führt, ist nicht mehr eine moralische Frage, sondern eine Frage, die jede Person im Rahmen ihrer Lebensführung selbst entscheiden muss.

Die Motivation, die Durchsetzung einer solchen Moral auf der politischen Ebene voranzubringen, entsteht, wie die großen Menschenrechtserklärungen zeigen, durch die mit Emotionen verbundene Idee der *fraternité*, das Gefühl der Verwandtschaft mit allen Menschen, das man auf die leidensfähigen Wesen ausdehnen könnte. Anders als die Motivation durch Mitleid oder Sorge betrifft diese Motivation allerdings nicht die *Reaktion* auf Lebenssituationen, sondern das Engagement für die Förderung der Moral als *aktives* Lebensziel. Während wir – sofern wir uns moralisch verstehen – zu Rücksicht, Hilfe, Fürsorge in unserem Lebenskontext verpflichtet sind, lässt sich der Einsatz für die politische Durchsetzung moralischer Verhältnisse nicht als verpflichtend sehen. Denn es gibt andere

9 Ähnlich Simmons 2009, 25.

ebenso sinnvolle Lebensziele, unter denen sich im übrigen Ziele mit besseren Realisierungschancen finden mögen.

Für die Verringerung des großen Tierleids, das wir erzeugen, wäre viel gewonnen, wenn wir gegenüber denjenigen Tieren, mit denen wir in direkter Beziehung stehen und (soweit zumutbar) ebenso gegenüber denjenigen, die wir indirekt nutzen, auch nur die einfachsten negativen Pflichten beachten würden. Alles weitere ist in der Tat schwierig. Die Menschheit selbst ist eine Spezies, die Raum und Nahrung braucht. Mit den Tieren der anderen Spezies können wir keine Abmachungen über die Verteilung der Ressourcen treffen. Im Verhältnis der Spezies untereinander lässt sich der Naturzustand nicht überwinden. Hier stoßen wir auf eine Grenze der Moral und der Gerechtigkeit. Doch solche Grenzen gibt es ebenso in der Moral und der Gerechtigkeit zwischen Menschen. Noch mehr zeigt das Tierleid, das unabhängig von uns alltäglich in der Natur entsteht, dass die moralische Welt begrenzt ist. Hinter dem moralischen Kern einer Beachtung des Wohlbefindens eines jeden fühlenden Wesens steht jedoch nicht das Ideal einer heilen Welt allgemeinen Glücks, sondern nur die bescheidene Vorstellung, man könnte wenigstens dasjenige Leiden vermeiden, das durch moralische Akteure in die Welt kommt.

Literatur

Akhtar, S. (2011), Animal Pain and Welfare: Can Pain Sometimes Be Worse for Them Than for Us?, in Beauchamp / Frey, Hrsg. (2011), 495–518.

Aristoteles (2006), Nikomachische Ethik, hrsg. von U. Wolf, Reinbek.

Arluke, A. / Sanders C. R., Hrsg. (1996), Regarding Animals. Animals, Culture, and Society, Philadelphia.

Armstrong, S. J. / Botzler, R. G., Hrsg. (2003), The Animal Ethics Reader, London / New York.

Baier, A. (1983), Knowing Our Place in the Animal World, in Miller / Williams, Hrsg. (1983), 61–77.

Balcombe, J. (2010), Second Nature. The Inner Lives of Animals, New York.

Balzer, Ph. / Rippe, K. P. / Schaber, P., (1998), Menschenwürde vs. Würde der Kreatur. Begriffsbestimmung, Gentechnik, Ethikkommissionen, Freiburg i. Br. / München.

Barnett, S. A. (1971), Instinkt und Intelligenz, Frankfurt a. M.

Beauchamp, T. L. (2011), Rights Theory and Animal Rights, in Beauchamp / Frey, Hrsg. (2011), 198–227.

Beauchamp, T. L. / Frey, R. G., Hrsg. (2011), The Oxford Handbook of Animal Ethics, Oxford.

Becker, L. C. (1983), The Priority of Human Interests, in Miller / Williams, Hrsg. (1983), 225–242.

Bekoff, M. (2007), The Emotional Lives of Animals, Novato.

Benson, J. (1978), Duty and the Beast, Philosophy 53, 529–549.

Bentham, J. (1970), Introduction to the Principles of Morals and Legislation, London.

Binder, R. (2009), Die ›Schadenseite‹. Zur Erfassung der Belastungen von Versuchstieren, in Borchers / Luy, Hrsg. (2009), 237–263.

Binder, R. (2011), Würde erster und zweiter Klasse?, TIERethik. Zeitschrift zur Mensch-Tier-Beziehung 3, 32–55.

Birmelin, I. (2011), Tierisch intelligent, Stuttgart.

Birnbacher, D. (2009), Absolute oder relative ethische Grenzen der Leidenszufügung bei Versuchstieren?, in Borchers/Luy, Hrsg. (2009), 113–124.

Bok, H. (2011), Keeping Pets, in Beauchamp/Frey, Hrsg. (2011), 769–795.

Borchers, D./Luy, J., Hrsg. (2009), Der ethisch vertretbare Tierversuch. Kriterien und Grenzen, Paderborn.

Bowsher, D.R./Albe-Fessard, D. (1962), Patterns of Somatosensory Organization within the Central Nervous System, in Keele/Smith, Hrsg. (1962).

Brandt, R. (2009), Können Tiere denken? Ein Beitrag zur Tierphilosophie, Frankfurt a.M.

Bregenzer, I. (1894), Tier-Ethik. Darstellung der sittlichen und rechtlichen Beziehungen zwischen Mensch und Tier, Bamberg.

Broadie, A./Pybus, E.M. (1974), Kant's Treatment of Animals, Philosophy 49, 375–383.

Brockhaus, W. (1975), Das Recht der Tiere in der Zivilisation. Einführung in Naturwissenschaft, Philosophie und Einzelfragen des Vegetarismus, München.

Burgess-Jackson, K. (1998), Doing Right by Our Animal Companion, The Journal of Ethics 2, 159–185.

Call, J./Tomasello, M. (1997), Primate Cognition, Oxford.

Carruthers, P. (1992), The Animals Issue. Moral Theory in Practice, Cambridge.

Cavalieri, P./Singer, P., Hrsg. (1993), The Great Ape Project. Equality beyond Humanity, London. (dt.: Menschenrechte für die Großen Menschenaffen. Das Great Ape Projekt, München 1994).

Charpentier, J. (1972), Schmerzparameter beim Menschen, in Janzen u.a., Hrsg. (1972).

Chimaira – Arbeitskreis für Human-Animal Studies, Hrsg. (2011), Human-Animal Studies. Über die gesellschaftliche Natur von Mensch-Tier-Verhältnissen, Bielefeld.

Clark, St.R.L. (1977), The Moral Status of Animals, Oxford.

Clark, St.R.L. (1987), Animals, Ecosystems and the Liberal Ethic, The Monist 70, 114–144.

Coetzee, J.M. (1999), The Lives of Animals, London.

Cohen, C./Regan, T. (2001), The Animal Rights Debate, Lanham (MD) u.a.

Cooper, D. E. (1998), Intervention, humility and animal integrity, in Holland / Johnson, Hrsg. (1998).
Cortina, A. (2009), Las fronteras de la persona. El valor de los animales, la dignidad de los humanos, Madrid.

Dawkins, M. St. (1982), Leiden und Wohlbefinden bei Tieren, Stuttgart. (Or.: Animal Suffering. The Science of Animal Welfare, London 1980).
Dawkins, M. St. (2006), The Scientific Basis for Assessing Suffering in Animals, in Singer, Hrsg. (2006), 26–39.
DeGrazia, D. (1996), Taking Animals Seriously. Mental Life and Moral Status, Cambridge.
DeGrazia, D. (2011), The Ethics of Confining Animals: From Farms to Zoos to Human Homes, in Beauchamp / Frey, Hrsg. (2011), 738–768.
DeMello, M. (2010), Teaching the Animal: Human-Animal Studies across the Disciplines, Lantern Books.
DeMello, M., Hrsg. (2011), Human-Animal Studies. A Bibliography, Lantern Books.
Deutsche Forschungsgemeinschaft (2004), Tierversuche in der Forschung, Bonn.
Devine, Ph. E. (1978), The Moral Basis of Vegetarianism, Philosophy 53, 481–505.
de Waal, F. (1989), Peacemaking among Primates, Cambridge (MA).
Diamond, C. (1978), Eating Meat and Eating People, Philosophy 53, 465–479 (dt. in Wolf, U., Hrsg. (2008), 318–330).
Dinzelbacher, P. (2000), Mensch und Tier in der Geschichte Europas, Stuttgart.
Donaldson, S. / Kymlicka, W. (2011), Zoopolis. A Political Theory of Animal Rights, Oxford.
Donovan, J. (2008), Aufmerksamkeit für das Leiden. Mitgefühl als Grundlage der moralischen Behandlung von Tieren, in Wolf, U., Hrsg. (2008), 105–120.
dtv-Atlas zur Biologie (1984), München.
Dworkin, R. (1977), Taking Rights Seriously, Cambridge (MA). (dt.: Bürgerrechte ernstgenommen, Frankfurt a. M. 1984).

Eimler, W-M. / Kleinschmidt, N. (1987), Tierische Geschäfte. Barbarische Methoden im Fleisch- und Eierland, München.

Faller, R. (2005), Staatsziel »Tierschutz«, Berlin.
Fiebelkorn, J./Lagoni, N. (1981), Tierschutz und Tierexperiment. Durchführung, Bewertung und Aussage von Tierversuchen und alternativen Verfahren, Berlin (bga-Berichte 3/1981).
Flynn, C. P., Hrsg. (2008), Social Creatures. A Human and Animal Studies Reader, Brooklyn.
Fox, M.W./Mickley, L.D., Hrsg. (1986), Advances in Animal Welfare Science, Dordrecht.
Francis, L.P./Norman, R. (1978), Some Animals Are More Equal than Others, Philosophy 53, 507–527.
Franke, K., Hrsg. (1985), Mehr Recht für Tiere, Reinbek.
Franklin, A. (1999), Animals and Modern Cultures: A Sociology of Human-Animal Relations in Modernity, London.
Frey, R.G. (1980), Interests and Rights. The Case Against Animals, Oxford.
Frey, R.G. (1993), The Ethics of the Search for Benefits. Animal Experimentation in Medicine, in Gillon, Hrsg. (1993), 1067–1075. (dt.: Die Ethik der Suche nach dem Nutzen. Tierversuche in der Medizin, in Wolf, U., Hrsg. (2008), 236–249).
Frey, R.G. (2011), Utilitarianism and Animals, in Beauchamp/Frey, Hrsg. (2011), 172–197.

Gelbe Liste: Tierversuche – Alternativen (1987/88), hrsg. von der Akademie für Tierschutz, München/Neubiberg, 1. und 2. Teil.
Gerold, H. (1987), Tierversuche. Dokumentation der parlamentarischen Auseinandersetzung zur Tierschutznovelle 1986, Berlin.
Gesetzesentwurf (2002), G. vom 23.04.2002, Druckssache 14/8860.
Gethmann-Siefert, A./Huster, S., Hrsg. (2005), Recht und Ethik in der Präimplantationsdiagnostik, Graue Reihe der Europäischen Akademie Nr. 38, Bad Neuenahr-Ahrweiler.
Gillon, R., Hrsg. (1993), Principles of Health Care Ethics, Chichester.
Godlovitch, R. und S./Harris, J., Hrsg. (1971), Animals, Men and Morals. An Enquiry into the Maltreatment of Non-Humans, London.
Godlovitch, S. (1971), Utilities, in Godlovitch/Harris, Hrsg. (1971), 173–190.
Goetschel, A.F. (2009), Die Mensch-Tier-Beziehung im Recht, in Otterstedt/Rosenberger, Hrsg. (2009), 316–340.
Goodin, R.E. (1985), Protecting the Vulnerable, Chicago.

Grice, R. (1967), The Grounds of Moral Judgement, Cambridge.
Griffin, D. R. (1981), The Question of Animal Awareness, New York.
Griffin, D. R. (1990), Wie Tiere denken, München. (Or.: Animal Thinking, Cambridge (MA) 1984).
Gruber, F. P. / Spielmann, H., Hrsg. (1996), Alternativen zu Tierexperimenten, Heidelberg.
Gruzalski, B. (2004), Why It's Wrong to Eat Animals Raised and Slaughtered for Food, in Sapontzis, Hrsg. (2004), 124–137. (dt.: Warum es falsch ist, Tiere zu essen, die zur Nahrungsgewinnung gezüchtet und geschlachtet wurden, in Wolf, U., Hrsg. (2008), 289–300).

Habermas, J. (1991), Erläuterungen zur Diskursethik, Frankfurt a. M.
Halblützel, N. (1985), Panik, und kein Schwein weiß, warum. Der Hamburger Schlachthof, in Franke, Hrsg. (1985).
Händel, U., Hrsg. (1984), Tierschutz. Testfall unserer Menschlichkeit, Frankfurt a. M.
Haraway, D. (2008), When Species Meet, Minneapolis.
Hardegg, W. / Preiser, G., Hrsg. (1986), Tierversuche und medizinische Ethik, Hildesheim.
Hardy, J. D. (1962), The Pain Threshold and the Nature of Pain Sensation, in Keele / Smith, Hrsg. (1962).
Hare, R. M. (1952), The Language of Morals, Oxford.
Hare, R. M. (1963), Freedom and Reason, Oxford.
Harrison, R. (1965), Tiermaschinen, München. (Or.: Animal Machines, London 1964).
Henrich, D. (1993), Ethik der Autonomie, in Henrich, Selbstverhältnisse, Stuttgart 1993, 6–56.
Heun, W. (2005), Menschenwürde und Lebensrecht als Maßstäbe für PID? Dargestellt aus verfassungsrechtlicher Sicht, in Gethmann-Siefert / Huster, Hrsg. (2005), 69–91.
Hilgendorf, E. (2005), Stufungen des vorgeburtlichen Lebens- und Würdeschutzes, in Gethmann-Siefert / Huster, Hrsg. (2005), 115–130.
Hoerster, N. (2004), Haben Tiere eine Würde? Grundfragen der Tierethik, München.
Höffe, O. (1984a), Ethische Grenzen der Tierversuche, in Händel, Hrsg. (1984), 82–99.
Höffe, O. (1984b), Der wissenschaftliche Tierversuch: eine bioethische Fallstudie, in Ströker, Hrsg. (1984), 117–150.

Holland, A. / Johnson, A., Hrsg. (1998), Animal Biotechnology and Ethics, London u. a.

Holste, H. (2002), »... und die Tiere« – das Staatsziel Tierschutz in Art 20 a GG, JA 11, 907–909.

Hume, C. W. (1962), Avoidance of Pain in the Laboratory, in Keele / Smith, Hrsg. (1962), 309–314.

Hume, D. (^{2}1975), A Treatise of Human Nature, London.

Hursthouse, R. (2008), Die Anwendung der Tugendethik auf unsere Behandlung der anderen Tiere, in Wolf, U., Hrsg. (2008), 121–131.

Interdisziplinäre Arbeitsgemeinschaft Tierethik Heidelberg, Hrsg. (2007), Tierrechte. Eine interdisziplinäre Herausforderung, Erlangen.

Janzen, R. u. a., Hrsg. (1972), Schmerz. Grundlagen – Pharmakologie – Therapie, Stuttgart.

Jeske, D. (2002), Special Obligations, Stanford Encyclopedia of Philosophy (online).

Jonas, H. (1989), Humanexperimente, in Sass, Hrsg. (1989), 232–253.

Kant, I. (1903/11), Grundlegung zur Metaphysik der Sitten, Kants ges. Schriften, hrsg. von der Preuss. Akad. der Wiss. Bd. IV.

Kant, I. (1907/14), Die Metaphysik der Sitten, Akad.-Ausgabe Bd. VI.

Kant, I. (1908/13), Kritik der Urteilskraft, Akad.-Ausgabe Bd. V.

Kant I. (1925), Eine Vorlesung über Ethik, hrsg. von P. Menzer, Berlin.

Kant, I. (1974), Vorlesungen über Moralphilosophie, Kant's Vorlesungen hrsg. von der Akademie der Wissenschaften zu Göttingen, Band IV 1. Hälfte, Berlin.

Keele, C. A. / Smith, R., Hrsg. (1962), The Assessment of Pain in Man and Animals, Edinburgh / London.

Kitchell, R. L. (1962), Methodological Considerations for Assessment of Pain Perception in Animals, in Keele / Smith, Hrsg. (1962).

Kopelman, L. (1984), Respect and the Retarded: Issues of Valuing and Labeling, in Kopelman / Moskop, Hrsg. (1984), 65–85.

Kopelman, L. / Moskop, J. C., Hrsg. (1984), Ethics and Mental Retardation, Dordrecht.

Korsgaard, Ch. M. (1996), The Sources of Normativity, Cambridge.
Kraut, R. (2007), What Is Good and Why. The Ethics of Well-Being, Cambridge (MA).
Krebs, A. (1999), Ethics of Nature. A Map, Berlin.

Landmann, M. (1959), Das Tier in der jüdischen Weisung, Heidelberg
Leist, A. (2005), Ethik der Beziehungen, Berlin.
Leitzmann, C. / Keller, M. (2010), Vegetarische Ernährung, Stuttgart.
Linzey, A. (2009), Why Animal Suffering Matters, Oxford.
Lorz, A. (1987), Tierschutzgesetz. Kommentar, München.
Luy, J. (2007), Tierschutzethik aus amtstierärztlicher Sicht, in Interdisziplinäre Arbeitsgemeinschaft Tierethik Heidelberg, Hrsg. (2007), 198–205.

MacIntyre, A. (1999), Dependent Rational Animals, London. (dt.: Die Anerkennung der Abhängigkeit, Hamburg 2001).
Mackie, J. L. (1984), Can There Be a Right-Based Moral Theory?, in Waldron, Hrsg. (1984), Theories of Rights, Oxford, 168–181.
Manning, A. / Serpell, J., Hrsg. (1994), Animals and Human Society: Changing Perspectives, London / New York.
McMahan, J. (2002), The Ethics of Killing. Problems at the Margins of Life, Oxford.
Midgley, M. (1979), Beast and Man. The Roots of Human Nature, Hassocks.
Midgley, M., (1983), Animals and Why They Matter, Athens (GA).
Mill, J. St. (1962), Utilitarianism, in Utilitarianism, On Liberty, Essay on Bentham, hrsg. von M. Warnock, Glasgow.
Miller, H. B. / Williams, W. H., Hrsg. (1983), Ethics and Animals, Clifton (NJ).
Münch, P. / Walz, R., Hrsg. ([2]1999), Tiere und Menschen. Geschichte und Aktualität eines prekären Verhältnisses, Paderborn u. a.

Nelson, L. (1964), System der philosophischen Rechtslehre und Politik, Sämtl. Werke Bd. 6, Frankfurt a. M.
Nida-Rümelin, J. / v. d. Pfordten, D., Hrsg. (1995), Ökologische Ethik und Rechtstheorie, Baden-Baden.
Nogge, G. (1999), Über den Umgang mit Tieren im Zoo. Tier- und Artenschutzaspekte, in Münch / Walz, Hrsg. ([2]1999), 447–457.
Nozick, R. (1974), Anarchy, State, and Utopia, Oxford.

Nussbaum, M.C. (2006), Frontiers of Justice. Disability, Nationality, Species Membership, Cambridge (MA).

Otterstedt, C./Rosenberger, M., Hrsg. (2009), Gefährten – Konkurrenten – Verwandte. Die Mensch-Tier-Beziehung im wissenschaftlichen Diskurs, Göttingen.

Palmer, C. (2011), The Moral Relevance of the Distinction between Domesticated and Wild Animals, in Beauchamp/Frey, Hrsg. (2011), 701–725.

Patzig, G. (1986), Der wissenschaftliche Tierversuch unter ethischen Aspekten, in Hardegg/Preiser, Hrsg. (1986), 68–84.

Platon (2006), Sämtliche Werke, hrsg. von U. Wolf, Reinbek.

Pluhar, E.B. (1995), Beyond Prejudice. The Moral Significance of Human and Nonhuman Animals, Durham (NC).

Pluhar, E. B. (2004), The Right not to Be Eaten, in Sapontzis, Hrsg. (2004), 92–107. (dt. in Wolf, U., Hrsg. (2008), 301–313).

Pollock, M. S./Rainwater, C., Hrsg. (2005), Figuring Animals. Essays on Animal Images in Art, Literature, Philosophy, and Popular Culture, New York.

Rawls, J. (1971), A Theory of Justice, Cambridge (MA).

Rawls, J. (1974), The Independence of Moral Theory, in Proceedings of the American Philosophical Association 48, 5–22.

Rawls, J. (1993), Political Liberalism, New York.

Regan, T. (1984), The Case for Animal Rights, London.

Regan, T./Singer, P., Hrsg. (1976), Animal Rights and Human Obligations, Englewood Cliffs (NJ).

Reinhardt, Ch. A., Hrsg. (1990), Sind Tierversuche vertretbar? Züricher Hochschulforum Band 16, Zürich.

Rippe, K. P. (2011), Würde des Tieres aus rechtsphilosophischer Sicht, in TIERethik. Zeitschrift zur Mensch-Tier-Beziehung 3, 8–31.

Rodd, R. (1990), Biology, Ethics, and Animals, Oxford.

Rollin, B.E. (1981), Animal Rights and Human Morality, New York.

Rollin, B.E. ([3]2006), Science and Ethics, New York.

Rowlands, M. (2002), Animals Like Us, London/New York.

Russell, W.M.S./Burch, R.L. (1959), The Principles of Humane Animal Experimental Technique, London.

Ryder, R. (2006), Speciesism in the Laboratory, in Singer, Hrsg. (2006), 87–103.

Sagoff, M. (2001), Animal Liberation and Environmental Ethics. Bad Marriage, Quick Divorce, in Zimmermann u. a., Hrsg. (2001), 87–96.

Sailer, Ch. (2006), Das neue Staatsziel und die alte Jagd, Natur und Recht 5.

Saladin, P. (1995), ›Würde der Kreatur‹ als Rechtsbegriff, in Nida-Rümelin / v. d. Pfordten, Hrsg. (1995), 365–369.

Sapontzis, S. F. (1987), Morals, Reason, and Animals, Philadelphia.

Sapontzis, S. F., Hrsg. (2004), Food for Thought. The Debate over Eating Meat, Amherst (NY).

Sass, H.-M., Hrsg. (1989), Medizin und Ethik, Stuttgart.

Savater, E. (2011), Tauroética, Madrid.

Scarano, N. / Suárez, M., Hrsg. (2006), Ernst Tugendhats Ethik. Einwände und Erwiderungen, München.

Schälike, J. (2010), Der Wert des Lebens und die Ethik des Tötens, Zeitschrift für philos. Forschung 64, 357–377.

Schopenhauer, A. (1988), Preisschrift über die Grundlage der Moral, in Werke, hrsg. von L. Lütkehaus, Zürich 1988, Band 3.

Scruton, R. ([3]2000), Animal Rights and Wrongs, London.

Scruton, R. (2004), The Conscientious Carnivore, in Sapontzis, Hrsg. (2004), 81–91. (dt.: Quellen moralischen Denkens, in Wolf, U., Hrsg. (2008), 164–169).

Sensen, O. (2011), Kant on Human Dignity, Berlin.

Shaw, G. B. (1947), Preface on Doctors. Limitations of the Right of Knowledge, in The Doctor's Dilemma, London, 34.

Shklar, J. (1984), Ordinary Vices, Cambridge (MA) / London.

Sigg, H. / Folkers, G., Hrsg. (2011), Güterabwägung bei der Bewilligung von Tierversuchen, Zürich.

Simmons, A. (2009), Animals, Predators, the Right to Life, and the Duty to Save Lives, Ethics & the Environment 14, 15–27.

Singer, P. (1975), Animal Liberation, New York (dt.: Die Befreiung der Tiere, München 1982).

Singer, P. ([2]1993), Practical Ethics, Cambridge. (dt.: Praktische Ethik, Stuttgart [2]1994).

Singer, P., Hrsg. (2006), In Defense of Animals. The Second Wave, Malden (MA) u. a.

Sitter, B. (1990), Gerechtigkeit für Mensch und Tier, in Reinhardt, Hrsg. (1990).

Sitter-Liver, B. (1995), Würde der Kreatur: Grundlegung, Bedeutung und Funktion eines neuen Verfassungsprinzips, in Nida-Rümelin / v. d. Pfordten, Hrsg. (1995), 355–364.

Smith, D. H. (1982), Alternativen zu Tierversuchen, Stuttgart / New York.

Sommer, H. (1984), Die Nutztierhaltung im Konflikt zum Tierschutzgesetz, in Händel, Hrsg. (1984), 161–171.

Ströker, E., Hrsg. (1984), Ethik der Wissenschaften? Philosophische Fragen, München / Paderborn.

Teutsch, G. M. (1987), Mensch und Tier. Lexikon der Tierschutzethik, Göttingen.

Teutsch, G. M. (1995), Die »Würde der Kreatur«. Erläuterungen zu einem neuen Verfassungsbegriff am Beispiel des Tieres, Bern u. a.

Tierhaltungszahlen in der Landwirtschaft (Deutschland), Statistisches Bundesamt, Fachserie 3 Reihe 2.2.1 – LZ 2010.

Tiere in der Arzneimittelforschung. Nutzen und Grenzen von Tierversuchen und anderen experimentellen Modellen (1981), hrsg. vom Bundesverband der Pharmazeut. Industrie, Frankfurt a. M.

Tierschutzgesetz in der Fassung der Bekanntmachung vom 18. Mai 2006 (BGBl. I S. 1206, 1313).

Tierversuche in der Forschung und ihre Bedeutung für die Gesundheit des Menschen (1981), hrsg. von der Generalverwaltung der Max-Planck-Gesellschaft, Stuttgart.

Tierversuche. Experten sagen ihre Meinung (1984), hrsg. von der Abteilung für Öffentlichkeitsarbeit der Hoechst AG.

Tugendhat, E. (1993), Vorlesungen über Ethik, Frankfurt a. M.

Tugendhat, E. (2006), Das Problem einer autonomen Moral, in Scarano / Suárez, Hrsg., (2006), 13–30.

v. d. Pfordten, D. (1995), Die moralische und rechtliche Berücksichtigung von Tieren, in Nida-Rümelin / v. d. Pfordten, Hrsg. (1995), 231–244.

Versuchstierzahlen (Deutschland) 2010, Bundesministerium für Ernährung, Landwirtschaft und Verbraucherschutz (BMELV).

Versuchstierzahlen (Europäische Union), Sechster Bericht, SEK (2010) 1107.

Warren, M. A. (1997), Moral Status. Obligations to Persons and Other Living Things, Oxford.

Weddell, A. G. M. (1962), Observations on the Anatomy of Pain Sensibility, in Keele / Smith, Hrsg. (1962).

Wemelsfelder, E. (1986), Animal Boredom, in Fox / Mickley, Hrsg. (1986), 115–154.
Williams, B. (1985), Ethics and the Limits of Philosophy, London.
Williams, B. (2006), The Human Prejudice, in Williams, B., Philosophy as a Humanistic Discipline, Princeton 2006, 135–152.
Wolf, J.-C. (1985), Der moralische Status von Tieren, Information Philosophie 5 / Dez. 1985, 6–16.
Wolf, J.-C. (1995), Tötung von Tieren, in Nida-Rümelin / v. d. Pfordten, Hrsg. (1995), 219–230.
Wolf, U. (1984), Das Problem des moralischen Sollens, Berlin.
Wolf, U. (1994), Applied Ethics, Applying Ethics and the Methods of Ethics, in Pauer-Studer, H., Hrsg., Norms, Values and Society, Dordrecht 1994, 187–196
Wolf, U. (1996), Die Suche nach dem guten Leben. Platons Frühdialoge, Reinbek.
Wolf, U. (1999), Tugend und Glück. Was Platon und Aristoteles lehren, in Stäblein, R., Hrsg., Glück und Gerechtigkeit. Moral am Ende des 20. Jahrhunderts, Frankfurt a. M. 1999, 27–40.
Wolf, U. (2006), Für Tiere nur Mitleid? Überlegungen zu den Quellen der Moral, in Scarano / Suárez, Hrsg. (2006), 77–90.
Wolf, U., Hrsg. (2008), Texte zur Tierethik, Stuttgart.
Wolfe, C. (2009), Human, All Too Human. ›Animal Studies‹ and the Humanities, in Publications of the Modern Language Association of America (PMLA) 124, 564–575.
Würbel, H. (2007), Biologische Grundlagen zum ethischen Tierschutz, in Interdisziplinäre Arbeitsgemeinschaft, Hrsg. (2007), 11–30.

Zimmermann, M. / Callicott, J. B. / Clark, J. / Warren, K. J. / Klaver, I. J., Hrsg. (2001), Environmental Philosophy, Upper Saddle River (NJ).

Personenregister

Sachregister

Eckart Förster

Die 25 Jahre der Philosophie

Eine systematische Rekonstruktion

3., verbesserte Auflage 2018. 400 Seiten
ISBN 978-3-465-04166-5
Klostermann RoteReihe Band 51

Kant behauptete, dass es vor der *Kritik der reinen Vernunft* von 1781 gar keine Philosophie gegeben habe, und 1806 erklärte Hegel, dass die Philosophie nun beschlossen sei. Dieses Buch ist der Versuch, diesen einen Gedanken – dass die Philosophie 1781 beginnt und 1806 beschlossen ist – nachzuvollziehen und zu verstehen. Der Autor untersucht die Gründe, die Kant und Hegel zu ihren Aussagen bewegt haben, und kommt zu dem Ergebnis, dass beide in einem unerwarteten, aber gewichtigen Sinn recht haben.

„Förster has written one of the most important books on German philosophy to have appeared in several decades. A truly path-breaking achievement.“ *Robert B. Pippin*

Vittorio Klostermann
Frankfurt am Main
Online: www.klostermann.de
E-Mail: verlag@klostermann.de

Dominik Perler

Zweifel und Gewissheit

Skeptische Debatten im Mittelalter

2., durchgesehene Auflage 2012. XVIII, 444 Seiten
ISBN 978-3-465-04162-7
Klostermann RoteReihe Band 47

Können wir etwas wissen? Zeigen Sinnestäuschungen und Halluzinationen nicht, dass wir uns immer wieder täuschen? Könnte es nicht sogar sein, dass ein allmächtiger Gott oder ein böser Dämon uns radikal täuscht? Diese Fragen wurden bereits im Mittelalter diskutiert. Sie bildeten den Ausgangspunkt für eine kritische Prüfung von Wissensansprüchen. Diese Studie rekonstruiert die skeptischen Diskussionen des 13. und 14. Jahrhunderts in historischer und systematischer Hinsicht und schlägt dabei auch einen Bogen zu Gegenwartsdebatten.

„Scharfsinnig ... meisterlich." *Das Mittelalter*

Vittorio Klostermann
Frankfurt am Main
Online: www.klostermann.de
E-Mail: verlag@klostermann.de

Martin Heidegger

Der Ursprung des Kunstwerkes

Mit der „Einführung“ von Hans-Georg Gadamer und der ersten Fassung des Textes (1935)

Hrsg. von Friedrich-Wilhelm v. Herrmann

2012. X, 118 Seiten
ISBN 978-3-465-04163-4
Klostermann RoteReihe Band 48

Heideggers berühmte Abhandlung von 1936, einer der zentralen Texte der modernen philosophischen Ästhetik, dessen Einfluss unvermindert wirksam ist, erscheint hier als Einzelausgabe, ergänzt durch die erste Fassung *Vom Ursprung des Kunstwerkes* (1935). Sie enthält Heideggers Grundriss des aus dem Ereignis gedachten Wesensbaus der Kunst. Die Einführung von H.-G. Gadamer stellt die Abhandlung in ihren historischen Kontext und bestimmt ihren systematischen Ort im Werk Heideggers.

Vittorio Klostermann
Frankfurt am Main
Online: www.klostermann.de
E-Mail: verlag@klostermann.de